TROTZDEM

**CULTURA
DE DIREITA**

TROTZDEM Cultura de direita
Cultura di destra
Furio Jesi
© nottetempo srl, 2011
© Editora Âyiné, 2021
Todos os direitos reservados
Organização: Andrea Cavalletti
Tradução: Davi Pessoa
Preparação: Pedro Sette-Câmara
Revisão: Leandro Dorval Cardoso, Andrea Stahel
Projeto gráfico: Luísa Rabello
Produção gráfica: Clarice G Lacerda
ISBN: 978-85-92649-98-2

Âyiné Direção editorial: Pedro Fonseca
Coordenação editorial: Luísa Rabello
Coordenação de comunicação: Clara Dias
Assistente de comunicação: Ana Carolina Romero
Assistente de design: Lila Bittencourt
Conselho editorial: Simone Cristoforetti,
Zuane Fabbris, Lucas Mendes
Praça Carlos Chagas, 49 — 2º andar
30170-140 Belo Horizonte — MG
+55 31 3291-4164
www.ayine.com.br
info@ayine.com.br

CULTURA DE DIREITA

FURIO JESI

Organização
ANDREA CAVALLETTI

Tradução
DAVI PESSOA

Âyiné

SUMÁRIO

9 **PREFÁCIO**
Andrea Cavalletti

23 **INTRODUÇÃO**

CULTURA DE DIREITA

I. CULTURA DE DIREITA E RELIGIÃO DA MORTE
31 O passado, o espírito e a «hora do destino»
44 Linguagem das coisas; simbologia funerária
51 Entreato, de simbologia profética trivial
56 Mitologia fascista na Espanha e na Romênia
67 A «mensagem secreta» do professor Eliade
83 Cultura de direita e medo do judeu
96 O *Reich* sem centro

II. A LINGUAGEM DAS IDEIAS SEM PALAVRAS
105 Neofascismo sagrado e profano
134 Prestígio cultural de sábios. Julius Evola
151 Documentos de luxo espiritual e de luxo material. Duas comemorações a Carducci. Liala e afins
174 Heroísmo e castidade. Gotta, Brocchi
188 «Honnête homme», «homme de bien», «grand homme»
203 A brutalidade do gesto inútil. D'Annunzio, Pirandello

219 **APÊNDICES**
221 I. Comemoração a Giosuè Carducci: realizada no salão da Società Filodrammatica Sportiva, em 3 de março de 1907, em Porto Maurizio
235 II. Comemoração a Giosuè Carducci: realizada na Loja maçônica, em Porto Maurizio, em março de 1907

TRÊS INÉDITOS E UMA ENTREVISTA
247 A religião dos judeus diante do fascismo
255 O mau selvagem. Teoria e prática de perseguição do homem «diferente». Esquema geral
259 O mau selvagem. Teoria e prática de perseguição do homem «diferente». O sujo selvagem
279 Receita: colocar o passado no recipiente, com muitas maiúsculas. Entrevista com Furio Jesi

PREFÁCIO

Andrea Cavalletti

O que é a cultura de direita hoje? Respondendo ao jornalista de um conhecido semanário, Furio Jesi ofereceu, certa vez, uma definição tão breve quanto pensada e precisa: é uma cultura «caracterizada (de boa ou má-fé) pelo vazio».

Não se pode esquecer que Jesi estava, nessa ocasião, em Milão, na sede da editora Garzanti, onde algumas belas fotografias retratam-no. Havia algum tempo, na verdade, ele vinha colaborando intensamente com o projeto da *Enciclopédia europeia*: sugerindo e entrando em contato com grandes estudiosos, elaborando alguns verbetes e escrevendo muitos outros, quase sempre lavrados em versões já perfeitas após poucas horas de trabalho noturno à máquina de escrever. Foi nessa época que ele decidiu reunir dois longos ensaios anteriormente publicados nas páginas da revista *Comunità*. Ele então os revisou e, acrescentando uma introdução, entregou *Cultura de direita* para a editora milanesa. Publicado pela primeira vez em 1979 (quase ao mesmo tempo que a antologia *Materiais mitológicos*, publicada pela editora Einaudi), esse seria seu último livro.

«Último», porém, não só pelo tom definitivo que a morte de Jesi, de repente, projetou, mas também por ser um livro novo e último no sentido da última e coerente configuração de um longo percurso de pesquisa, por ser uma obra jamais destinada à conclusão, justamente porque, nela, já está inscrito e continua vivo o temperamento do estudioso.

Nos dois ensaios, ou capítulos, escritos entre 1975 e 1978 (o texto dedicado à «religião da morte» lembra, desde o título, algumas das famosas páginas de *Literatura e mito*) convergem, na verdade, as principais linhas de trabalho inauguradas no início dos anos 1960, quando Jesi decidiu distanciar-se do campo mais estritamente especializado da egiptologia — disciplina a partir da qual iniciou seu caminho, com apenas quinze anos de idade —, para dedicar-se ao estudo não só dos mitos, mas também, para sermos mais precisos, das modalidades nas quais eles podem hoje sobreviver, em formas alienadas e muitas vezes perigosas. Orientada de acordo com a interpretação crítica dos ensinamentos de Károly Kerényi, voltada para as obras de poetas e escritores (Rilke, Mann, Pavese, especialmente) ou de mitólogos (Kerényi, precisamente, e Jung, Malinowski, Propp, Frazer, Raffaele Pettazzoni e outros autores da «Coleção Violeta»,[1] da Einaudi, por meio da qual Jesi havia se formado), um projeto semelhante também foi destinado, por muitas boas razões, a coincidir, em grande parte, com a análise do que geralmente chamamos de «cultura de direita». Desse modo, os primeiros rascunhos de *Alemanha secreta* (1965) também surgiram da «necessidade ineliminável» de investigar profundamente não apenas as matrizes mais obscuras do germanismo e, portanto,

---

[1] Coleção de estudos religiosos, etnológicos e psicológicos, idealizada por Cesare Pavese e Ernesto de Martino. Existiu entre 1948 e 1956. Assim era chamada porque as capas dos livros tinham uma moldura em cor violeta. [N. T.]

do nazismo, mas também as continuações dissimuladas da tradição burguesa, os influxos cársticos que alimentam linguagens e gestos menos suspeitos, atitudes de uma herança que, à primeira vista, não julgaríamos fascista e, tampouco, reacionária. Ao longo dos anos, a exigência permanecia viva e urgente. E Jesi continuava com a engenhosidade típica de Aby Warburg para compor seu atlas pessoal: uma companheira de trabalho constante, uma pasta chamada de «Materiais de estudo sobre a cultura de direita», reunia páginas de livros jamais publicados, notas ou fragmentos, cópias de ensaios, documentos bizarros ou lembranças familiares (como as duas comemorações de Carducci, pronunciadas pelo avô Percy Chirone e incluídas em *Cultura de direita*), recortes de jornais, fotografias, anúncios curiosos, em forma de prosa, de revistas ilustradas. A pasta poderia, assim, tornar-se mais volumosa ou, em momentos diferentes, menos volumosa, animando novas composições com seu apetite insidioso. Às vezes, o mitólogo conseguia ilustrar os perigos e as origens verdadeiras desses materiais, experimentando, ao mesmo tempo, a funcionalidade de seu aparato metodológico.

Sem dúvida, Jesi estava bem consciente «dos limites e das aplicabilidades de expressões como cultura de direita, cultura de esquerda». E não tanto porque essas sejam, por si mesmas, falsas ou porque estejam, conforme se costuma dizer, «superadas», mas porque «a maior parte do patrimônio cultural, mesmo de quem, hoje, não quer de forma alguma ser de direita, é resíduo cultural de direita». No entanto, ele ainda podia reconhecer que a cultura que se definiu mais abertamente de direita também foi a que menos se autocensurou nas «complacências por suas próprias partes mitológicas». Entendida, em seu sentido mais amplo, figura iridescente que se desdobra entre os extremos, ou melhor, nos limites elásticos do humanismo conservador e da literatura de entretenimento, do luxo e do *kitsch*, assim como das tendências mais sombrias e mortíferas, tal cultura representava um campo de estudo privilegiado: aqui, de fato, imagens e sobrevivências do passado sofrem os mais interessantes e variados processos de reelaboração e banalização. Aqui, antigas mitologias e rituais há tempos indecifráveis, imagens agora opacas e cultos enigmáticos são recompostos em um bricabraque contínuo e, já que dotados de vida e sentido fictício, podem ser empregados para fins cinicamente políticos, ou seja, para a manutenção das ordens vigentes e dos poderes dominantes. A «cultura de direita» é, portanto, em qualquer caso, uma relação com o passado, e uma relação não apenas «fundada no presente», mas também que «prevê uma estrutura precisa do presente e do futuro».

O estudo de 1979, assim, oferecia, depois de «Leitura do 'Bateau ivre' de Rimbaud» (1972) e de «A acusação de sangue. Mitologias do antissemitismo» (1973), um novo campo de testes do modelo da «máquina mitológica», isto é, do dispositivo que, segundo Jesi, fabrica mitologemas, narrativas historicamente verificáveis, e imprime efeitos concretos sobre o real, aludindo, porém, a uma fonte secreta, à existência de um *quid* — o «mito», precisamente — que permanece incognoscível por definição. Como essa máquina funciona na ideologia de direita? Jesi assume como paradigma uma frase de Oswald Spengler: «A única coisa que permite a estabilidade do futuro é a herança de nossos pais que temos no sangue: ideias sem palavras». A máquina mitológica correspondente à ideologia de direita, então, surge como uma máquina linguística que funciona traçando uma densa rede de lugares-comuns, estereótipos, frases feitas, fórmulas que parecem claras, mas que não pedem para ser compreendidas, que, ao contrário, parecem claras justamente porque não devem ser entendidas: reduzindo as palavras a puro trâmite daquilo que já estaria em nós antes de todas as palavras. Dessa forma, algo pode agir aqui e operar ativamente para «a estabilidade do futuro», enquanto se retira para a esfera do passado remotíssimo que, na expressão de Schelling retomada por Kerényi, «em profundidade, durabilidade e universalidade é comparável apenas à própria natureza». Assim, a máquina opera uma divisão e, ao mesmo tempo, estabelece uma relação entre perto e longe, entre a história e o mito ou a natureza como reserva perene de «história-extra». É uma verdadeira e real «manipulação do tempo», que também exige uma atitude singular: uma série de gestos ou de atos verbais, uma disposição mistificante que Jesi chama de *religio mortis* e que, nas muitas variações do próprio ritual, o sacrifício, expõe o homem ao contato com o que efetivamente se nega à história, o «eterno presente» do mito.

É a esse esquema do sacrifício e da religião da morte que pertencem as ideologias sangrentas do «squadrismo»[2] espanhol, ou da Guarda de Ferro romena, assim como os aparatos mitológicos do orientalismo cristão, ou aqueles cenográficos montados pelo arquiteto nazista Albert Speer (o próprio Jesi havia traduzido *Hitler segundo Speer*, de Elias Canetti). Quando as mitologias adensam-se no medo do diferente, na imagem do judeu perverso e imoral, o ritual de defesa, agora, está destinado a ser consumado nas formas paroxísticas e — em seu absurdo — coerentes do sacrifício em massa, do gesto de vencer morrendo (para fortalecer a linhagem) e do extermínio dos judeus e de todos os diferentes. Muitas páginas de *Cultura de direita* comunicam-se, então,

---

2   O termo será discutido no Capítulo I e, especificamente, na n. 52. [N. T.]

idealmente, com o projeto jamais concluído: *Mau selvagem. Teoria e prática da perseguição do homem «diferente»* (1973-74), do qual apresentamos, nos Apêndices, o primeiro capítulo: nesse caso, os documentos exemplares da «perseguição» deviam formar uma espécie de roteiro que, partindo da análise dos lugares-comuns do racismo (estupidez, sujeira, preguiça, agressividade, vício, sexomania etc.), culminaria em uma espécie de «diorama» final intitulado «Perigo: diferentes!».

Mas o olhar de Jesi também se volta para a disciplina que ele, como poucos, praticou, ou seja, examina minuciosamente as dobras da ciência mitológica para expor suas escórias mais perturbadoras e insidiosas. Assim, ao ler o ensaio sobre a religião da morte, Ioan Culianu ficou consternado e angustiado, e imediatamente escreveu ao mestre Mircea Eliade. Mais tarde, este escolheu entregar sua própria versão dos fatos a uma página do *Journal* (isto é, à memória da posteridade): em 6 de junho de 1979, Furio Jesi é retratado como um ser traiçoeiro, que trama conspirações sinistras, que afirma que está preparando a edição italiana de *Histoire des croyances et des idées religieuses* — mas que seria capaz, até mesmo, de falsificar o ditado, «para me fazer parecer... um nazista!» — e que, entretanto, lança o «ataque pérfido» de *Cultura de direita*. Nesse livro, na verdade, a obra mais conhecida de Eliade e aquela que o próprio *Journal* apresenta como a «mensagem secreta» de sua doutrina são isoladas e expostas por meio de um processo químico impiedoso: Jesi as faz entrar em reação com sua fonte dissimulada (a grande teoria cabalística de Isaac Luria), para então colocá-las, logo que decantadas, em contato direto com gestos e mensagens ainda pouco conhecidos naqueles anos (embora privados do segredo pelo dossiê israelense «Toladot»), isto é, gestos e mensagens

fascistas e violentamente racistas do legionário Eliade, seguidor do nacionalismo antissemita de Corneliu Zelea Codreanu.³
Certo dia, comentando o ensaio «Símbolo e silêncio», Kerényi escreveu a Jesi: «Eu me interessei porque você conseguiu encontrar algo até mesmo no trivial Eliade». Dois anos mais tarde, em 1968, o próprio Kerényi rompeu com o jovem amigo que também inseriu seu trabalho no contexto da religião da morte, sob o pretexto do «mascaramento humanístico». O erudito capaz de ler Lúcio Apuleio «a partir de um ponto de vista mais elevado» do que o dos filólogos e de traduzir um poema de Rilke, combinando «inspiração» e «significado», não era exatamente um aluno manso. E Kerényi?

Humanista como se declara, tem discípulos ou aspira a tê-los (e sofre com a falta deles); para realizar o ato ritual que revela *a eles* a identidade *deles* de homens totalmente vivos em relação à «mitologia autêntica», deve escolher para si mesmo a *religio mortis*.

Daí, *Cultura de direita*. Não só aqueles que fazem coincidir sua própria ação espiritual com o «squadrismo» dos legionários, mas também o expoente do humanismo burguês, na forma mais elevada e jamais trivial, situam-se em uma posição, no mínimo, ambígua. Admitindo *neste* tempo histórico a possibilidade de uma relação exclusiva com a genuinidade do mito, ele afirma a verdade da vida e do tempo no horizonte do poder dominante. Outros, sem dúvida, são seus gestos, e suas palavras são bem

---

3   Corneliu Zelea Codreanu (1899-1938): político romeno, fundador e líder da Guarda de Ferro. [N. T.]

medidas. Mas justamente a máscara do sábio, humanista e pedagogo, presta-se à ação desse mecanismo cênico que alude ao mito no vazio da história e produz a história a partir do vazio intangível do mito.

A máquina parece incessante e funciona de acordo com um jogo de oscilações contínuas. Difunde, em todos os âmbitos e muito além da ciência do mito, sua linguagem de ideias sem palavras. Poderia ser, como nas retóricas do *Risorgimento* e da Maçonaria, uma linguagem materializada apenas com elementos profanos. Mas, quando estes se mostrarem desgastados e ineficazes, seu vazio será preenchido pelos rituais e pelas mitologias violentas do gesto inútil e do sacrifício. A própria linguagem poderá, assim, ser decorada com um «luxo espiritual» característico (e com um relativo catálogo de sentimentos: patriotismo, honra, dedicação ao trabalho etc.); ou, se seu aparelho mostrar-se ineficiente e *passé*, poderá inverter-se na mais material das exibições. Por outro lado, também a força sacralizante do gesto gratuito logo se esgota, deixando espaço para uma série de tarefas muito úteis e profícuas, seja socialmente, seja economicamente. A esse movimento polar — explica Jesi oferecendo uma interpretação rigorosa do terrorismo aniquilador, mas, ao mesmo tempo, iluminando a crônica política mais próxima de nós — também se direciona, profundamente, a ambivalência típica do neofascismo: sua dupla máscara, de extremismo feroz e de respeitabilidade de «*playboy*»,[4] origina-se da alternância

---

[4] No Capítulo II, Jesi diferenciará o neofascismo de cara feia («di faccia feroce») do neofascismo de *playboy* («in doppio petto»). [N. T.]

colaboradora do sagrado e do profano, do esoterismo da Tradição e do estilo médio-burguês e decididamente *exotérico*.⁵

De acordo com diferentes declinações, em seu jogo contínuo de referências, a máquina então deposita uma longa série de imagens e de materiais que não têm outra qualidade a não ser preencher provisoriamente um vazio que, todas as vezes, renascerá dos contornos deles. Compõe-se, assim, uma teoria de fetiches disponíveis, modelados por um passado reduzido a «mingau» uniforme, e alinha-se — coerentemente — uma galeria de grandes homens e sábios esotéricos, galeria sombreada de prestígio, de mistério, de riqueza e aristocracia. Figuram nela, entre outros, Julius Evola, Pirandello, D'Annunzio, o Mussolini mais cínico e profano, mas também as personagens de Liala ou — aqui Jesi recorre ao registro cômico — um jovem (em 1975) e hoje muito conhecido pupilo de Enzo Ferrari, «Luca, o marquesinho dos carros de corrida». Reinam ali as atmosferas incomparáveis e os elementos mais característicos e difundidos da cultura de direita: uma «repugnância pela história que é camuflada por veneração do passado glorioso» e, ao mesmo tempo, uma «verdadeira imobilidade cadavérica que finge ser uma força viva perene».

Nesse clima muito sombrio, situam-se as ações políticas e literárias do judeu fascista Ettore Ovazza, o banqueiro de Turim do qual Jesi se ocupou neste livro, como também no breve texto inédito «A religião dos judeus diante do fascismo», proveniente da pasta dos «materiais», e que publicamos nos Apêndices. Ovazza foi, sobretudo, o fundador, em 1934, de *La nostra bandiera*,

---

5   Jesi faz uma distinção entre «esoterico» e «essoterico». Neste último caso, o termo será escrito com «x» e estará sempre em itálico. [N. T.]

o periódico assimilacionista e antissionista que — quando, justamente em Turim, eram presos os judeus de Giustizia e Libertà,[6] quando Telesio Interlandi[7] escrevia: «No próximo ano, em Jerusalém. Este ano, no tribunal especial», e Farinacci intimava com o seu «decida-se!» (Sião ou o Império) — teve que difundir, no regime, as ideias e as vozes do judaísmo fascista e, entre os jovens judeus italianos (que, em breve, serviriam como voluntários nas guerras da África e da Espanha), a propaganda do regime.

Ora, embora os «porta-bandeiras» estivessem mirando em uma horrenda síntese entre mosquete e Sinagoga, sua religião estava, na realidade, completamente exaurida, reduzida, havia algum tempo, a um conjunto de rudimentos sem mais significado. Os impulsos da assimilação, sempre sangrenta, produziram uma enorme ferida que eles agora se apressavam para sanar, fornecendo, em troca, um magma incerto, no qual se fundiam — explica Jesi — o luxo material com o espiritual: um «*pastiche* precário entre judaísmo e cristianismo» unia-se, assim, aos ideais da alta burguesia saboiana, a mística do combatente com gosto pelos móveis embutidos e tapeçarias de Saboia. Uma teoria de imagens postiças, de «heróis brilhantes» e grandes pastores dos povos, tinha que cobrir as lacunas abertas na tradição e na religiosidade genuína, até que um vazio novo e mais terrível fosse escancarado.

---

6   Giustizia e Libertà foi um movimento liberal-socialista fundado em Paris, em 1929. Tinha, como líder, Carlo Alberto Rosselli (1899-1937): ativista, jornalista, filósofo, historiador e antifascista italiano, autor de *Socialismo liberale* (Einaudi, 1973), entre outras obras. [N. T.]

7   Telesio Evaristo Interlandi (1894-1965), jornalista italiano que se tornou conhecido por suas propagações de racismo e antissemitismo. [N. T.]

Quando abrimos a pasta «Materiais de estudo da cultura de direita», notamos que Jesi havia inserido ali uma velha página datilografada, despontando-a do envelope de seu *Spartakus: simbologia da revolta* (escrito em 1968-69, mas publicado postumamente) e marcando, com uma linha à margem, uma passagem importante:

> Em *Le Repas du lion* [A refeição do leão], François de Curel coloca uma pergunta — quase «engelsiana» — que pode ser expressa simplesmente assim: Um homem de valor, muito rico e decidido a dedicar-se à felicidade da classe operária, torna-se mais útil ao dispensar sua eloquência em benefício da obra social ou ao se tornar um grande industrial, sem dúvida ganhando, mas permitindo que vivam a seu redor muitos homens, de modo que estes possam satisfazer suas necessidades? E, de acordo com esta última maneira, conclui um personagem da comédia que esse homem pode verdadeiramente tornar-se útil, com a condição de que seja inteligente e enérgico. A maioria dos homens tem necessidade de que ideias e gestos lhe sejam sugeridos: o indivíduo que sabe se impor à massa e ditar-lhe os movimentos é o benfeitor da humanidade.[8]

Ironizar esse comportamento, continua na página de *Spartakus*, «seria inoportuno», uma vez que significaria «evitar o afrontamento do núcleo singular da consciência burguesa».[9]

---

8 Furio Jesi, *Spartakus: simbologia da revolta*. Tradução de Vinicius Honesko. São Paulo: N-1 Edições, 2018, pp. 97-8.
9 Ibid., p. 98.

Já em *Cultura de direita,* Jesi realmente levou a sério a relação entre a multidão e o vate, o personagem «no topo da pirâmide», até mesmo ridículo, mas de todo modo «prestigioso», que, tal como um magnetizador de outros tempos, sugere ideias, gestos e comportamentos.

Nós o reconhecemos: em suas muitas versões, um semelhante «benfeitor» é o tipo político de nossos dias. E a constatação de Jesi ressoa mais atual do que nunca: «A linguagem de ideias sem palavras é a dominante do que é impresso e dito hoje». Por mais que esteja desgastada, por mais que seja vazia, a cultura de direita parece estar longe de esgotar-se: e não poderia ser de outra forma, se o que a caracteriza é a produção do vazio a partir do vazio. Incansável por definição, a máquina torna-se cada vez mais ameaçadora, não só preparando sacralizações novas e obscuras, mas também reduzindo à opacidade penetrante de sua superfície o sacrifício em ato de massas inteiras.

Portanto, não há saída? Não precisamos, responde Jesi, destruir as máquinas mitológicas em si, que «se regenerariam como as cabeças da Hidra», mas a situação que as torna reais e produtivas: ou seja, para encontrar saída, deveríamos realmente nos mover «para além dos limites da cultura burguesa, não apenas procurando deformar um pouco as suas barreiras fronteiriças». E «a possibilidade dessa destruição é exclusivamente política».

Agradeço a Marta Rossi Jesi pela ajuda paciente que me oferece há anos e a Gianandrea Piccioli pelas mensagens e pelos conselhos preciosos.

CULTURA
DE DIREITA

INTRODUÇÃO

Não é possível dedicar um certo número de anos ao estudo dos mitos, ou dos materiais mitológicos, sem se deparar muitas vezes com a cultura de direita e sentir a necessidade de enfrentá-la. Aqui, no entanto, não nos propomos tarefa de dimensões tão amplas, em que se deveria efetivar um encontro global e aprofundado com toda a cultura de direita. Este estudo deve, simplesmente, esclarecer alguns aspectos de tal cultura e integrar o que já escrevemos em outra ocasião,[1] em torno do conceito de mito e das manipulações seja desse conceito, seja dos materiais mitológicos no âmbito da assim chamada direita tradicional. Aqui, não teremos, por vezes, a oportunidade de usar a palavra «mito», embora nosso discurso também trate substancialmente de manipulações de materiais mitológicos. O que nos interessa, agora, é, sobretudo, a qualidade ideológica dessas manipulações, do caráter tradicional e, em geral, da relação com o passado que dominam na cultura em que elas realizam-se. Evidentemente, uma vez que se trata de manipulações e tecnicizações, portanto, de operações com fins definidos (e com fins políticos, apesar de todas as declarações de *apolitia*[2] de alguns de seus executores), essa relação

---

[1] Ver Furio Jesi, *Germania segreta. Miti nella cultura tedesca del Novecento*. Milão: Silva, 1967; «Mito e linguaggio della collettività», in: *Letteratura e mito*. Turim: Einaudi, 1968, p. 33-44; *Il mito*. Milão: Isedi, 1973.

[2] A indiferença com a política. [N. T.]

com o passado não só é bem fundada no presente — como toda relação com o passado que não se queira configurar em termos visionários, metafísicos ou, particularmente, religiosos —, mas também prevê um quadro preciso do presente e do futuro. Um dos primeiros pontos de partida das considerações selecionadas neste livro foi uma contradição que notamos tanto no comportamento dos supostos mestres da Tradição (com maiúscula: isto é, do legado pressuposto de verdades esotéricas) como na atitude de alguns teóricos menos esotéricos da Filosofia da História e da Antropologia, que apoiavam os regimes de extrema direita. A maior parte dos sábios do esoterismo moderno (excluindo, claro, os eventuais Superiores desconhecidos dos quais não vemos nem poderíamos ver rastros!) passou a vida declarando que seu saber era inacessível e incomunicável em palavras, e ao mesmo tempo foram fecundíssimos polígrafos. Com que objetivo? E, se lemos o não esotérico (pelo menos em sentido restrito) Oswald Spengler, aprendemos que «a grande missão do estudioso de História é a de compreender os fatos de seu tempo e deles pressentir, apontar, designar os futuros eventos que, queiramos ou não, estão para chegar».[3] Mas, também, que «a única coisa que promete a solidez do futuro é a herança de nossos pais, que temos no sangue; ideias sem palavras».[4] Também nesse caso, coloca-se a questão sobre o objetivo pelo qual o estudioso de história considera necessário escrever obras com milhares de páginas para desempenhar sua «grande missão», quando está convencido de que o essencial são «ideias sem palavras».

---

3 Oswald Spengler, *Anni decisivi. La Germania e lo sviluppo storico mondiale*. Tradução de V. Beonio-Brocchieri. Milão: Bompiani, 1934, p. 4.
4 Ibid., p. 8.

Assim, uma vez «pressentidos» os «futuros eventos», parece que lhe convém «apontá-los» e «designá-los» não com uma página escrita, mas com um gesto, e possivelmente com um gesto ritual. De fato, gestos semelhantes também foram realizados, e não se pode excluir que um certo ritualismo de gestos voltados para «apontar» e «designar» o futuro (adequar-se aos «futuros eventos que, queiramos ou não, estão para chegar») verifica-se seja no comportamento dos grupos de extermínio nazistas, seja no gesto não de soldados, mas de profissionais da cultura: as fogueiras de homens, mas também de livros, louvadas por Alfred Baeumler,[5] a filiação de Pirandello ao Partido Fascista no dia seguinte ao assassinato de Matteotti,[6] as últimas escolhas (de resto, já precedidas por outras menos dramáticas) de Giovanni Gentile e assim por diante.

Contudo, não se pode negar que, se os oficiais das SS recorriam, talvez, pouco às palavras, os homens de cultura falaram muitas, e como!, além de terem realizado gestos. Eles dispunham de uma linguagem literária verdadeira e própria, apta a «ideias sem palavras», isto é, linguagem construída com palavras tão espiritualizadas, tão distantes do «materialismo» — sua peste negra — que, evidentemente, podiam funcionar como veículo

---

5 Um trecho do discurso de abertura de Baeumler, quando assumiu a cátedra de Filosofia na Universidade de Berlim (10 de maio de 1933): «Agora, eles saem para queimar os livros nos quais um espírito, para nós estrangeiro, serviu-se da palavra alemã, com o intuito de combater-nos», reproduzido em Peter Wapnewski, «L'università tedesca: elegia della virtù», *Comunità*, n. 172, maio-ago. 1974, p. 169.

6 Giacomo Matteotti (1885-1924): político, jornalista e antifascista italiano, secretário do Partido Socialista Unitário. Foi sequestrado e assassinado, em 10 de junho de 1924, por um grupo de fascistas liderado por Amerigo Dumini, a mando de Benito Mussolini. [N. T.]

apropriado para as «ideias sem palavras». Essa linguagem não foi inventada por eles. Era uma linguagem criada no interior da cultura burguesa, amadurecida durante a alternância das relações com o passado configuradas por essa cultura e pronta para o uso. Entenda-se que, se, até agora, usamos os verbos no passado, isso não significa, de maneira nenhuma, que todo o fenômeno de que falamos seja história passada. Neste livro, teremos a preocupação, aliás, de modo especial, com suas fases atuais e com suas raízes nas fases passadas. A linguagem das ideias sem palavras é a dominante no que é impresso e dito hoje, e suas acepções publicadas e faladas, nas quais, realmente, empregam-se palavras espiritualizadas, que podem tornar-se veículo de ideias que exigem «não palavras», encontram-se também na cultura de quem não quer ser de direita, portanto, de quem deveria recorrer a palavras «materiais», podendo transformar-se em veículo de ideias que exigem palavras. Isso deriva do fato de que a maior parte do patrimônio cultural, mesmo de quem hoje não quer, de forma alguma, ser de direita, é resíduo cultural de direita. Nos séculos passados, a cultura protegida e ensinada foi, sobretudo, a cultura de quem era mais poderoso e mais rico, ou, mais exatamente, não foi, exceto em mínima parte, a cultura de quem era mais fraco e mais pobre. É inútil e irracional escandalizar-se com a presença desses resíduos, porém é necessário procurar saber de onde provêm. Uma cultura, sem dúvida, não se constitui apenas de incrustações da linguagem que se faz presente nela; porém a sobrevivência imperturbável dessas incrustações é, pelo menos, suspeita, a partir do momento em que uma cultura e uma linguagem significam também uma ideologia e um quadro bem definido de relações sociais. Por isso, há boas razões para ficar alarmado — e é até mesmo óbvio dizê-lo — quando, em numerosos discursos comemorativos, justamente da Resistência, reaparece a linguagem das ideias sem palavras. O jargão esquerdista também é denso em «ideias sem palavras», até mesmo o mais terrorista — similar à fala de seus adversários institucionais. Alguém poderia ter a impressão de que, por exemplo, a linguagem da Benemérita[7] seja, em oposição simétrica, a linguagem das palavras sem ideias: «Em observância à missão recebida...». Erro: para além dessas aparências morfológicas e sintáticas, não há *palavras*, mas *ideias*. Trata-se de um esqueleto morfológico e sintático de ideias, que têm relações precárias, temporárias e aproximativas com as palavras. Uma linguagem das ideias é, antes de tudo, uma linguagem esotérica, e esoterismo não significa apenas mistérios eleusinos, ou — ao contrário — reuniões da Sociedade Teosófica: «Cada pessoa tem seus mistérios: seus pensamentos secretos — dizia Hölderlin: Os mistérios de cada indivíduo são mitos e ritos exatamente como eram os mistérios dos povos».[8] Não só «de cada indivíduo»: também de um grupo. Museus de Arma e Museus do *Risorgimento* abundam em bandeiras, estandartes, bandeirolas, possivelmente esfarrapados e furados pelas balas inimigas; bandeirolas de todo tipo foram expostas na Mostra da Revolução Fascista; no «covil» milanês das Brigadas Vermelhas [*Brigate Rosse*], os *carabinieri* encontraram, em outubro de 1978, uma bandeira de seda vermelha que trazia, impressas em amarelo, a estrela de cinco pontas e as iniciais BR. Essa continuidade não é de *palavras*, mas de escolha de uma linguagem das *ideias*

7   Guarda Civil, popularmente conhecida como Benemérita, que faz parte das Forças e Corpos de Segurança da Espanha, criada em 1844. [N. T.]
8   Károly Kerényi, Prefácio à 2ª edição italiana de *La religione antica nelle sue linee fondamentali*. Tradução de D. Cantimori e A. Brelich. Roma: Astrolabio, 1951, p. 11.

sem palavras, que presume poder dizer a verdade, portanto, dizer e, ao mesmo tempo, ocultá-la na esfera secreta do símbolo, sem o uso das palavras, ou melhor, ignorando preocupar-se demasiadamente com símbolos modestos, como as palavras que não sejam palavras de ordem. Daí a desenvoltura no uso dos estereótipos, das frases feitas, das locuções recorrentes; não se trata apenas de pobreza cultural, de vocabulário objetivamente limitado por razões de ignorância; a linguagem usada é, ao contrário, de ideias sem palavras, e pode contentar-se com poucos vocábulos ou sintagmas: o que conta é a circulação fechada do «segredo» — mitos e ritos — que o falante tem em comum com os ouvintes, que todos os participantes na assembleia, ou no coletivo, têm em comum:

> A Itália é nosso país, tu sabes. Um grande país habitado por gente como nós, simples, sóbria, trabalhadora. São milhões e milhões de pessoas que se entendem entre si, porque falam a mesma língua, e desde tempos remotos até hoje tiveram tudo em comum, especialmente as desventuras.[9]

Propomo-nos estudar, aqui, até que ponto, nas transformações da sociedade e da cultura, a palavra «ideologia» coincide com o mecanismo linguístico das ideias sem palavras, portanto, referindo-se a mecanismos enigmáticos e elusivos como aqueles da «máquina mitológica».[10] Faremos isso, porém, de modo muito fragmentário, eclético e empírico. Não desejamos ser

9 Ettore Fabietti, *I Fratelli Bandiera rievocati alla gioventù*. Roma: Mondadori, 1921, p. 12.
10 Furio Jesi, «La festa e la macchina mitologica», in: *Materiali mitologici. Mito e antropologia nella cultura mitteleuropea*. Turim: Einaudi, 1979, pp. 81 ss.

panlinguistas ou maníacos dos sinais, e muito menos adeptos da doutrina de castidade e profetismo, elaborada por Karl Kraus (ou pelo Kraus de Georg Trakl), em torno da palavra que «arde», como o *logos*, e ateia fogo na fogueira das palavras tornadas impuras por tecnicização. Na décima *Elegia de Duíno*, Rilke representa o «jovem morto» no País da Dor: uma Lamentação o guia e, por fim, aponta-lhe as constelações do universo paralelo: o *Cavaleiro*, o *Bastão*, a *Coroa de frutos*, o *Berço*, o *Caminho*... o *Livro Ardente*. Doutíssimos comentadores tentaram explicar, em vão, o nome da última constelação com base no mecanismo secreto, ou evidente, do aparato simbólico de Rilke. Com um certo empirismo racional, muito banalmente, limitamo-nos a notar que «Das Brennende Buch» (O Livro Ardente) também pode ser apenas um trocadilho: o bíblico «arbusto ardente» diz-se, em alemão, «das brennende Busch». Certamente, o trocadilho — se é mesmo trocadilho — tem seu significado secreto, mas *absolutamente* secreto: «Cada pessoa tem seus mistérios: seus pensamentos secretos». Que nos seja permitido colocar todo nosso livro no espaço existente entre «das brennende Busch» e «Das Brennende Buch»: espaço de interação, na perspectiva da linguagem das ideias sem palavras, entre locuções oraculares e críticas por parte de quem, como nós, só é capaz de perceber semelhanças banais; em alemão «die brennende Liebe» (o amor ardente) apenas significa «gerânio».

F. J.
Dezembro de 1978[11]

---

[11] Os textos que compõem este livro são uma elaboração de ensaios publicados anteriormente em *Comunità*, n. 175 (dezembro de 1975) e n. 179 (abril de 1978).

I. CULTURA DE DIREITA E RELIGIÃO DA MORTE

O PASSADO, O ESPÍRITO E A «HORA DO DESTINO»

Quem folheia os primeiros anais de uma revista como *Deutsche Kunst und Dekoration* [Arte e decoração alemã], que, no início do século, gozou de grande prestígio e teve um certo número de assinantes também na Itália (talvez para um artista italiano, sobretudo para um arquiteto, ter sua coleção era prova de invejável atualização cultural e emprestar os fascículos aos amigos significava expor-se, sem dúvida, a um furto), pode surpreender-se com o caráter singularmente híbrido da produção ali exposta. Em fotografias em preto e branco, que ainda trazem, em um canto, a sigla em negativo do fotógrafo ou do zincógrafo, e em lindos espaços com textos em cores, são reproduzidos quadros, painéis decorativos, estátuas, placas em relevo, vitrais, projetos de edifícios e de interiores, de forma alguma homogêneos ao sistema gráfico *Jugendstil*[1] da revista; o *Jugendstil* está bem representado, mas, especialmente, nos

---

1 *Jugendstil*: termo alemão ligado ao vocabulário germânico de arquitetura e *design* gráfico. Tornou-se muito popular nos países germânicos no fim do século XIX e início do XX. O termo teve origem em 1896, em referência à revista *Jugend* (Juventude), fundada por Georg Hirth e Fritz von Ostini. [N. T.]

frisos, nas molduras, nos desenhos dos arquitetos, enquanto a seleção de pintura e de escultura mistura os alunos de Lenbach[2] e os de Böcklin,[3] mais um longo cortejo de artistas que se voltam, por assim dizer, para o passado: tetos afrescados com faunos, máscaras silênicas e mulheres exuberantes vestidas de ninfas, mas também tapeçarias e vitrais, com certa profusão heráldica, de cavaleiros à moda antiga e de meninas serenas neogóticas.[4] O *Jugendstil* determina, quase sempre literalmente, as *molduras* desses materiais, e a coisa mais desconcertante é justamente a legitimação de vanguarda que ele proporciona institucionalmente, dada a arte gráfica da revista, ou por piscadelas (perguntamo-nos se não eram involuntárias) de ornamentos e de caracteres tipográficos, vinhetas e maiúsculas iniciais, a uma precária relação de devoção pelo antigo, que, das vinhetas Biedermeier

2   Franz von Lenbach (1836-1904): pintor alemão, especializado em retratos. [N. T.]
3   Arnold Böcklin (1827-1901): pintor, desenhista e escultor suíço. [N. T.]
4   *Deutsche Kunst und Dekoration. Illustrierte Monatshefte zur Förderung deutscher Kunst und Formensprache in neuzeitlich. Auffassung aus Deutschland...*, organizado e escrito por Alexander Koch, Darmstadt. Se, como amostra, examinarmos o ano entre outubro de 1899 e outubro de 1900 (correspondente ao volume v em diante), encontraremos materiais da Secessão de Viena — K. Moser, G. Klimt, R. Jettmar etc. — (pp. 254 ss.), pinturas de género, como o *Lübecker Interieur* de C. Moll (p. 293), projetos de construção, de J. M. Olbrich (pp. 366 ss.), o esboço de um afresco histórico-mitológico gigantesco, de H. Christiansen, para o salão de festas da Rathaus em Hamburgo (p. 385), documentos de uma arte plástica académica, como a das medalhas, de R. Bosselt (pp. 393-4), e joias «egípcias», de P. Behrens (p. 406). Nos espaços coloridos e destacados fora do texto, vemos tapeçarias que parecem antecipar Kupka, mas também vitrais «medievais» de puro gosto guilhermino.

das revistas para as famílias,⁵ procede diretamente ao neogótico e ao neorrenascentista das silhuetas ascéticas, das insígnias, das pinturas de gênero e das armaduras, das orgias dionisíacas no teto da sala de baile, ou, até mesmo, da grande cervejaria.

Portanto, materiais muito heterogêneos, mas que compõem um quadro compacto de uso legítimo e luxuoso dos produtos culturais, cujo consumo pode efetivar-se como em um menu: a cada prato corresponde um estilo, uma imersão em uma época do passado bem definida (tão bem definida que provavelmente jamais tenha existido), uma profecia de futuro que responderá, verdadeiramente, a suas evocações para que os valores do passado, sobre os quais se baseia para dar força ao chamado dos dias por vir, sejam valores eternos e metamórficos.

Há, no entanto, quem se lamente: nas ciências, prevalece, há tempos, uma especialização que é, ao mesmo tempo, esterilidade e morte, porque significa progressiva incapacidade de capturar o sentido da vida em sua completude, incapacidade de perceber o tipo de circulação unitária do existente que aparece nas iluminações, declaradas eminentemente alemãs, de Leibniz e de Goethe, no claro-escuro «baixo-alemão», de Rembrandt,⁶ e que se torna invisível quando é submetido às «lentes côncavas

---

5 Célebre, entre todas, é *Die Gartenlaube* [A pérgula do jardim], que deu início a suas publicações, em 1853, e durou até a Segunda Guerra Mundial.
6 Sobre o livro de Julius Langbehn, *Rembrandt als Erzieher* (1890), ver também a n. 135. O claro-escuro, de Rembrandt (adquirido na tradição «alemã», ou melhor, «baixo-alemã»), é contrastado, ali, com os estilos e com as linguagens figurativas do Ocidente e do Sul, não muito alemãs, caracterizadas pela «razão».

do finalismo».⁷ A especialização racionalista do conhecimento científico, por um lado, expõe, com muitas evidências nítidas aos olhos do observador, imagens do passado que fundam sua verdade em um claro-escuro atemporal; por outro, cria barreiras transparentes, porém insuperáveis, entre as forças vivas do passado e os homens do presente. O risco é, aliás, que essas barreiras transparentes e insuperáveis também se interponham entre o presente e as forças criativas do futuro: que os homens do presente reencontrem-se — por sua culpa, deformação e fraqueza — dentro de nichos hermeticamente fechados ou vitrines de museus, retirados da circulação da vida universal, incapazes de apreender os ritmos que a dividem e, portanto, também incapazes de apreender «a hora de seu destino». Essa expressão é do etnólogo Leo Frobenius, cujo pensamento sobre a crise das ciências europeias (e, particularmente, das ciências *alemãs*) causada por excesso de especialização sintetizamos nas linhas anteriores. A «hora do destino» tornou-se expressão corrente na Alemanha nos anos imediatamente anteriores à Primeira Guerra Mundial: o livro do americano Homer Lea, *The Day of the Saxon*, foi traduzido, em alemão, em 1913, pelo conde E. Reventolw, com o título *Des Britischen Reiches Schicksalsstunde* [A hora do destino do Império britânico]; o título foi logo retomado pelo coronel H. Frobenius (não confundir com o etnólogo), que escreveu *Des Deutschen Reiches Schicksalsstunde* [A hora do destino do Império alemão], célebre panfleto do militarismo de Guilherme II:[8]

7   Leo Frobenius, *Storia della civiltà africana. Prolegomeni di una morfologia della storia* (1933). Tradução de C. Bovero. Turim: Einaudi, 1950, p. 27.
8   Guilherme II (em alemão, Friedrich Wilhelm Viktor Albrecht von Hohenzollern): terceiro e último imperador alemão e nono e último rei da Prússia. [N. T.]

Basta passear pelas ruas de Berlim para ver exposto, nas vitrines de todas as livrarias, o escrito de Frobenius, *Des Deutschen Reiches Schicksalsstunde*, com o telegrama de recomendação do grande senhor (o Kronprinz). Frobenius nutre os mesmos sentimentos de Friedrich von Bernhardi (autor de *Deutschland und der Nächste Krieg*): sua obra demonstra que é necessário iniciar o ataque antes que seja tarde; visto que os outros querem nos atacar, precisamos precedê-los e atacá-los.[9]

Leo Frobenius, o etnólogo, que em 1903 já havia compartilhado e aprovado com sua autoridade o princípio de ataque preventivo,[10] publicou, depois, em 1932, *Schicksalskunde in Sinne des Kulturwerdens* (Teoria do destino no sentido do devir cultural), que faz ecoar o título do panfleto de H. Frobenius. Seria errado identificar, sem dúvida, o comportamento de Leo Frobenius diante das «ciências alemãs» com o comportamento que assumiriam os nazistas. O conceito de «ciências alemãs» tornou-se de uso corrente durante o Terceiro Reich, especialmente em contraposição às «ciências judaicas» (as teorias de Einstein e de outros cientistas), e, nessa direção, estranha a Frobenius, também se dirigiam acusações de homens da direita italiana, como Julius Evola:

9   *J'accuse! par un Allemand*. Paris: Payot, 1915, p. 31 (há uma edição italiana contemporânea desse livro, que não pudemos consultar: *J'accuse! di un tedesco*, tradução feita a partir da edição alemã, com notas e acréscimos de R. Paresce. Milão: Treves, 1951).
10   Leo Frobenius, *Weltgeschichte des Krieges*. Com a colaboração de H. Frobenius e E. Kohlhauer. Jena: Thuringer Verlagsanstalt, 1903.

Mas, aqui, também vale chamar a atenção para a obra destruidora que o judaísmo, assim como segundo as disposições dos *Protocolos*, efetuou no campo propriamente cultural, protegido pelos *tabus* da Ciência, da Arte, do Pensamento. Judeu é Freud, cuja teoria pretende reduzir a vida interior a instintos e forças inconscientes, ou a convenções e repressões; também o é Einstein, com o qual entrou em moda o «relativismo»; do mesmo modo, Cesare Lombroso, que estabeleceu equações aberrantes entre gênio, delinquência e loucura; judeu é Max Stirner, o pai do anarquismo individualista, assim como são Debussy (como meio-judeu), Schönberg e Mahler, principais expoentes de uma música da decadência. Judeu é Tzara, criador do Dadaísmo, limite extremo da desagregação da chamada arte de vanguarda; também são judeus Salomon Reinach e muitos integrantes da conhecida escola sociológica, na qual há uma interpretação degradante das antigas religiões.[11]

Um conceito de «ciências alemãs» já estava, no entanto, amplamente amadurecido no período guilhermino,[12] no âmbito das reflexões sobre o «estilo alemão» de todas as formas de *Kultur*, e havia assumido um primeiro e explícito aspecto político quando cientistas como Wilhelm Conrad Röntgen,

---

11   Julius Evola, Introdução a *I «protocolli» dei «savi anziani» di Sion*, versão italiana com apêndice e introdução. Roma: La Vita Italiana, 1938, pp. xxv-xxvi. É interessante notar que o próprio Julius Evola (ver também pp. 124-55), que acusa entre outras coisas, o Dadaísmo, foi um pintor dadaísta em sua juventude.

12   Compreende o período entre 1890 e 1918, que abrange o reinado de Guilherme II da Alemanha. [N. T.]

Ernst Haeckel, Wilhelm Wundt (e outros homens de cultura, escritores, artistas) haviam lançado, em 3 de outubro de 1914, o *Aufruf an die Kulturwelt* [Apelo ao mundo da cultura], para colocar sobre a balança o peso de seus nomes e defender a causa da Alemanha «agredida».

No fim de sua vida, em 1933, um ano depois de *Schicksalskunde*, Leo Frobenius, dando um passo atrás, escreveu o texto abaixo, que, de acordo com seu ponto de vista, soava otimista:

> Neste período, entre milhões de noções singulares, aprendemos que a transformação da vida orgânica foi interrompida. Só agora ficou claro para nós que faunas inteiras alternaram-se [...], que o desaparecimento está sempre ligado ao mesmo fenômeno, isto é, à excessiva especialização. [...] Extremamente especializada também é a visão dos europeus de nosso tempo. Atrofia-se, como se atrofiaram, um dia, os trilobitas moribundos. E, em nós, alvorece uma nova orientação. A imagem da metrópole com milhares de edifícios empalidece. Outra começa a mostrar seus traços. O pensamento muito especializado do finalismo morre; e o impulso de compreender o sentido da vida movimenta os jovens membros do corpo.
>
> À dispersão do múltiplo, sucede a comunhão na unidade.[13]

O texto foi escrito, como apontamos, em 1933, precisamente em agosto desse ano; portanto, havia seis meses que Hitler era chanceler do Reich. Leo Frobenius (amigo e devotíssimo

---

13 Leo Frobenius, *Storia della civiltà africana*, op. cit., p. 28.

de Guilherme II)¹⁴ e os nazistas nunca se deram bem: é importante mencionarmos isso, antes de acrescentarmos a próxima citação tirada da obra de Frobenius:

> [...] a Alemanha saiu da Grande Guerra completamente derrotada em sua orientação ocidental, realista, racionalista e materialista, para nós essencialmente estranha. A cultura alemã renunciou, assim, sustentar essa parte, e, desde então, conheceu uma comoção que responde a sua mais íntima essência. Agora, no povo alemão, o sentido da vida é genuíno. Os outros tiraram de nossas costas o costume estrangeiro. Mas, agora, podemos declamar a parte que foi escrita justamente para nós.¹⁵

Frobenius não se reconheceu no nazismo, e é provável que estas suas palavras se refiram tanto aos escritos dos nazistas quanto à produção das vanguardas literárias:

---

14 Guilherme II financiou as expedições de Frobenius à África, e o estudioso continuou a frequentar o Kaiser mesmo em seu exílio holandês. Ler, de Aldo Magris, *Carlo Kerényi e la ricerca fenomenologica della religione*. Milão: Mursia, 1975, pp. 15-29. Sobre a obra de Frobenius (de que tratamos em Furio Jesi, *Letteratura e Mito*. Turim: Einaudi, 1968, pp. 138 ss; id., «'Influssi' e 'sopravvivenze' del pietismo tedesco», *Quaderni di lingua e letterature straniere*, Fac. de Magistério, Palermo, n. 1, 1976, pp. 87-96 ss), uma bibliografia atualizada até 1972 pode ser encontrada em *Leo Frobenius 1873-1973. Une Anthologie*, com prefácio de Leopold Sedar Senghor, organizado por E. Haberland. Wiesbaden: F. Steiner, 1973 (também publicado em inglês), p. 247.

15 Leo Frobenius, *Storia della civiltà africana*, op. cit., p. 62.

Emergindo do nebuloso reino dos fatos na esfera da realidade, inicialmente nos deslumbra a totalidade da luz. Quanto mais áspero é o contraste, tanto piores são os primeiros efeitos. As fábricas de papel alemãs mal podem fornecer o material suficiente para reproduzir todo o ruído, o devaneio e o balbucio das almas perturbadas. Preenche o mercado livreiro uma horrível mistura dos sedimentos espirituais de uma humanidade que era escrava e que se lança avidamente para desfrutar a nova liberdade, mas não sabe como obtê-la.[16]

Aqui, por outro lado, na recusa do nazismo por parte de expoentes da cultura alemã do início do século XX, que foram depois indicados e colocados no cadafalso como os precursores do pensamento de Hitler e de Rosenberg, está um dos nós mais difíceis de ser desfeito. Examinada hoje, a obra de Frobenius apresenta características de não conformismo tão nítidas diante de uma boa parte da cultura burguesa de seu tempo (a valorização da autonomia de toda cultura «primitiva» e de sua dignidade igual, se não superior, à das culturas dos «civilizados») que é difícil de ver, nela, a antecipação do nazismo como ideologia puramente burguesa. Mas veremos que a abertura aos «primitivos», a admiração por suas formas de cultura, se, por um lado, era entendida como um ótimo antídoto contra o nazismo, por outro foi muito bem acompanhada por ideologias explicitamente fascistas e antissemitas — é, por exemplo, o caso de um historiador das religiões como Mircea Eliade, ao qual voltaremos mais adiante. Assim como o oficial da SS dava preferência aos cães ou aos canários e, por isso, provavelmente,

16 Ibid., p. 57.

via algo errado nos cartazes que proibiam o acesso «aos cães e aos judeus», alguns documentos testemunham que não só em 1933, mas também em pleno Terceiro Reich, ilustres etnólogos e especialistas de história ou de ciência das religiões, ligados a ideologias nazistas ou fascistas, conciliavam o racismo antissemita com o apreço e a admiração por povos «primitivos».

O apreço pelos «primitivos», evidente em Frobenius, pôde levar a estudos de indubitável mérito, profundidade e eficácia inovadora no campo das ciências humanas: mas ele também tem um fundo de racismo, pois é racismo toda doutrina segundo a qual os homens de um grupo *nascem* portadores de determinada cultura e estão sujeitos a um destino determinado. Dos discursos de Humboldt acerca do gênio das línguas até os discursos de Frobenius sobre a «parte que foi escrita justamente para nós», existe uma continuidade de pressupostos conciliáveis com os do nazismo, ainda que conciliação de pressupostos não signifique necessariamente cumplicidade, ou que, precisamente da formulação de tais pressupostos, possam ser traçadas linhas que levam ao lado oposto do nazismo.

As raízes do nazismo estão, talvez, nas contradições existentes no interior da sociedade burguesa, não apenas na Alemanha, durante as primeiras décadas do século XX. No entanto, aqui nos ocuparemos exclusivamente das raízes e das vicissitudes da linguagem, da iconografia e da cultura mitológica da direita na Europa Central, em relação à sua prestação de contas nos doze anos negros.[17] Também pode ocorrer que o aparato mitológico-religioso do nazismo possa ser atribuído, sobretudo, ou até exclusivamente, a uma elite capaz de determinar os

---

17   Período que vai de 1933 a 1945. [N. T.]

destinos da população alemã com base em desenhos de aparência profana, na verdade combinados entre si em um mecanismo ritual acurado. É muito provável que essa visão corresponda às intenções de Hitler e daqueles que lhe eram mais próximos, mas, para além dessas intenções, resta o fato de que o presumido esoterismo nazista apresenta-se historicamente como uma radicalização de alguns filões da cultura de direita, cujos expoentes também foram, talvez, hostis ao nazismo ou, pelo menos, frios diante de uma criatura tão pouco intelectual como «o borra-tintas» transformado em chanceler do Reich.

Radicalização, então, significa — segundo uma expressão de uso amplamente adotado — um salto de qualidade. Se os intelectuais que continuaram a atuar no Reich durante os doze anos negros podem ser considerados cúmplices dos acontecimentos, torna-se ainda mais difícil falar de cumplicidade ou de responsabilidade a propósito de quem seguia nessa direção, mas que morreu antes ou retirou-se na hora certa. Do mesmo modo, é muito difícil dizer «seguiam nessa direção», quando essa direção significava não só a direita, o conservadorismo, a reação, a recusa do socialismo etc., mas também Buchenwald, Mauthausen e Auschwitz. Ou, em nosso século, direita significa os campos de concentração, além de todo o resto? Podem ser organizadas formas de eliminação de massa, mesmo sem se alimentar nas fontes de doutrinas esotéricas e sem compor rituais de uma consciente religião da morte. Hitler e sua corte podiam divagar e propor paradigmas mágicos de aceleração do novo Reich; mas, quando a sociedade e a cultura da Alemanha e da Europa burguesa começaram a sentir-se em perigo, alguns anos antes do advento do fascismo, do nazismo e da Internacional Negra, as proliferações intelectuais da situação de crise alcançaram uma sutileza e uma qualidade estilística que, hoje, parecem-nos insuperáveis: quem escreveu uma prosa alemã moderna mais refinada — se podemos falar desse modo — do que a de Thomas Mann? Refinada na autoironia e no ritmo persuasivo da narração, na exploração enigmática (de pureza por excesso de resíduos) de lentidões calculadas, rarefações, hiperdensidades, criancices e profecias. E o que pode ter em comum o discurso de Thomas Mann com o de Hitler, mesmo que ignoremos o fato de que Thomas Mann escolheu, no momento exato, não tomar o caminho da colaboração entre conservadores e nazistas?

Resta, em comum, a área de manipulação do que, em alemão, chamou-se de «*der Geist*» e, em italiano, de «*lo spirito*». Manipulação também pode ser uma operação, de todos e por todos os modos, positiva, e não se pode duvidar de que a manipulação feita por Thomas Mann foi quase sempre (mesmo antes de sua conversão à democracia de Weimar) uma inserção de ácidos anticonformistas em estruturas de inabalável submissão, de direita e de esquerda, ao «isto vale». Thomas Mann, muito raramente, sacrifica os bons sentimentos, e, quando sacrifica, é para abrir deliberadamente um fosso de Limbo, ou pelos menos de Purgatório, sob os pés de quem lhe dá ouvidos. As próprias *Considerações de um apolítico* [*Betrachtungen eines Unpolitischen*, 1918] são um panfleto cujas qualidades de romance espetacular jamais serão suficientemente destacadas, talvez iguais às qualidades de *Ou-Ou* [*Enten-Eller*], de Kierkegaard, e não menos carregadas de armadilhas, de valas encobertas por ramos, dispostas sob os passos do discípulo reacionário. A denúncia da crise por especialização da pesquisa científica, e especialmente daquela relativa à antropologia, alcança, nesse livro (alvo: o literato da *Zivilisation*), um nível e uma eficácia que em vão procuraríamos em Langbehn

(«A ciência morre um pouco a cada vez, diluindo-se em especialismo»)[18] e, depois, em Frobenius. O romance «como forma de vida espiritual»[19] alcança, nesse *não* romance,[20] um limite de vanguarda perdido, ainda que para a obtenção de outros valores, na obra subsequente de Thomas Mann: os personagens, as grandes «histórias», o gosto de narrar, a fragmentação e a retomada de temas, imagens, crises de estilo, em um quadro extremamente parodiado pela própria medida dilatada do ensaio, conservam uma dureza formal que procuraríamos em vão no estilo do Mann subsequente, no qual a paródia e o *pathos* convivem por imperceptíveis acordos irônicos.

Essa é a grande direita, e depois: a grande seca.[21] O que se segue é a declaração articulada em retratos exemplares da

[18] Julius Langbehn, *Rembrandt als Erzieher*, 1890; citamos a partir da edição publicada em Stuttgart: Kohlhammer, 1936, p. 45.

[19] Parafraseando, dessa forma, o título do ensaio de Thomas Mann, «Lubeck als geistige Lebensform», in: *Die Forderung des Tages*. Berlim: Fischer, 1930, pp. 26 ss.

[20] As *Considerações* resultam de uma interrupção deliberada da atividade como romancista durante os anos da guerra: sobre a gênese e as características ideológicas da obra, ver a apresentação («Presentazione»), de Marianello Marianelli, à sua tradução das *Considerazioni* (Bari: De Donato, 1967); nas notas, encontram-se as referências bibliográficas indispensáveis. Marianelli, no entanto, não destaca as qualidades estilísticas das *Considerações* e, ao contrário, afirma que «esta é uma prosa em que os problemas, como os que acabamos de indicar, raramente emergem limpos das cinzas da guerra polêmica; e algumas páginas são apenas cinzas» (p. XXXVII); a prosa das *Considerações* seria prosa «de serviço» («serviço de guerra») em comparação com a prosa «fundacional» de Thomas Mann.

[21] A expressão, peculiar da tradição mística medieval alemã, é aquela usada por Rainer Maria Rilke depois da finalização das *Aufzeichnungen des Malte Laurids Brigge*.

«Nobreza do espírito».²² Será, então, para Thomas Mann, a migração *externa* — enquanto outras pessoas vão se separar na migração *interna*, silêncio ao redor do novo Reich ou dos procedimentos para acelerar o advento — o modelo de comportamento adequado à constatação do fato de que: «Não havia mais, em nenhum lugar, mãos de garotos».²³

LINGUAGEM DAS COISAS; SIMBOLOGIA FUNERÁRIA

A cultura alemã, entre o fim do século XIX e o início do XX, deve a Bachofen a noção de símbolo repousante em si mesmo, e não por acaso o primeiro centro da *Bachofen-Renaissance* foi o cenáculo georgiano, do qual também teria partido a reavaliação de Jean Paul.²⁴ Paul, precisamente, havia falado de uma «mímica espiritual do universo»²⁵ quando, em *Preparação ao estudo da estética* [*Vorschule der Aesthetik*], sua teoria da metáfora passou da concepção de uma natureza «animada» (*beseelt*), porque antropomorfizada pelo homem,²⁶ àquela de uma real

22 A seleção de ensaios de Thomas Mann, *Adel des Geistes*, traz «*Sechzehn Versuche zum Problem der Humanität*» [Dezesseis ensaios sobre o problema da humanidade], quase todos dedicados a autores específicos: Lessing, Chamisso, Kleist, Goethe, Wagner etc.
23 Ernst Wiechert, *Missa sine nomine*. Tradução de E. Pocar. Milão: Mondadori, 1954, p. 9.
24 Pseudônimo do escritor alemão Johann Friedrich Richter. [N. T.]
25 Jean Paul, *Sämtliche Werke*. Weimar: H. Bohlaus Nachfolger, 1927, seção I, vol. XI, p. 86.
26 Ver Bengt Algot Sorensen, *Symbol und Symbolismus in den Theorien des 18. Jahrhunderts und der deutschen Romantik*. Copenhague: Munksgaard, 1963, pp. 155 ss.

língua da natureza, em si e por si mesma tornada autônoma
pela intervenção humana. Para Bachofen, especialmente no
Ensaio sobre o simbolismo funerário dos antigos [*Versuch über die
Gräbersymbolik der Alten*],[27] a língua dos símbolos repousantes
em si mesmos, símbolos que não remetem a outra coisa senão a
si mesmos, sobre os sarcófagos helenísticos e romanos, coloca-
-se no ponto de coincidência entre a «mímica espiritual do universo» e as faculdades de linguagem dos homens, eles também
elementos do universo, mas apenas quando se atribuem — por
autoconsciência ou por destino: Bachofen, às vezes, é elusivo —
uma parte peculiar de sua «mímica» em correspondência com
suas capacidades ou tipos de metamorfoses históricas. A parte
humana da «mímica do universo», de resto, destina-se a fazer
coincidir suas contingências com a verdade da real língua da
natureza, somente nos casos em que o homem e sua língua
reintegram-se no todo, no universo, na experiência da morte:
quando sofrem, portanto, como toda a realidade física do orga-
nismo humano, a «dissolução» (*Auflösung*), conceito e palavra
típicos de uma tradição cultural e também tipicamente literária, que, ligando a operação poética à alquimia, vai de Justinus
Kerner a Rilke.[28]

Os objetos, as coisas (*Dinge*), nos desenvolvimentos da
teoria da metáfora de Jean Paul, passaram da condição de entidades inertes à espera de serem vivificadas pelas energias
antropomorfizantes da linguagem humana («Às arvores, aos

27 No vol. IV das *Gesammelte Werke*, de Johann Jacob Bachofen. Organização
    de E. Howald H. Fuchs e K. Meuli. Basileia: Benno Schwabe & Co., 1954.
    Para a bibliografia relativa, ver notas 41, 43, 44, 47.
28 Ver Furio Jesi, *Esoterismo e linguaggio mitologico. Studi su R. M. Rilke*. Mes-
    sina-Florença: D'Anna, 1976, especialmente o terceiro capítulo.

campanários, às leiteiras nós conferimos uma imagem humana remota, e com esta o espírito»)[29] à condição de entidades que falam por si mesmas, que estão vivas, têm «espírito» (*Geist*) e, aliás, esperam mais ou menos impassíveis, às vezes com fervor de convictos instrumentos de revelação, às vezes com certa maldade, que o homem tenha acesso à linguagem de tais instrumentos e que se reintegre no todo do qual fazem parte, sem riscos de separação. Em Jean Paul, por outro lado, pelo menos nas obras mais maduras, a reintegração do homem passa pela «dissolução» e pela morte. Em *Titã*,[30] a formação (*Bildung*) de Albano tem correspondência com a de Schoppe, que se realiza na morte;[31] símbolos repousantes em si mesmos, para Bachofen, são símbolos levados o mais próximo possível dos mitos, ou pelo menos dos materiais mitológicos, tanto que passam a identificar-se com eles. Mas, em Jean Paul, a correlação entre símbolo e mito *também* é proposta no contexto da morte: o amadurecimento da autoconsciência de Albano, por estar totalmente vivo,

29 Jean Paul, op. cit., seção I, vol. V, p. 193.
30 *Titan*, principal romance de Jean Paul, publicado em 1803. A 1ª Sinfonia em ré maior, de Gustav Mahler, composta entre 1884 e 1888, recebeu grande influência do romance de Paul. [N. T.]
31 Não há tradução italiana do romance de Jean Paul. Aqui, mencionamos brevemente os aspectos da trama que nos interessam. Albano é um jovem príncipe que recebe, no romance, uma espécie de «educação», no fim da qual descobrirá sua verdadeira identidade. Schoppe é o amigo e, até certo ponto, o pedagogo de Albano: será ele quem descobrirá a identidade de Albano, mas nesse momento morrerá (de terror) ao ver aproximar-se dele uma pessoa que parece ser seu sósia. O mecanismo muito complicado de descoberta da identidade de Albano (no 139º «Ciclo» do romance) prevê, entre outras coisas, que Schoppe encontre um autômato em um nicho: o autômato lhe dá alguns objetos que o levarão à revelação. Depois, ele se autodestrói por meio de «uma espécie de suicídio mecânico».

é acompanhado pelo amadurecimento da autoconsciência de Schoppe, que, ironicamente, é orientado em direção a um ser totalmente morto. Schoppe é o pedagogo, enquanto Albano é o pupilo: a morte do pedagogo, em correlação simétrica com a plenitude da vida do pupilo (morte e completude da vida colocadas no final de dois itinerários da «*Bildung*», porque o pedagogo também recebe uma educação, solicitada pelo destino), faz pensar em uma trágica maiêutica de Kierkegaard, mas, sobretudo, na alma dividida do mitólogo moderno que não quer assumir definitivamente a máscara, ou melhor, o escafandro salvífico do sábio. A posição de Kerényi, que declara que «ainda há uma grande distância que [...] separa a boca da borda do cálice. A mitologia autêntica tornou-se tão estranha que nós, antes de saboreá-la, queremos parar e refletir sobre ela»,[32] é também a posição de quem, aparentemente, vela/desvela a distância dos pensadores modernos em relação à mitologia, identificando-se como «um grego [...] que nos narra a mitologia de seus antepassados».[33] Kerényi, assim, quase se reconhece em E. Rhode, isto é, em seu único verdadeiro predecessor na pesquisa do romance helenístico, o qual escrevia: «Mergulhava totalmente nas profundezas do estupendo mar do romance e gozava da louca existência lá embaixo».[34] Dom Quixote devorava romances, e

---

32   Károly Kerényi, Introdução ao livro de Carl Gustav Jung e Károly Kerényi, *Prolegomeni allo studio scientifico della mitologia*. Tradução de A. Brelich. Turim: Einaudi, 1948, p. 13.
33   Károly Kerényi, Prefácio de *Gli dèi e gli eroi della Grecia*. Vol. I. *Gli dei*. Tradução de V. Tedeschi. 2ª ed. Milão: Garzanti, 1978, p. 13.
34   Citado por Károly Kerényi na Introdução ao livro de Paul Radin, Carl Gustav Jung e Károly Kerényi, *Il briccone divino*. Tradução de N. Dalmasso e S. Daniele. Milão: Bompiani, 1965, p. 13.

esses «terminaram por devorá-lo»:[35] o mitólogo novecentista da tradição alemã, que encontra em Bachofen seu ponto de referência e que, ao mesmo tempo, não quer renunciar a sua posição entre os descendentes «dos humanistas alemães vividos no tempo das 'Cartas dos obscurantistas', de um Reuchlin, de um Crotus von Dornheim, de um Mutianus e de um Eoban Hesse»,[36] tem, diante de si, o destino de Schoppe. Humanista como se declara, tem discípulos ou aspira a tê-los (e sofre com a falta deles);[37] para realizar o ato ritual que *lhes* revela a identidade *deles*, de homens totalmente vivos e ligados à «mitologia autêntica», deve escolher para si mesmo a *religio mortis*.[38] Às palavras do jovem Lukács sobre o ensaio como pretexto, convém acrescentar algumas considerações sobre o ensaio como lugar central da moderna ciência do mito ou da mitologia a que nos referimos: sobre os riscos de vacuidade, e sobre a oportunidade de enfrentá-los, que confrontam os mitólogos protagonistas dessa ensaística. A língua italiana permite o *calembur*: o *sábio*

---

35 Ibid.
36 Thomas Mann, *Doctor Faustus*. Tradução de E. Pocar. Milão: Mondadori, 1956, pp. 9-10.
37 Ver a Nota introdutória de K. Kerényi ao livro de Károly Kerényi e Thomas Mann, *Romanzo e mitologia. Un carteggio*. Tradução de E. Pocar. Milão: Il Saggiatore, 1960, p. 15: (Hoje os estudantes estão dispersos: em campos de concentração e de trabalho, embora ainda estejam vivos. [...] Com a publicação desta correspondência, o organizador procura conforto em sua solidão).
38 Ver Furio Jesi, «Károly Kerényi. I 'pensieri segreti' del mitologo», in: *Materiali mitologici. Mito e antropologia nella cultura mitteleuropea*. Turim: Einaudi, 1979, pp. 3 ss. (especialmente pp. 26-32).

é o autor de um *ensaio*,³⁹ máscaras mitológicas que ele adota e destinos aos quais está exposto, materiais mitológicos que ele manuseia e destinos que declara antever, tornam-se, ao mesmo tempo, mitos e destinos que envolvem a sua obra. Corre o risco, visto que forçado a assumir a máscara e a manusear esses materiais, de identificar-se com seu conhecimento por composição, o suficiente para fazê-lo cair, antes de seu 5 de maio pessoal, em um «*Comme quoi Napoléon n'a jamais existé*».⁴⁰ No entanto, também acredita que se oferece a ele a oportunidade de consumir — com um procedimento semelhante à ironia romântica ou ao marranismo judaico — mecanismos e materiais de museu que ele espera reduzir por seu desgaste, sob o estímulo da própria «*Ergriffenheit*»,⁴¹ a uma transparência tal capaz de contrabalancear a espessura opaca, conferida por ele a seu próprio rosto pela captura dos semblantes do douto. Acontece com Jean Paul, Albano e Schoppe; mas, em *Titã*, a morte de Schoppe é precedida pelo suicídio do autômato que traz a revelação e, com ela,

---

39 Em italiano, o termo *saggio* se refere tanto a «sábio» quanto a «ensaio». [N. T.]
40 É o título do ensaio de Jean-Baptiste Pérès (1817), no qual se demonstra, parodisticamente, que Napoleão foi apenas uma imagem mitológica. Ver Anatole France, *Le Livre de mon ami*. Paris: Calmann-Levy, 1934, pp. 202 ss.
41 É uma palavra especial para Leo Frobenius, que significa «ser capturado» por uma força, por uma comoção etc. No pensamento de Frobenius, toda produção cultural deriva desse «ser capturado»; para uma noção de «*Ergriffenheit*», que não coincide com a de Frobenius, e muito menos com as manipulações praticadas por seus discípulos ou apoiadores ligados ao nazismo, ver Károly Kerényi, «Ergriffenheit und Wissenschaft», in: *Apollon. Studien über antike Religion und Humanität*. 2ª ed. Amsterdã: Pantheon Akademische Verlagsanstalt, 1942, pp. 64 ss. (ver Furio Jesi, «Károly Kerényi. L'esperienza dell'isola», in: *Materiali mitologici. Mito e antropologia nella cultura mitteleuropea*, op. cit., pp. 54-66).

a realização essencial da «*Bildung*» do pedagogo e do pupilo. O autômato que, em *Titã*, se autodestrói, depois de ter cumprido sua missão, é um acontecimento inquietante de «mímica espiritual do universo», para um objeto condicionado pela força antropomorfizante do homem, mesmo no quadro geral de uma natureza que, em si e por si mesma, dispõe de autômatos-homens. Fabricar os autômatos é adquirir consciência de si? Sim, com a condição de que não nos reconheçamos privilegiados e superiores ao vulgar, mesmo que apenas caracterizados por uma disponibilidade de sermos capturados, mais que outros, por forças extra-humanas que fazem com que sejamos nós mesmos, se formos capazes de despertar no instante em que algo nos captura: de alcançar a nossa «hora do destino».

A fabricação dos autômatos, desde o tempo das miragens iluministas do homem-máquina (mas também das miragens anti-iluministas do ensaio sobre as marionetes de H. von Kleist),[42] chegou para fazer parte de uma tradição cultural alemã totalmente morta: trazem a data de ontem os artigos de jornais italianos[43] nos quais se lê, por exemplo, que os juízes do Tribunal Administrativo de Ansbach deram razão ao governo bávaro, que demitiu de seu cargo um professor, Hans Haberlein, presidente de uma organização pacifista. Este declara «inspirar-se apenas em princípios humanitários e rechaçar qualquer diferença de raça, de religião e de opinião política». O Tribunal replica: «Falta uma decisiva posição anticomunista por parte do

---

42 Heinrich von Kleist, *Il teatro delle marionete*. Tradução de E. Pocar. Milão: Il Saggiatore, 1960. Ver Max Kommerell, «Die Sprache und das Unaussprechliche, Eine Betrachtung uber Heinrich von Kleist», in: *Geist und Buchstabe der Dichtung*. Frankfurt am Main: Klostermann, 1940.
43 Ver *La Stampa*, 9 de fevereiro de 1978, p. 18 (artigo de Tito Sansa).

interessado», e isso confirma a demissão porque, «chegando a encontrar-se em oposição aos comunistas, poderia não reconhecer seus objetivos e, portanto, encontra-se despreparado diante deles, na situação de alguém que assiste a tudo impotente».

ENTREATO, DE SIMBOLOGIA PROFÉTICA TRIVIAL

Os símbolos repousantes em si mesmos são, como dissemos, suscetíveis a infinitas leituras exegéticas. O fato de terem um sentido fechado na própria essência pura parece quase lhes conferir uma amável disponibilidade de permissão de uso: tanto que nada os toca em sua verdade. Poucos símbolos são tão exclusivamente repousantes em si mesmos como o ícone de Jack, o Estripador: ícone não só britânico vitoriano, mas também genuinamente alemão, desde o momento em que Frank Wedekind evocou-o no final de *A caixa de Pandora* [*Die Büchse von Pandora*], respeitando o cerimonial apropriado a um símbolo como círculo fechado e interpretando o próprio autor o personagem Jack.[44] Mas é justamente o símbolo repousante em si mesmo que é o ícone de Jack, pois nada o toca em sua verdade, permite seu uso com máxima disponibilidade, e, pode-se presumir, sorri com o «sorriso dos deuses»[45] quando ouve um grande mago, como Aleister Crowley, que o usa, dizendo:

---

44 Artur Kutscher, *Frank Wedekind. Sein Leben und seine Werke*. Vol. II. Munique, G. Müller, 1931.
45 Károly Kerényi, *La religione antica nelle sue linee fondamentali*. Tradução de D. Cantimori e A. Brelich. Roma: Astrolabio, 1951, cap. V, especialmente pp. 149-56.

Ninguém jamais conseguiria adivinhar, nem mesmo se parasse para pensar por um ano, que aquele digníssimo personagem vitoriano chamado Jack, o Estripador, era nada menos que Helena Petrovna Blavatsky.[46]

Com ambições esotéricas infinitamente menores do que aquelas de Crowley, procuraremos, agora, provocar o riso de outros ícones, presentes na produção de um colecionador de símbolos repousantes em si mesmos como E. T. A. Hoffmann. A novela de Hoffmann intitulada *O vampiro* [*Der Vampir*] narra a história do conde Hipólito, que, estabelecido em seu feudo após um período juvenil de viagens, empreende com zelo iluminista a racionalização das terras, tornando-as uma espécie de caso modelo (não muito iluministicamente laico, visto que, no projeto, encontram-se uma igreja e um cemitério). O conde fica a tal ponto absorvido por sua apaixonada atividade de agrônomo, de arquiteto, entre outras coisas, que chega a negligenciar aquilo que parece ser seu dever fundamental em relação a si e à sociedade: não se preocupa em procurar uma esposa. Mas, certo dia, chegam ao castelo duas mulheres, uma baronesa e sua filha, que ele tem que acolher por dever de hospitalidade; enquanto a mãe, velha e feia, inspira-lhe repugnância instintiva, agravada pelo fato de estar sujeita a periódicas crises catalépticas e de, nessas ocasiões, parecer um cadáver, a filha, jovem e bela, provoca nele um amor à primeira vista, supostamente retribuído. Organizam as núpcias, tudo fica pronto, mas, na iminência do dia definido para a cerimônia, a velha baronesa é encontrada

---

[46] John Symonds, *La grande bestia. Vita e magia di A. Crowley*. Tradução de R. Rambelli. Roma: Mediterranee, 1972, p. 40, nota 2.

morta no cemitério, que frequentava com bizarra assiduidade. Apesar disso, o matrimônio é celebrado às pressas. Os dois viveriam felizes e contentes, se a jovem esposa não se encontrasse aflita por uma tristeza, ou angústia, estranha e aparentemente injustificada. Provavelmente esconde alguma coisa; e, de fato, por fim, revela-a ao marido; sente-se acossada pelo pesadelo da infância e da adolescência vividas com a mãe, a qual teve, talvez, uma participação obscura na morte do pai e que, baronesa (mas sem dinheiro), passou, em seguida, a ser mantida por um aventureiro e suposto aristocrata, que, na realidade, era filho de um algoz e, além disso, estava marcado a ferro como delinquente. A mãe não só aceitou essa relação degradante com o pior dos párias (filho de um algoz), como também, quando a filha chegou à adolescência, esforçou-se — embora em vão — para passá-la ao amante, com o intuito de dar-lhe um motivo a mais para que não fosse avaro com seu dinheiro.

Essa revelação deixa o conde ainda mais compreensivo com os padecimentos sofridos pela esposa; no comportamento da mulher, permanece, porém, algo inexplicado: ela sempre mostra, à mesa, uma repugnância vivíssima por carnes e recusa-se absolutamente a comê-las. Sua tristeza assume, aos poucos, os sintomas de uma doença grave; o médico não consegue obter melhoras e, por fim, inventa uma desculpa, como se estivesse perante uma força maligna contra a qual sua ciência é impotente. O conde começa a alimentar uma suspeita. Antes de dormir, ele costuma tomar um chá que a esposa lhe prepara com suas próprias mãos; certa noite, desconfiado de que o chá continha sonífero, finge bebê-lo, simula dormir, vê que sua esposa levanta-se da cama, começa a segui-la e percebe que caminha em direção ao cemitério. Ali, no cemitério, assiste, sem acreditar, a uma cena de horror: sua esposa, com um grupo de mulheres horríveis, participa do desmembramento e da degustação de um cadáver.

Na manhã seguinte, o conde, que conseguiu voltar para casa, contendo seu desgosto e não revelando imediatamente à esposa que a viu no cemitério, perde, enfim, o controle, quando a mulher, pela milésima vez, recusa um prato de carne. Acusa-a, portanto, de suas torpezas; a mulher volta-se contra ele, tenta mordê-lo no peito, revelando, sem mais cautelas, sua natureza de bruxa-vampiro-canibal, e cai morta. Conclui Hoffmann, sem outro comentário: «O conde enlouqueceu».

Agora, nosso jogo de salão, para banalizar a simbologia profética. Assim como as medidas das pirâmides de Quéops foram interpretadas por esotéricos e pretensos arqueólogos, que obtiveram delas as datas proféticas dos principais acontecimentos da história humana, tentemos escrever a seguinte INTERPRETAÇÃO HISTÓRICO-SOCIOLÓGICA DA NOVELA DOS VAMPIROS DE E. T. A. HOFFMANN COMO TEXTO ALEGÓRICO-PROFÉTICO: «O conde Hipólito é o capitalismo da aristocracia latifundiária e empresarial da Alemanha de Guilherme II: quer apropriar-se novamente do feudo, racionalizando suas modalidades de usufruto com base em critérios modernos, mas permanecendo, pelo menos formalmente, fidelíssimo a convenções religiosas (a igreja) e a uma relação piedosa com a tradição dos antepassados (o cemitério). Esse dever o desumaniza (ele negligencia os afazeres amorosos, não procura uma esposa). A velha baronesa é a máscara de decoroso respeito — voltada para a aristocracia latifundiária e empresarial —, usada por líderes aventureiros e criminosos das classes mais miseráveis, como a pequena burguesia empobrecida, o proletariado e o subproletariado reacionários (o filho do carrasco): se o conde Hipólito é Hindenburg, Franz von Papen ou Krupp,[47] a velha baronesa é o colete do fraque e a saudação de Hitler, que se curva duas vezes diante do general-marechal presidente da República. A filha da baronesa, jovem, bela, pura, sedutora, é a nova ordem, aparentemente guardiã dos valores tradicionais, parida dos ínfimos mascarados como pessoas de bem, chegando até mesmo a provocar um *coup de foudre*[48] nas classes sociais mais elevadas. Parece que o *coup de foudre* é recíproco e que a nova ordem, da mesma forma, ama de todo o coração a aristocracia (do sangue, da espada e da indústria); mas há algo que não se encaixa. A roupa de cerimônia de Hitler está um pouco enlameada e amassada por causa de comportamentos inadequados de seus seguidores: a baronesa parece, às vezes, um cadáver horripilante e frequenta o cemitério um pouco demais. Esse obstáculo também é removido, a velha baronesa morre (os aspectos mais irritantes da nova ordem são aparentemente eliminados com a execução de Röhm e de suas SA),[49] mas ainda há algo que não se encaixa. No comportamento dos nazistas, há um componente bizarro e insidioso que a elite aristocrática e capitalista não consegue entender bem, e o subestima. O matrimônio realiza-se, o conde Hipólito está convencido de ter-se apropriado da jovem, Franz von Papen declara aos íntimos que Hitler, uma vez 'esposado', não dará motivos para temores. Mas o incômodo persiste e o médico, que

---

47 Paul von Hindenburg (1847-1934), militar alemão que comandou o Exército Imperial Alemão durante a Primeira Guerra Mundial, foi presidente da República de Weimar; Franz von Papen (1879-1969), político, militar, nobre e diplomata alemão conservador. [N. T.]
48 «Amor à primeira vista». [N. T.]
49 Capitão Ernst Röhm, chefe da tropa de assalto SA (*Sturmabteilung*) do Partido Nazista. [N. T.]

é Thomas Mann, prefere ir embora porque se dá conta de que estão em jogo forças malignas; a República de Weimar não pode ser salva. Comer carne animal é exercer, de modo tradicional, a exploração e o poder; a nova ordem recusa-se a fazê-lo, quer mais: não quer comer carne animal (a exploração 'democrática'), mas quer dilacerar carne humana (os horrores do nazismo). Mais tarde, ocorrido o matrimônio, descobre-se e estabelece-se uma situação de conflito (a Segunda Guerra Mundial); a nova ordem não hesita em agredir a elite aristocrática e capitalista, fora da Alemanha e até mesmo na Alemanha. Não se sai bem, cai morta (fim da Segunda Guerra Mundial), porém seu adversário (a elite aristocrática e capitalista) enlouquece».

MITOLOGIA FASCISTA NA ESPANHA E NA ROMÊNIA

Esses jogos de salão trazem um risco. Infelizmente, por acaso, há sempre alguém que, até então tendo permanecido bem calado em um canto qualquer, se levanta e cita Joseph de Maistre:

> Precisamos estar prontos para um acontecimento imenso na ordem divina, em direção ao qual marcharemos com uma velocidade acelerada, que deve atingir todos os observadores. Oráculos amedrontados já anunciam que os tempos chegaram.[50]

---

50 Com tais palavras, tiradas do «11e Entretien», das *Soirées de Saint-Petersbourg*, René Guénon concluía, em 1927, seu livro *Le Roi du Monde* (*Il re del mondo*. Tradução de A. Reghini. Roma: Atanor, 1952).

Os rituais das várias formas novecentistas de religião da morte começam geralmente com esse tipo de enunciações cautelosas, mas solenemente proféticas. Na Itália, porém, a coisa é rara (ou talvez tenha sido, sobretudo, coisa rara no tempo do fascismo das duas primeiras décadas: o que proliferou depois, no que diz respeito à religião da morte, no âmbito do neofascismo e da cultura de direita, provocou temores enormes). No tempo de Mussolini, o fascismo mostrou-se quase sempre tépido em relação à mística da morte, que também parece subjacente a sua simbologia ou a seu *kitsch*. Há sentido falar de mística da morte ou de religião da morte reais quando nos encontramos diante de uma mitologia funerária hegemônica, totalizante, colocada como único ponto de referência verdadeiro das normas que obrigam a agir ou a não agir, das modalidades de aproximação a si mesmo, aos outros homens, ao mundo, da visão da história e da natureza. Mas a caveira com o punhal entre os dentes, que figurava no peito da camisa negra dos Arditi,[51] transformados em paramilitares,[52] não está dissociada da expressão «*me ne frego*» [não estou nem aí], tudo menos niilista:

---

51 «*Arditi*» foi o termo adotado pela tropa de assalto da elite do Exército italiano durante a Primeira Guerra Mundial. O nome deriva do verbo «*ardire*» («ousar»), ou seja, seus membros eram conhecidos como «os mais ousados». [N. T.]

52 No original, em italiano: *squadristi*. O «squadrismo» foi um fenômeno político-social surgido na Itália em 1919. Eram tropas de ação paramilitares que tinham, como objetivo, reprimir os adversários políticos com o uso da violência, principalmente os integrantes do movimento operário. O fascismo logo soube capturar seus membros para fins próprios. [N. T.]

A orgulhosa expressão paramilitar «*me ne frego*», escrita sobre as ataduras de uma ferida, é um ato de filosofia não apenas estoica, é a síntese de uma doutrina não só política, é a educação para o combate, a aceitação dos riscos que ele comporta; é um novo estilo de vida italiano. Assim, o fascista aceita, ama a vida.[53]

Não se trata, nesse caso, de religião da morte; é muito mais um armamento simbólico capaz de colocar em circulação, ou de formalizar, valores que, demonstrando possuir o peso específico desejado, devem lançar, entre outras coisas, sombras sepulcrais. Pela mesma razão, o coração, o núcleo pesado da Mostra da Revolução fascista (1932-1935) era o *Sacrário dos Mártires*, que restabelecia ao regime a aura sepulcral da retórica do Milite Ignoto,[54] mas que, ao mesmo tempo, por uma carência de estilo e, se assim podemos dizer, de temperatura mitológica, parecia muito mais um circo montado pela destreza de coreógrafos do que o santuário ou a cripta de uma religião da morte:

> Era uma sala enorme, toda escura, semelhante a um catafalco, com uma abóbada preta estrelada a intervalos regulares, e cada estrela era um mártir, um mártir fascista. Não tinham nome [...]. Agora ardentes, transformadas em uma sagrada legião anônima, estavam ali, naquela cúpula de betume,

---

53 *Rapsodia eroica*. «*Dall'intervento all'impero*», idealizador e editor da obra G. Stefanelli; síntese histórica de A. Monti; comentários artístico-documentais de D. Cella. Milão: L'Italia guerriera-Editoriale patriottica, 1937 [páginas não numeradas], ver especialmente «Gli arditi e la rivoluzione».

54 Ver também nota 59 do capítulo seguinte (p. 154).

enquanto, no centro da sala, um fonógrafo enfeitado com bugigangas, como os cavalos das charretes fúnebres nos transportes de luxo, repetia ao infinito «Juventude, juventude», na surdina.[55]

Se olharmos para as questões de estilo, será suficiente destacarmos, de resto, que o mestre de cerimônia oficial do *Sacrário* definia como «genial e delicado» o conceito («mérito notável do próprio Duce») «de nomear com a palavra 'Presente' as grandes sombras dos Mártires, em vez de reduzi-las às fronteiras estreitas de seus nomes mortais».[56] «Genial»: é, em primeiro lugar, um «artifício»; «delicado» quer transmitir um entendimento de que o Duce tem não apenas um cérebro brilhante, mas também um coração sensível e delicado. Essa hibridação entre estereótipos heroicos e delicadas atenções é dificilmente conciliável com os requisitos de uma mística da morte radical: além do mais, nesse caso, aflora a qualidade pequeno-burguesa da cultura fascista que corresponde a sua frieza pela mitologia. Parece paradoxal dizê-lo, porque o fascismo esbanjou evidentemente materiais mitológicos; mas a tecnicização das imagens míticas (heroicas, romanas etc.), operada pelo fascismo italiano, mostra, em detalhes, todas as características de uma frieza fundamental, não de uma participação, o consumo em vez da devoção: características harmônicas com uma recusa radical ou, pelo menos, com uma radical ignorância do *quid* de segredo

---

[55] Barbara Allason, *Memorie di una antifascista, 1919-1940*. Milão: Avanti!, 1961, p. 148.
[56] *Rapsodia eroica*, op. cit., especialmente «I martiri nostri». Ver Luigi Freddi, *Catalogo della Mostra della Rivoluzione*. Bérgamo: Arti Grafiche, 1932.

implícito na produção mitológica, seja qual for sua forma. A linguagem mitológica do fascismo italiano — ao contrário das linguagens de outros setores da direita europeia — é quase exclusivamente *exotérica*: é feita de «artifícios» e não de rituais, no verdadeiro sentido da palavra.

Certamente, não faltam traços, talvez escassos, de ambições esotéricas — Julius Evola ou Massimo Scaligero são prova disso —, mas esses traços, às vezes ligados a uma mística mais consistente da morte, geralmente se apresentam como elementos de alguma heterodoxia, em comparação com as orientações oficiais do regime, e por muitas vezes são empréstimos de outras áreas não italianas da cultura de direita. O grito «¡*Viva la muerte!*» ecoou, pela primeira vez, não na Itália, mas na Espanha: Salvador de Madariaga declarou que foi inicialmente o grito dos anarquistas,[57] não sabemos o quão confiável é a afirmação: é verdade, de todo modo, que «¡*Viva la muerte!*» alcançou notoriedade, sobretudo, como *slogan* do general José Millán

---

[57] Em 1965, Salvador de Madariaga publicou a peça ¡*Viva la muerte!*. Em 20 de dezembro do mesmo ano, Kerényi, com o qual eu estava discutindo a mística da morte em *Tercio*, escrevia-me (anexando um recorte de jornal sobre a tragédia de Madariaga): «Ermes também me ajudou a conhecer mais acerca de ¡*Viva la muerte!*. Leia o recorte sobre a peça de Madariaga: ele, como espanhol e como humanista, pode dizer alguma coisa a respeito da tanatomania espanhola! Ontem, tive a oportunidade de perguntar-lhe qual foi o primeiro partido que ecoou o grito insano. Segundo suas informações, foram os anarquistas. Agora estou curioso para saber de onde vêm suas informações. A verdade histórica em primeiro lugar!» (o original está em língua alemã).

Astray y Terreros e do *Tercio* (legião estrangeira espanhola).[58]
Religião da morte?

Pequeno, magro, nervoso, Millán Astray domina todos com a luz corrosiva de sua única pupila.[59] «Legionários!», grita, e sua voz robusta e afiada tem um tom maldito e heroico que faz tudo estremecer. «Um fato inédito e escandaloso ocorreu em nosso *Tercio*. Com enorme indignação, soube que muitos de vocês têm economias não apenas em suas carteiras, mas também no banco. [...] O legionário deve, ao contrário, pensar apenas no hoje, não no passado, que para ele, mais do que para os outros, está morto; não no amanhã, porque, ao se alistar, ele sabe que está colocando sua assinatura na certidão de óbito. Vive-se hoje, luta-se hoje, morre-se hoje. Morrer: esse é seu dever. [...] Legionários! Peguem suas economias. Para gastá-las, vocês terão todo o tempo necessário, porque terão folga até as duas da manhã. Confio plenamente que amanhã nenhum de vocês terá mais cadernetas de poupança. Legionários! Viva a Espanha! Viva Franco! Viva a morte!».[60]

---

58 *Tercio*, «um terço», era um tipo de unidade militar dos exércitos da Península Ibérica, entre os séculos XVI e XVIII. Tal unidade também ficou conhecida como «terço espanhol» e, por três séculos, manteve a hegemonia do poder do Império espanhol. Nos anos 1920, o termo voltou a ser empregado no Exército espanhol. Os terços foram criados pelos Habsburgos e eram conhecidos por sua bravura nos campos de batalha. [N. T.]
59 Millan Astray perdeu o olho depois de uma ferida.
60 Renzo Segala, «La legge del *Tercio*», *La Lettura*, ano XXXVII, n. 12, dezembro de 1937, p. 1091.

Não se pode dizer que, nesse caso, faltem traços de religião da morte, embora o aparato da retórica militar tenda a aplainar seus elementos peculiares em uma apologia da morte heroica como soldado. Caso se queiram encontrar testemunhos de uma mística ou religião da morte que seja substancialmente refratária às simplificações do quartel e que seja, ela própria, a impor sua marca sobre os homens de uniforme, não se pode deixar de lado o pequeno grupo de legionários romenos, enviados à Espanha por Codreanu para representar a Guarda de Ferro. Esses legionários também — ou, mais exatamente: sobretudo eles — foram lutar com o compromisso declarado de morrer; sobre seu chefe, Ion Mota, cunhado e tenente de Codreanu, Paul Guiraud escreveu:

> É nessa ocasião que se manifesta em Mota a extrema grandeza a que pode chegar o sacrifício legionário aceito voluntariamente. Persuadido de que a morte é criadora e fecunda, Mota parte para a Espanha com o objetivo bem definido de morrer.[61]

Aparentemente, os legionários romenos e espanhóis tinham que se encontrar muito bem, em nome de sua tanatofilia comum. As canções de ambos parecem quase intercambiáveis. O canto do *Tercio*, intitulado «O noivo da morte», dizia:

---

61 Paul Guiraud, «Codreanu e la Guardia di Ferro», in: Maurice Bardèche (org.), *I fascismi sconosciuti*. Milão: Edizioni del Borghese, 1969, p. 48. Em relação à maioria de nossas referências à Guarda de Ferro, ver: Roberto Scagno, *Religiosità cosmica e cultura tradizionale nel pensiero di Mircea Eliade*. Monografia de graduação, Universidade de Turim, 1972-1973.

Sou um noivo da morte
que se unirá com forte laço
com essa companheira leal.⁶²

E uma canção da Guarda de Ferro:

A morte, somente a morte, legionários,
é um matrimônio feliz para nós.
Os legionários morrem cantando,
os legionários cantam morrendo.⁶³

Tanto os legionários espanhóis como os romenos estão, todos, unidos pelo frenesi do canto:

[ESPANHA] O legionário sempre canta, no quartel, nos passeios, nas trincheiras. Vocês devem sempre cantar alto, eles os ensinam, muito alto, vencendo a inclemência do tempo com o entusiasmo de suas canções. E, se alguém que não os conhece pergunta-lhes o que está acontecendo, respondam: você não ouve? É a Legião que canta.⁶⁴

[ROMÊNIA] Por meio do canto, o homem participa do rito cósmico, compartilha os segredos do mundo, participa do desconhecido [...]. Por meio do canto, o homem alcança o

---

62 Renzo Segala, op. cit., p. 1091.
63 Zeev Barbu, «Romania», in: S. J. Woolf (org.), *Il fascismo in Europa*. Bari: Laterza, 1968, pp. 182-3.
64 Renzo Segala, op. cit., p. 1095.

âmago da verdade, a essência das coisas [...]. O estilo legionário está diretamente ligado ao canto.⁶⁵

Enquanto o canto do *Tercio* não parece ir além dos frenesis dos oficiais cantores que existem, provavelmente, em qualquer exército e que exortam energicamente os recrutas a inflamarem seus corações diante dos elementos exaltantes da vida militar, o canto da Guarda de Ferro — pelo menos nas palavras do grande legionário intelectual que mencionamos, mas também nas diretrizes oficiais do Movimento⁶⁶ — assume um caráter esotérico acentuado de irmandade iniciática. O canto da Guarda de Ferro dificilmente se coloca em uma dimensão de quartel ou de festa de alpinos (para os quais é muito raro ouvir falar de «rito cósmico», «segredos do mundo», «âmago da verdade»), e o tema da morte-matrimônio também adquire, nele, aspectos diferentes dos do «noivo da morte». O *Tercio* é apologia de luta contra qualquer forma de cultura, incluídas as mais conservadoras, que não se identifica com o puro exercício de violência militar, integrado por um orgulho corporal («religião de homens honrados») e pela recusa de algumas virtudes «burguesas», como poupança, ponderação, sobriedade etc. Em 12 de outubro de 1936, o general Millán Astray gritou seu *slogan* «¡Abajo la inteligencia! ¡Viva la muerte!», na aula magna da Universidade de Salamanca, direcionando-se especialmente a um homem de cultura certamente

---

65 Palavras de um companheiro de Codreanu, citadas em Eugen Weber, «Romania», in: H. Rogger; E. Weber (org.), *The European Right. A Historical Profile*. Berkeley/Los Angeles: University of California Press, 1965, p. 522.

66 Os *Quaderni del Veltro*, de Bolonha, publicaram *I canti della Guardia di Ferro*; as Edizioni di Ar, de Pádua, publicaram *Diario dal carcere* (1970), *Guardia di Ferro* (1972) e *Il capo di cuib* (1974), de Corneliu Zelea Codreanu.

não esquerdista, como Miguel de Unamuno.⁶⁷ No entanto, por trás da Guarda de Ferro e entre os próprios legionários romenos, estão os intelectuais do tradicionalismo, os profetas e mártires voluntários do retorno a uma cultura e a uma religião em que o cristianismo grego ortodoxo mistura-se ao esoterismo não cristão do final do século XIX, e o apelo ao suposto «orfismo» dos antigos trácios e a referência a rituais «cósmicos» de aproximação aos «segredos do mundo» ligam-se à apologia racista do genuíno homem romeno, plasmado pela paisagem de sua terra, e com a ofensiva contra a usura, contra os judeus e contra os «ocidentais». O legionário espanhol tem, como única religião, a dos «*hombres honrados*» e da violência, do heroísmo e das mutilações; religião da morte que, no entanto, está desprovida de toda conotação cristã e rejeita todo ascetismo diferente da vontade de morrer: nos batalhões do *Tercio*, não faltam grupos de prostitutas, toleradas «por uma tradição que remonta aos campos do Marrocos»;⁶⁸ no *Tercio* come-se muito bem: «sopa ou entrada, um prato de peixe, outro de carne com acompanhamento, queijo, fruta e, duas vezes por semana, doce».⁶⁹ O legionário romeno é um asceta seja por necessidade (enquanto o *Tercio* era um corpo militar do Estado, a Guarda de Ferro sempre manteve relações difíceis com o governo romeno, salvo em condições de semiclandestinidade), seja por opção deliberada; é o expoente de um movimento tradicionalista que se declara cristianíssimo, protegido por um arcanjo, e sua

---

67 Hugh Thomas, *Storia della guerra civile spagnola*. Tradução de P. Bernardini Marzolla. Turim: Einaudi, 1963, pp. 376 ss.
68 Renzo Segala, op. cit., p. 1095.
69 Ibid., p. 1093.

religião da morte também é mística da culpa necessária: devem--se matar o adversário político e o judeu que foi deicida, bem como assassino ou sanguessuga do povo romeno, mas também se deve acolher a punição por essas mortes (quando se é capturado) como ocasião de justa expiação.

Como não acreditamos no caráter «nibelúngico»[70] do que aconteceu em 1977 na prisão de Stammheim, não temos nenhuma confiança em uma pesquisa que tenha, como objetivo, resolver, com *clichês* mitológicos ou pseudomitológicos de antiga hispanidade ou de antiga romenidade, os problemas colocados pelas características ideológicas e pelo comportamento do *Tercio* e da Guarda de Ferro. Não podemos, contudo, negligenciar o trabalho de tecnicização de elementos mitológicos realizado pelos ideólogos espanhóis ou romenos. Se, por um lado, para o *Tercio*, a análise dessa tecnicização é relativamente simples e pouco reveladora (estão em jogo elementos pouco elusivos: a imagem do herói proposta por Millán Astray é a do soldado que sente orgulho das mutilações, desafia os perigos porque deseja a morte, vive nobremente a cada dia, porque seu valor é, antes de tudo, violência aqui e agora, gozo imediato de seu poder de agressão), para a Guarda de Ferro, por outro lado, a análise da tecnicização altamente articulada do patrimônio mitológico é árdua e abre perspectivas interessantes: a partir dessas periferias, permite alcançar, seguindo os fios, o centro da cultura da Europa Central das primeiras décadas do século XX.

O tema da morte-matrimônio encontra-se tanto no canto do *Tercio* como no canto da Guarda de Ferro. Entretanto, não

---

70 Nibelúngico: adjetivo relativo aos nibelungos, povo formado por anões, na mitologia nórdica. [N. T.]

só o uso do canto é diferente nas duas «legiões», mas também, no contexto romeno, a própria temática da música está ligada à manipulação de materiais mitológicos locais (de toda a área balcânico-danubiana) que não encontram correspondência na tradição ibérica. A morte-matrimônio e as núpcias com a morte são o elemento central de uma célebre balada do folclore romeno, *Mioritza*, na qual o protagonista, um pastor, representa sua própria morte iminente como uma união com a natureza.[71] Esse erotismo fúnebre alcança sua intensidade máxima em outra balada, a *Leggenda di Mastro Manole*, cujos componentes estão documentados em uma ampla área da Europa Oriental. É a história do mestre de obras que, para conseguir levar a cabo um edifício, teve que murar nele sua própria esposa viva. Sobre essa lenda, que Eugen Weber retratou a propósito da mística da morte, peculiar da Guarda de Ferro,[72] e, mais especificamente, sobre sua manipulação em tempos recentes, alguns documentos são muito instrutivos: o estudo, com evidentes preocupações científicas, que lhes dedicou Mircea Eliade, e outros textos autobiográficos ou científicos do mesmo autor.

A «MENSAGEM SECRETA» DO PROFESSOR ELIADE

O professor Mircea Eliade, nascido em Bucareste, em 1907, sucessor de Joachim Wach na cátedra de História das Religiões, na Universidade de Chicago, e, com razão, hoje considerado um dos maiores especialistas do mundo em xamanismo e ioga,

---

71 Zeev Barbu, op. cit., pp. 182-3.
72 Eugen Weber, op. cit., pp. 522-3.

publicou, em 17 de dezembro de 1937, na revista *Buna Vestire*, um artigo no qual dizia, entre outras coisas:

> Pode a linhagem romena pôr fim à vida esgotada pela miséria e pela sífilis, invadida por judeus e enfraquecida por estrangeiros? [...] A revolução legionária deve atingir sua meta suprema: a redenção da linhagem.[73]

Com muita coerência, Eliade considerou-se de luto quando Corneliu Codreanu foi morto (30 de outubro de 1938)[74] e, com igual coerência, não viu nada de desprezível em representar, no exterior, como adido cultural, o governo romeno, que, no verão de 1942, assinava, com o delegado de Eichmann, Gustav Richter, o acordo para a deportação de todos os judeus romenos para os campos de extermínio.[75]

Esses e outros dados foram divulgados, em 1972, pelo Instituto Dr. J. Niemirower (Israel), para denunciar a gafe de um dos mais prestigiosos professores da Universidade de Jerusalém, Gershom Scholem, que considerou oportuno prestar homenagem a Eliade, contribuindo para um livro em sua honra.[76] Os mesmos dados foram utilmente postos em circulação na Itália em 1977,[77] quando a publicação do diário de Eliade, em edição

---

73 «Dosarul Mircea Eliade», *Toladot. Buletinul Istitutului Dr. J. Niemirower*, Jerusalém, n. 1, janeiro-março de 1972, p. 24.
74 Ibid.
75 Ibid., p. 26.
76 J. M. Kitagawa; C. H. Long (org.), *Myths and Symbols. Studies in Honor of Mircea Eliade*. Chicago: The University of Chicago Press, 1969.
77 Alfonso Maria Di Nola, «Mircea Eliade e l'antisemitismo», *La rassegna mensile di Israel*, vol. XLIII, n. 1-2, janeiro-fevereiro de 1977, pp. 12-5.

italiana,[78] fez aparecer resenhas críticas nas quais não se faz a mínima menção ao fascismo e ao antissemitismo do estudioso romeno, ao qual, ao contrário, reportam-se com grandes elogios («paixão verdadeiramente nobre pela literatura»),[79] como na seguinte passagem:

> Como se «salvaram» os escritores alemães emigrados para os Estados Unidos: trabalharam e continuaram com a criação iniciada na Alemanha. O caso de Thomas Mann é exemplar: mesmo antes de emigrar para os Estados Unidos, quando mudava constantemente de domicílio, na Suíça, na França (depois em Princeton, em Los Angeles), podia suportar tudo, porque escrevia a tetralogia de *José*. Isso salvou seu desenvolvimento e sua unidade interna ameaçados pelo exílio.[80]

Como todo o diário de Eliade é percorrido por um lamento acerca da ameaça contra «[seu] desenvolvimento e [sua] unidade interna», representada pelo exílio, torna-se evidente a intenção de refletir a condição dos escritores emigrantes alemães, em particular de Thomas Mann, e de exibir-se como o intelectual que, expulso pela brutalidade, «se salva» na dimensão interior de sua relação com o mito. Naturalmente, Eliade não cita as palavras de Thomas Mann: na tetralogia de *José*, «o mito é tirado das mãos do fascismo e 'humanizado' até mesmo no canto mais oculto da linguagem, e se a posteridade encontrar algo de notável nesta obra

---

78 Mircea Eliade, *Giornale*. Tradução de L. Aurigemma. Turim: Boringhieri, 1976.
79 Elena Croce, «Sogni e amici di Eliade il profeta», *La Stampa*, 14 de abril de 1977, p. 3.
80 Mircea Eliade, *Giornale*, op. cit., p. 426.

será precisamente isso».[81] Não tem nenhuma importância o fato de que Thomas Mann tenha escolhido o exílio contra o nazismo, enquanto, precisamente, a simpatia explícita pelo nazismo impediu Eliade de retornar à sua pátria no fim da guerra. O diário de Eliade, por outro lado, contém apenas raríssimas menções às suas escolhas ideológicas durante a pré-guerra (não faltam as lembranças desse período, mas são politicamente esterilizadas: o nome de Codreanu está completamente ausente), embora algo possa ser lido entrelinhas, e talvez até bastante claramente:

> Deve-se dizer, em algum lugar, que o fenômeno capital do século XX não foi, e acima de tudo não será, a revolução proletária, como previram os marxistas há setenta ou oitenta anos, mas a descoberta do homem não europeu e de seu universo espiritual. Deveria desenvolver essa ideia num artigo. Mostrar como a visão de Marx — o messianismo do proletariado, a luta final entre o bem e o mal etc. — lança suas raízes e encontra sua explicação na teologia judaico-cristã; integrando-se, portanto, no horizonte histórico do Mediterrâneo. Seria interessante ver o que significavam para Marx as civilizações exóticas e tradicionais (primitivas). Agora, começamos, hoje, a perceber a nobreza e a autonomia espiritual dessas civilizações, o diálogo com as quais me parece, para o futuro da espiritualidade europeia, muito mais importante do que a renovação espiritual que poderia ser introduzida pela emancipação radical do proletariado. Já vimos quais «valores» nos

---

[81] Do ensaio de Thomas Mann, «Joseph und Seine Bruder» («Giuseppe e i suoi fratelli»), tradução de B. Arzeni. Presente no apêndice da edição italiana da tetralogia. Milão: Mondadori, 1954, p. 2290.

revelou o proletariado: nada que já não fosse conhecido pelo espírito europeu.[82]

Lembramo-nos desses elementos da cultura de Eliade porque, sem eles, é impossível colocar na justa perspectiva sua interpretação da lenda de Mestre Manole e ligá-la tanto à mística da morte, peculiar da Guarda de Ferro, como a um entrelaçamento mais amplo da cultura da direita europeia. A propósito da lenda que evoca o sacrifício da esposa do mestre de obras, Eliade escreveu:

> [...] para durar, uma construção (casa, obra técnica, mas também obra espiritual) deve ser animada, ou seja, receber, ao mesmo tempo, uma vida e uma alma. A *transferência* da alma não é possível senão mediante de um sacrifício; em outras palavras, mediante de uma morte violenta. Também se pode dizer que a vítima continua sua existência após a morte, não em seu corpo físico, mas no novo corpo — a construção — que ela «animou» com sua imolação; também se pode falar de «corpo arquitetônico» substituído pelo corpo carnal. A *transferência* ritual da vida por meio do sacrifício não se limita às construções (templos, cidades, pontes, casas) e aos objetos utilitários: sacrificam-se igualmente as vítimas humanas para garantir o sucesso de uma operação, ou mesmo a duração histórica de uma ação espiritual.[83]

---

82 Mircea Eliade, *Giornale*, op. cit., pp. 134-5.
83 Id., «Maitre Manole et le monastere d'Arges», in: *De Zalmoxis à Gengis-Khan. Études comparatives sur les religions et le folklore de la Dacie et de l'Europe Orientale*. Paris: Payot, 1970, pp. 178-9.

A temática do sacrifício humano «de fundação» (quaisquer que sejam suas explicações por parte de estudiosos modernos, nem sempre de acordo com a hipótese de Eliade)[84] parece ligar-se diretamente à mística ou à religião da morte da Guarda de Ferro: os legionários tinham que morrer para fundar ritualmente a «emancipação da linhagem» — daí sua perspectiva não de *vencer ou morrer*, mas de *vencer morrendo* (até agora não dissemos nada de novo; essa coincidência já foi notada e ilustrada muitas vezes). No diário de Eliade, no entanto, há uma anotação que abre uma brecha para outros «segredos» (como veremos, a palavra pertence a Eliade), fazendo aflorar, das aparências externas da mística da Guarda de Ferro, um elemento esotérico — em torno do qual apenas se nutriam algumas suspeitas genéricas, tão vagas que não exigiam nenhuma verificação —, o que indicaria, na lenda de Mestre Manole, não só um precedente tradicional, mas também um *hieros logos* da religião da morte. Em 8 de novembro de 1959, Eliade escreve no diário:

---

84 O texto mais recente que analisa a questão é: Anita Seppilli, *Sacralità dell'acqua e sacrilegio dei ponti. Persistenza di simboli e dinamica culturale.* Palermo: Sellerio, 1977, pp. 265 ss. Também pode ser interessante comparar com o breve escrito juvenil de György Lukács, no qual o tema da lenda é um ponto central: «Della povertà in ispirito. Un dialogo e una lettera» (1911), tradução italiana de J. Szauder, *De Homine*, n. 45-46, 1973, pp. 133-48; tradução de G. Sertoli e F. Jesi, *Nuova Corrente*, n. 71, 1976, pp. 209-24. Ver também o ensaio de Agnes Heller sobre esse escrito (1ª ed. húngara, 1972; trad. inglesa, «'Von der Armut am Geist': A Dialogue by the Young Lukács», *The Philosophical Forum*, vol. III, n. 3-4, 1972; trad. alemã in: *Lehrstück Lukács*. Frankfurt am Main: Suhrkamp, 1974).

Folheio, hoje, meu *Tratado de história das religiões*,⁸⁵ detendo-me, sobretudo, no longo capítulo sobre os deuses celestes; pergunto-me se a mensagem secreta do livro foi entendida, «a teologia» implicada na história das religiões tal como é por mim decifrada e interpretada. No entanto, seu sentido está suficientemente claro: os mitos e as «religiões», em toda a sua diversidade, são o resultado do vazio deixado no mundo por Deus ter se retirado, transformado em *deus otiosus* e desaparecido da atualidade religiosa. Deus — mais precisamente o Ser Supremo — não tem mais nenhum papel na «experiência religiosa» da humanidade primitiva. Foi suplantado por outras formas divinas: divindades ativas, fecundadoras, dramáticas etc. Voltei a esse processo em outros estudos. Mas, de fato, entende-se que a «verdadeira» religião começa só depois que Deus se retirou do mundo? Que sua «transcendência» confunde-se e coincide com seu eclipse? O lançamento do homem religioso em direção ao «transcendente» faz-me, às vezes, pensar no gesto desesperado do órfão deixado sozinho no mundo.⁸⁶

Um leitor atento do *Tratado de história das religiões* percebe que (apesar de declarações como «seu sentido está suficientemente claro») as questões colocadas por Eliade, nessa passagem do diário, são, sobretudo, interrogações retóricas. Tal como se apresenta, em si e por si mesmo, o *Tratado* torna quase impossível a compreensão da «mensagem secreta». Partindo da

---

85 Mircea Eliade, *Trattato di storia delle religioni*. Tradução de V. Vacca. Turim: Einaudi, 1954.
86 Id., *Giornale*, op. cit., p. 230.

constatação de que, «na realidade, os seres celestiais supremos jamais representam uma parte de um primeiro plano na religiosidade primitiva»,[87] Eliade afirma que, em tempos muito remotos, precedentes aos documentados pela etnografia, os seres celestiais supremos representavam «o próprio centro da vida religiosa»:[88] depois que sua presença desapareceu da «realidade religiosa», eles tornaram-se realmente deuses *ociosos*, «*fainéants*» — diríamos —, como os últimos reis merovíngios, substituídos no imediato exercício do poder por «*maires du palais*»[89] (sempre de acordo com nosso exemplo), formas religiosas «dinâmicas, factuais, facilmente acessíveis».[90]

É evidente [escreve Eliade no *Tratado*] que isso não diminui em nada a autonomia, a grandeza e a primazia dos seres celestiais supremos; é antes uma prova de que o homem «primitivo», como o civil, esquece-os facilmente, já que não precisa mais deles; que as asperezas da existência o obrigam a olhar mais para a terra do que para o céu, e que a importância do céu é redescoberta somente quando uma ameaça de morte paira sobre ele.[91]

Partindo desse ponto, para afirmar explicitamente que «os mitos e as 'religiões' [...] são o resultado do vazio deixado no mundo por Deus ter se retirado», a distância é enorme: não por acaso Eliade fala de «mensagem secreta». Dessa forma,

87 Id., *Trattato di storia delle religioni*, op. cit., p. 56.
88 Ibid., p. 61.
89 «Mordomos do palácio». [N. T.]
90 Mircea Eliade, *Trattato di storia delle religioni*, op. cit., p. 58.
91 Ibid., p. 56.

admitindo que a «mensagem» do livro seja «secreta», e que
a linguagem e o aparato de construção científica do *Tratado*
sejam elementos funcionais de um criptograma monumental,
cai a objeção de Károly Kerényi, que julgava Eliade «trivial»,[92]
pela inadequação de suas análises (como são explicadas claramente) em relação à problemática enfrentada, mas surge
um elemento à primeira vista desconcertante. O antissemita
Eliade construiu todo o seu *Tratado* como uma arquitetura
que oculta e exibe, ao mesmo tempo, em seu centro, não só
uma «mensagem», mas também uma «mensagem *secreta*»,
uma doutrina peculiarmente judaica. É a doutrina com a qual
a Cabala, especialmente a partir de Isaac Luria (1534-1572),
respondeu ao problema da criação a partir do nada. Eliade
escreve: «Os mitos e as 'religiões' [...] são o resultado do vazio
deixado no mundo por Deus ter se retirado»; a Cabala Luriânica
afirma que «Deus — para garantir a possibilidade do mundo —
teve que tornar vacante, em seu ser, uma zona da qual, Ele, portanto, se retirasse».[93]

Deus, retirando-se «de si em si mesmo», criou um espaço
primordial no qual, por emanação, realizou a criação. No *Tratado*, Eliade apresenta a retirada de Deus em termos de história
e psicologia das religiões, mas, na anotação do diário, destaca
que, além dessa formulação, a «mensagem secreta» é entendida: não por acaso, fala em «teologia» resultante de seu modo
de «decifrar» e «interpretar» a história das religiões, e não à toa

---

92 Ver Furio Jesi, «Károly Kerényi. I 'pensieri segreti' del mitologo», op. cit.,
    pp. 23-4.
93 Gershom Scholem, *Le grandi correnti della mistica hebraica*. Tradução de
    G. Russo. Milão: Il Saggiatore, 1965, p. 355.

usa a palavra «Deus» quando se refere ao «retirar-se», para se corrigir imediatamente depois: «Deus — mais precisamente o Ser Supremo». O que tudo isso significa? Eliade, e mesmo «o trivial Eliade», segundo a definição de Kerényi, não pode ser considerado desconhecedor, por ignorância, dessa doutrina da mística judaica; tampouco se pode duvidar de que, em um diário focado na noção de seu exílio, ele tenha mencionado como «mensagem secreta» de seu *Tratado* a retirada de Deus, sem saber que, no contexto da cultura hebraica:

> [...] tentou-se interpretar essa retirada de Deus em seu próprio ser em termos de «exílio», de «bando», a partir de sua onipotência total na mais profunda solidão. Considerada assim, a ideia do *Tzimtzúm*[94] seria o mais profundo símbolo provável do exílio.[95]

Cabe-nos ver se a «mensagem secreta» do *Tratado* e sua coincidência com a «mensagem secreta» da Cabala são o resultado de uma reflexão absolutamente nova do Eliade exilado após a guerra, ou, antes, a continuação de uma estrutura ideológica do Eliade apoiador da Guarda de Ferro, que vivencia o luto pela morte de Codreanu. Nesse segundo caso, seria desconcertante — como dissemos — a coincidência entre o aparato mitológico e teológico de um grupo antissemita e uma doutrina singular da tradição mística judaica, «um pensamento que [...]

---

94 *Tzimtzúm* significa precisamente «concentração»: no caso observado, no sentido de «concentração», «contração», «retiro» de Deus em si mesmo.
95 Gershom Scholem, *Le grandi correnti della mistica ebraica*, op. cit., p. 355 (ver toda a passagem dedicada ao *Tzimtzúm*, pp. 354-8).

deu prova de ser um dos mais frutíferos e profundos para a reflexão dos místicos judeus posteriores [a Luria]».[96]

A doutrina do exílio de Deus em si mesmo, do «retirar-se» de Deus, não foi apenas objeto de discussão, ou de fé, em círculos restritos de judeus místicos. Também elaborada como resposta da cultura religiosa judaica à catástrofe da expulsão da Espanha, que se configurava como acentuação ou repetição do exílio pela Palestina, essa doutrina dramatizava, em termos cosmogônicos, a condição dos judeus exilados e, ao mesmo tempo, manifestava «o sentimento da tensão entre os dois polos do exílio e da redenção», a ponto de anunciar o «passo decisivo em direção ao messianismo».[97] O passo foi dado nos séculos XVII e XVIII, pelos chamados falsos messias: Sabbatai Zevi[98] e seu sucessor Jacob Frank, protagonistas de um movimento místico e milenar heterodoxo (se é que se pode falar de heterodoxia no contexto do judaísmo) que se colocava, às vezes, como elemento subterrâneo no jogo de relações entre iluminados e iluministas na cultura europeia dos anos 1700.[99] É importante destacarmos, agora, o comportamento dos «hereges» seguidores de Sabbatai e Jacob em relação à lei: ambos foram, de fato, sobretudo afirmadores do valor ritual do comportamento antinômico,

---

96 Ibid.
97 Ibid., p. 393.
98 Sabbatai Zevi (1626-1676): rabino e cabalista judeu que afirmava ser o Messias, tornou-se um grande inspirador de um dos movimentos mais importantes da história judia, a seita dos sabatianos, ou seja, o sabataísmo. Jacob Frank (1726-1791), comerciante judeu fundador do frankismo, afirmava ser o Messias. [N. T.]
99 Ver Furio Jesi, *Mitologie intorno all'illuminismo*. Milão: Edizioni di Comunità, 1972, pp. 17 ss.

portanto, da deliberada violação da lei.¹⁰⁰ Se a antiga lei, a *Torá*, a lei sagrada e totalizante, para excluir como blasfema a existência de uma lei profana, corresponde a um mundo, ou a um «reino», próximo de seu fim, a missão do messias (e, a partir de seu exemplo, dos seguidores) deve consistir na violação da lei que, como ato ritual, irá acelerar o advento da lei e do «reino» novos. Viola-se a lei antiga, tal como Deus retira-se em exílio «de si em si mesmo»: mas Deus «retira-se» para que a criação possa ocorrer; o messias viola a lei para que possa ser realizada a epifania da nova lei. A execução da culpa (de acordo com a antiga lei) é «um ritual, uma festa do indivíduo ou de um grupo inteiro, algo insólito que tem origem em um estado de exaltação e que é, ao mesmo tempo, o seu testemunho».¹⁰¹

Quanto maior a dignidade messiânica, tão mais grave deve ser a culpa cometida: suprema culpa, a apostasia; o messias Sabbatai Zevi converteu-se ao islamismo, e o messias Jacob Frank, ao cristianismo. A figura de Frank ainda é muito obscura, seja pelos problemas de documentação que permanecem em aberto, seja pela aura de horror que continua a circundá-la e que, em certa medida, impediu os estudos por parte de especialistas judeus.¹⁰² Contudo, sobre Sabbatai Zevi foram feitas pesquisas aprofundadas; delas resulta que esse «santo pecador», que veio para apresentar-se como «messias apóstata», realizava «más ações», mas, quando a iluminação cessava, «ele comportava-se

---

100 Gershom Scholem, *Le grandi correnti della mistica ebraica*, op. cit., pp. 398-9.
  Sobre Sabbatai Zevi e seus seguidores, ver a obra fundamental de Gershom Scholem, *Sabbatai Sevi. The Mystical Messiah. 1626-1676*. Princeton: Princeton University Press, 1973.
101 Id., *Le grandi correnti della mistica ebraica*, op. cit., p. 399.
102 Ver Furio Jesi, *Mitologie intorno all'illuminismo*, op. cit., p. 19.

como um homem completamente normal, lamentando-se das ações estranhas que havia realizado».[103] Nesse seu sentimento de culpa, manifestava-se a tragicidade de sua condição: a lei que ele violava devia ser violada para que se instaurasse a nova lei do novo reino, mas ainda assim era *a* lei.

Esses elementos, relativos a uma das expressões da cultura judaica que agiram de forma mais incisiva na Europa dos séculos XVII e XVIII e que deixaram uma memória mais rica deles, sobretudo na Europa Oriental, podem servir-nos não só para analisarmos a gênese da ideologia de grupos da direita e do antissemitismo do século XX, como a Guarda de Ferro, mas também para nos aproximarmos das coincidências paradoxais entre os autorretratos místicos dos perseguidores e dos perseguidos. A Guarda de Ferro teve seu primeiro momento de gênese ritual na prisão de Vacaresti, quando se encontravam presos Codreanu e alguns companheiros, e assumiu como seu patrono o arcanjo Miguel, cujo ícone estava acima da porta da igreja da prisão. A celebração desse nascimento não traz nada do tema usual da hagiografia dos fascistas italianos, quando escreviam sobre o «Covil».[104] O primeiro tom dominante era o da culpa:

> Dentro dos muros da prisão de Vacaresti, começou o terrível drama de ver, a olhos nus, os próprios pecados. Na dor

---

103 Gershom Scholem, *Sabbatai Sevi. The Mystical Messiah*, op. cit., p. 136.
104 Ou seja, a primeira sede do *Popolo d'Italia*, na rua Paolo da Cannobio, em Milão: «Como era o *Covil* nas dependências internas? Um quarto modesto e sereno» — in: *Rapsodia eroica*, op. cit., especialmente «La fucina della nuova storia».

desse duro exame, conceberam-se os pensamentos de uma nova vida e redenção.[105]

Os legionários são o exército do arcanjo Miguel, «princípio ativo do bem e da luz eterna, em luta contra o mal e as trevas fora e *dentro de nós*»;[106] são homens que devem ser pecadores, os quais declaram que «todos nós carregamos sobre nós os pecados dessa linhagem»[107] e entendem o martírio, o «testemunho» às custas de sangue como a escolha de quem viola a lei, comete assassinatos preestabelecidos, mas não escapa da punição:

> Em teoria, a violência legionária era justificada apenas quando expiada, e muitos legionários entregavam-se depois de um crime, quando poderiam facilmente fugir, alguns até mesmo quando já começavam a fuga.[108]

«Os mitos e as 'religiões' [...] são o resultado do vazio deixado no mundo por Deus ter se retirado»: a tradição da angelologia greco-ortodoxa ou, em geral, cristã-oriental permite supor que a escolha do arcanjo Miguel como patrono da Guarda de Ferro deva ser entendida precisamente como constatação da retirada de Deus «de si em si mesmo» e como formalização da necessidade de um martírio-pecado, protegida não pelo ícone divino, mas, sim, pelo ícone de quem, como o arcanjo, permanece epifanicamente acessível, mesmo tendo Deus «se

---

105 Constantin Papanace, *La genesi ed il martirio del movimento legionario romeno*. Roma: Armatolii, 1959, p. 21.
106 Ibid, grifo nosso.
107 Palavras de Codreanu, citadas em: Constantin Papanace, op. cit., p. 65.
108 Eugen Weber, op. cit., p. 533.

retirado». Quando Deus está presente, não se desembainha a espada: à presença de Jesus, a espada desembainhada de Pedro é sinal de culpa não necessária.[109] Quando Deus está autoexilado, quando restam acessíveis unicamente formas subdivinas — o arcanjo —, os justos devem ser culpados e devem matar: o *miles Christi*, o *athleta Christi*, o cavaleiro cruzado, o Templário e o legionário da Guarda de Ferro devem escolher ser *mártires por serem culpados*:

> Talvez, empurrado por forças invisíveis, o Capitão [Corneliu Codreanu] retomasse uma antiga tradição cristã, cujos vestígios ainda podem ser vistos hoje nos mosteiros da Bretanha, os quais colocam, no topo da torre, o Santo Arcanjo [Miguel], lugar no qual, em tempos passados, os monges também eram, ao mesmo tempo, cavaleiros vestidos com armaduras.[110]

Todo esse quadro confere, ao antissemitismo da Guarda de Ferro e de Mircea Eliade, tonalidades inéditas. Além da imagem do judeu usurário, capitalista e estranho à linhagem romena, entrevê-se a do judeu como vítima ritual designada. Como os mártires devem ser culpados, visto que a culpa por excelência (portanto, o testemunho maior) deve ser a morte, e o homicídio é um ritual de aceleração do novo reino por meio da violação da lei, quem precisa ser morto é, em primeiro lugar, o judeu, porque os judeus foram o povo escolhido, o grupo humano sagradamente ligado àquele Deus que é o próprio Deus, mas que agora se retirou para dentro de si: se o cristianismo é o advento

---

109 João, 18:10 ss.; ver Mateus, 26:52 ss.
110 Constantin Papanace, op. cit., p. 21.

de um novo reino, depois do reino do Antigo Testamento, a aceleração desse advento, seu cumprimento, consiste na ação culpável, mas testemunhal, de matar como vítimas sacrificiais aqueles que foram, por excelência, os homens do antigo reino:

> Para que possa perdurar [diz Eliade], uma construção [...] deve ser animada, ou seja, receber, ao mesmo tempo, uma vida e uma alma. A *transferência* da alma não é possível senão por meio de um sacrifício; em outras palavras, por meio de uma morte violenta. [...] Sacrificam-se igualmente certas vítimas humanas para garantir o sucesso de uma operação, ou até mesmo a duração histórica de uma ação espiritual.

A revolução legionária é *a* ação espiritual. Os judeus devem ser suas vítimas «de fundação», não vítimas estranhas aos sacrificadores, mas afins aos soldados do arcanjo, como, de fato, os judeus são semelhantes aos cristãos (em uma perspectiva cristã). «Os mitos e as 'religiões' [...] são o resultado do vazio deixado no mundo por Deus ter se retirado»: ato religioso, dos fundamentos ou articulações mitológicas, é, antes de tudo, o assassinato do judeu. No entanto, a morte é um ato culpado, como todo possível ato de verdadeiro martírio, e o legionário assassino também quer ser morto; a figura da esposa do mestre de obras, murada viva para que o edifício surja, é a do judeu morto, mas também a do legionário que, depois de ter assassinado alguém, será morto:

> Quanto mais alto e severo era o preço de sua violência assassina, tanto mais eles [os homens da Guarda de Ferro] exercitavam-na. Aqueles até agora reportados são apenas alguns

aspectos exemplificativos dessa estreita cadeia de ações, que pode ser formulada das seguintes maneiras: «matar e ser morto», ou «matar para ser morto».[111]

CULTURA DE DIREITA E MEDO DO JUDEU

Seguindo das periferias em direção ao centro da direita europeia da primeira metade do século XX — de Bucareste até Berlim —, começa-se a vislumbrar algo das estruturas de uma religião da morte, entre as quais estará, presumivelmente, o ritualismo de extermínio dos judeus como sacrifício «de fundação» do novo reino, ou do novo Reich. Certamente não se pode reduzir apenas ao antissemitismo, em formas mais ou menos sangrentas, a complexa articulação da cultura de direita na Alemanha nas primeiras décadas do século XX; o antissemitismo alemão apresenta características tão peculiares em comparação com as de outras formas de antissemitismo europeu que se torna elemento privilegiado de investigação, ponto de encontro de muitos e heterogêneos fios ideológicos.

Convém, em primeiro lugar, notar que, na história do racismo na Alemanha, as primeiras décadas do século XX marcaram uma virada, não apenas política e social, mas também de aparato especificamente mitológico. Para os pais do racismo alemão do século XIX, Ernst Moritz Arndt (1768-1860) e Friedrich Ludwig Jahn (1778-1852), a «raça» judaica não parece ser pior ou melhor que outras: uma vez que a «raça» germânica é a mais nobre de todas, as outras apresentam peculiaridades

---

[111] Zeev Barbu, op. cit., p. 183.

de raças inferiores, assim como eventuais qualidades características delas; o importante é garantir a primazia da «raça» germânica, preservando sua pureza perante qualquer contaminação (não particularmente a contaminação judaica, que não é denunciada como o perigo mais grave).[112] Além dessas posições de racismo, por assim dizer, objetivo, sem referências antissemitas específicas, nessas décadas não faltaram formas de antissemitismo selvagem, e continuaram a aparecer acusações de homicídio ritual (da antiga tradição medieval);[113] em termos mais banais, o judeu continuou a ser apresentado como defensor e difusor de todas as devassidões e desregramentos (assim se respondeu, por exemplo, à proposta de Paul Heyse de erguer um monumento a Heine).[114] Ao mesmo tempo, por parte dos

[112] Sobre Arndt: Heinrich Meisner; Robert Geerds, *Ernst Moritz Arndt, ein Lebensbild in Briefen*. Berlim: Reimer, 1898; Hans Polag, *Arndts Weg zum Deutschen*. Leipzig: Eichblatt, 1936; Ingeborg Wollesen, *Ernst Moritz Arndts Anschauung vom Wesen des Volkes*. Hamburg, 1947. Sobre Jahn: Paul Piechowski, *Friedrich Ludwig Jahn. Vom Turnvater zum Volkserzieher*. Gotha: L. Klotz, 1928; Edmund Neuendorff, *Jahn und seine Zeit*. Dresden: Limpert, 1931; Brigitte Theune, *Volk und Nation bei Jahn, Rotteck, Welcher und Dahlmann*. Berlim: Ebering, 1937. Ver o texto nazista de Hermann Blome, *Der Rassengedanke in der deutschen Romantik und seine Grundlagen im 18. Jahrhundert*. Berlim: J. F. Lehmanns, 1943; ver também, para uma análise das origens do antissemitismo nazista, Peter Viereck, *Dai romantici a Hitler*. Tradução de L. Astrologo e L. Pintor. Turim: Einaudi, 1948; Leon Poliakov, *Histoire de l'antisémitisme. De Voltaire à Wagner*. Paris: Calmann-Levy, 1968, pp. 393 ss.
[113] Ver Furio Jesi, «L'accusa del sangue», *Comunità*, n. 170, outubro de 1973, pp. 260-302.
[114] Ver, a esse propósito, os protestos antissemitas dos quais se tornou porta-voz a revista *Der Kunstwart* (Dresden, 1887-), dirigida por Ferdinand Avenarius; ver Franz Schonauer, *La letteratura tedesca del Terzo Reich*. Tradução de F. Saba Sardi. Milão: Sugar, 1962, pp. 30 ss.

próprios antissemitas, continuou-se a afirmar quase sempre que é possível fazer amizade com «judeus verdadeiros», expoentes de um judaísmo abstrato que coincide com as supostas características positivas da «raça» judaica, absorvidos na religiosidade, cultores dos bons sentimentos familiares, e assim por diante, enquanto é impossível ter relações não hostis com os «falsos judeus», as encarnações de Shylock em Berlim. Coisas desse tipo leem-se no livro *Rembrandt como educador* [*Rembrandt als Erzieher*], publicado anonimamente por Julius Langbehn («Um alemão»), em 1890: uma obra capital na teorização do germanismo como cultura da raça eleita e do conflito irreconciliável entre *Kultur* e *Zivilisation*;[115] em 1936, *Rembrandt como educador* alcançou a 90ª edição.

Tudo isso, naturalmente, não significa que a Alemanha do Segundo Reich não conhecesse um antissemitismo enérgico. Mas a virada da qual falávamos, amadurecida nos anos 1910 e 1920 e tornada absolutamente evidente com a afirmação do nazismo, leva a outra coisa: não só aos campos de extermínio, mas também à aparição ou reaparição de uma imagem mitológica incomum ao antissemitismo do século XIX, a do judeu como *poderoso perigoso*, não exclusiva ou precisamente no plano econômico e político; a imagem do judeu como, paradoxalmente em uma perspectiva antissemita, criatura privilegiada, dotada de qualidades intrínsecas e misteriosas, *portanto*, que deve ser morta.

---

115   Ibid., pp. 22 ss. (resumimos o pensamento de Langbehn sobre os «verdadeiros» e os «falsos» judeus, da pp. 363 ss. de *Rembrandt als Erzieher*, op. cit.).

O aparato propagandista do antissemitismo nazista, de Streicher a Goebbels, insistiu clamorosamente em muitos outros elementos, agora conhecidos por todos: o judeu como uma criatura sub-humana, mas pérfida, usurária, desprezível, traiçoeira, monstruosamente licenciosa, corrupta etc. Além de tudo isso, porém, vê-se nas entrelinhas dos documentos menos estereotipados da cultura nazista um temor em relação ao judeu, o que leva a suspeitar, no fundo, da existência de uma imagem mitológica do «povo eleito» da Bíblia como guardião de qualidades e de conhecimentos que podem tornar-se mortais. Dito apressadamente: tem-se a nítida impressão de que o aspecto menos difundido do antissemitismo nazista era o de hostilidade, também ditada pelo medo, a uma «raça» de frequentadores de forças ocultas, de magos, de inquietantes personagens-mediadores entre a imediata e sensível realidade do mundo e suas supostas raízes secretas.

Nessa perspectiva, o testamento político ditado por Hitler, em 29 de abril de 1945, adquiriria um significado imprevisto e particular, especialmente nos parágrafos em que — com aquela que, de outra maneira, poderíamos chamar de extrema mistificação ou total sujeição ao delírio — o Führer, pouco antes de morrer, apresenta sua imagem de homem hostil à guerra:

> É falso que eu, ou outra pessoa, na Alemanha, tenha desejado a guerra em 1939. A guerra foi desejada e provocada exclusivamente por homens políticos internacionais de origem judaica, ou por agentes a serviço de interesses judaicos. [...] Os séculos passarão, mas, das ruínas de nossas cidades e de nossos monumentos, o ódio sempre ressurgirá contra os

verdadeiros responsáveis por esse conflito. Devemos agradecer a eles: os expoentes do judaísmo internacional e seus apoiadores.

[...] Sobretudo, ordeno ao governo e ao povo que mantenham em pleno vigor as leis raciais e que combatam inexoravelmente o envenenador de todas as nações, o judaísmo internacional.[116]

Agora, porém, estamos diante de um dos piores terrenos pantanosos da historiografia contemporânea. Depois de um livro como *O despertar dos mágicos* [*Le Matin des magiciens*],[117] de Louis Pauwels e Jacques Bergier,[118] qualquer pessoa sensata hesita em falar de esoterismo nazista — já que é disso que se

---

[116] O testamento político de Hitler (do qual citamos algumas passagens da tradução italiana publicada em William L. Shirer, *Storia del Terzo Reich*. Tradução de G. Glaesser. Turim: Einaudi, 1963, p. 1217) encontra-se em *Trial of the Major War Criminals before the International Military Tribunal*. Nuremberg, s. d., volume XLI.

[117] Segundo os autores, o livro seria uma introdução ao realismo fantástico. [N. T.]

[118] Louis Pauwels; Jacques Bergier, *Il mattino dei maghi*. Tradução de P. Lazzaro. Milão: Mondadori,1971. O livro não traz nenhuma indicação de fontes, muitas vezes fornece certas informações que parecem fantasia e, portanto (embora também possa ser sugestivo e estimulante em alguns aspectos), deve ser usado com grande cautela. Além disso, a orientação do livro é muito mais de direita: não que o nazismo seja elogiado, pelo contrário; mas cada página permanece em uma atmosfera entre o esoterismo e o puro efeito de *feuilleton*, valores como o grande homem (que se torna o «mutante») são apreciados, recusa-se, *a priori*, uma análise histórica, política, social, resta-se hipnotizado pela técnica (ainda que por uma técnica refinadíssima), manipulam-se mitos com certa convicção sobre as forças obscuras que interviriam nas ações dos homens.

trata: ninguém gosta de terminar no caldeirão das narrativas de fantasia ocultista, que, entre outras coisas, revela feições conservadoras precisas, começando pelas hipóteses do século XIX acerca das pessoas que, hipnotizadas pelas imagens das sociedades secretas, viam nelas as forças que efetivamente teriam construído a história de séculos atrás até nossos dias, ou talvez, realmente, desde sempre. No entanto, e tendo colocado todas as reservas necessárias relacionadas à escassez de documentos confiáveis e à dificuldade de analisar os poucos de que dispomos, não podemos negar que um esoterismo nazista alguma vez existiu, que ele tenha deixado vestígios decifráveis dentro de certos limites, e que a cultura da direita europeia (além de propriamente alemã) do século XX só pode ser seriamente estudada se não se negligenciam suas veleidades de relações com determinados «segredos».

A Guarda de Ferro romena era um grupo que se declarava muito cristão, embora se saiba que o nazismo na Alemanha teve aspectos de deliberada hostilidade contra o cristianismo. Se, para os legionários do arcanjo Miguel, os judeus eram *eleitos* (de acordo com a antiga lei) para serem mortos, *irmãos* para serem mortos, para os teóricos do chamado paganismo nazista os judeus também podiam ser vítimas sacrificiais designadas, mas certamente não fraternas. Nas últimas décadas do século XIX, Paul de Lagarde (pseudônimo de Paul Boetticher, 1827--1891) escreveu:

> No estado atual das coisas, é por graça de Deus que a Alemanha, como tal, não tem nenhuma religião, e tem limites muito restritos: porque, para tais trâmites, são-lhe impostas as tarefas pelas quais ela pode transformar-se. Em primeiro

lugar, a luta por uma forma de piedade religiosa que lhe seja conveniente, e, em segundo lugar, a conquista de colônias: eis os meios destinados para que se projete como alemã a ainda latente nacionalidade dos alemães.[119]

A «luta por uma forma de piedade religiosa que lhe seja conveniente [à Alemanha]» — tão significativamente associada ao imperialismo — tornou-se quase imediatamente tecnicização de supostos mitos dos alemães, às vezes com coloração ambígua de cristianismo esotérico (como em *Parsifal*, de Wagner),[120] outras, como transição direta da proto-história dos ancestrais (*Gli avi*, *Die Ahnen*, 1873-1881, é o título de um ciclo de contos históricos de Gustav Freytag, que partem dos feitos de um vândalo do século IV e chegam até os de seus descendentes na Alemanha do século XIX)[121] ao presente, no qual renascem intactas a virtude e a religiosidade dos antigos. No entanto, o período em que o antissemitismo uniu-se explicitamente à afirmação de uma religião da morte, como «forma de piedade religiosa» que conviesse «internamente» ao germanismo moderno, corresponde à prevalência de um significado especial daquilo que Thomas Mann definiu como o «orientalismo secreto da Alemanha».[122] A fuga

119 Paul de Lagarde, *Deutsche Schriften*, Leipzig, 1886, p. 197; citado em Franz Schonauer, op. cit., p. 29.
120 Ver Furio Jesi, «L'accusa del sangue», op. cit., pp. 299-301.
121 Ver Paul Ulrich, *Studien zum Roman Gustav Freytags*. Berlim: Weidmann, 1913; ver também Ernst Kohn-Bramstedt, *Aristocracy and Middleclasses in Germany*. Chicago: Chicago University Press, 1964, passim.
122 Carta de 2 de fevereiro de 1922, enviada a Ernst Bertram (Thomas Mann, *Epistolario 1889-1936*. Organizado por E. Mann, tradução de I. A. Chiusano. Milão: Mondadori, 1963, n. 264).

em direção ao Oriente ou, mais precisamente, a peregrinação mística no Oriente, que suscitou considerações mais ou menos superficiais por parte da sociologia da cultura em nossos anos 1960, diante de uma súbita intensificação das viagens de jovens, e menos jovens, exilados do Ocidente em direção à Índia ou ao Nepal, teria aquecido o coração de muitos alemães de ontem e de anteontem. Não apenas Hermann Hesse, que, afinal de contas, voltou a ser um autor atualíssimo nessa ocasião, mas os mais antigos, os combatentes místicos dos séculos XVIII e XIX, empenhados na «luta por uma forma de piedade religiosa» que conviesse «internamente» ao alemão (e, muitas vezes, ao alemão como protótipo do homem europeu). Não estamos, aqui, referindo-nos tanto ao orientalismo de Schopenhauer, que, na cultura religiosa e filosófica indiana, encontrou o espelho de suas reflexões — e no qual, antes de tudo, pensava Thomas Mann. Temos em mente, muito mais, o orientalismo cristão que dominou uma parte considerável do pietismo alemão do século XVIII e que entrou na composição heterogênea do aparato místico da Santa Aliança.[123] Orientalismo, em tais casos, significava reconhecimento da matriz oriental, asiática, do cristianismo, fascínio pelo Oriente (Oriente Próximo) como lugar de revelações místicas e de sabedoria, ao qual era necessário voltar para encontrar as genuinidades dos «segredos» cristãos, fascínio — enfim — exercido tanto pelo cristianismo oriental grego-ortodoxo como pelo próprio judaísmo, vistos como tradições espirituais que permaneceram mais próximas da luz original. Note-se, no entanto, que o próprio Jung-Stilling — talvez o apologista mais radical da necessidade

---

123 Ver Furio Jesi, «La cerca dell'Oriente cristiano», *Mitologie intorno all'illuminismo*, op. cit., pp. 46 ss.

de um retorno pietista ao Oriente e de uma presença renovada dos judeus na Terra Prometida, de uma reconstrução do Templo de Jerusalém —, o próprio Jung-Stilling julgava os judeus «completamente imorais e perversos».[124] Como numerosos ocultistas e teósofos de sua época (final do século XVIII, era napoleônica), Jung-Stilling também acreditava que tinha informações e ensinamentos provenientes de uma fictícia central judaica secreta, que é a exata contraparte, em positivo, da chamada conjuração judaica «revelada» pelos *Protocolos dos Sábios de Sião*, e que tinha enviado seus emissários por toda a Europa para iluminar os escolhidos e, em geral, para puxar os fios da história. Leon Poliakov, em sua *História do antissemitismo* [*Histoire de l'antisémitisme*], cita uma carta de Jung-Stilling, que é especialmente significativa do nosso ponto de vista:

> Ele [um personagem misterioso, suposto filho de um emir sírio] disse-me que seu pai pertencia à sociedade que mantinha suas reuniões em Jerusalém, na montanha do Templo. Essa sociedade não era senão o antigo Sinédrio,[125] jamais

---

124 Johann Heinrich Jung-Stilling, *Szenen aus dem Geisterreiche*, cena XI, in: *Sämtliche Werke*. Stuttgart, 1841, vol. II, p. 169. Ver Max Geiger, *Aufklärung und Erweckung. Beiträge zur Erforschung J.H. Jung-Stillings und des Erweckungstheologie*. Zurique: EVZ, 1963.

125 Palavra hebraica (mas de origem grega, «sinédrio») que indicava, durante o período do II Templo, várias formas de «Conselho», documentadas em grandes e pequenas comunidades judaicas. De acordo com o Talmud, o *Sanhedrin* por excelência («Grande *Sanhedrin*») era o de Jerusalém: um órgão com poderes legislativos e judiciais, que tinha sede no Templo. A mesma denominação («Grande *Sanhedrin*») foi retomada, em 1807, pela assembleia de rabinos convocada em Paris por Napoleão, em vista da aceitação, por parte dos judeus, do Código de Napoleão.

completamente extinto; fazem parte dela judeus aparentes, que, porém, são cristãos secretos e apenas aguardam o sinal do Mestre para tirar Israel dos quatro pontos cardeais e reconduzi-lo a Cristo e em sua pátria.[126]

Notem-se alguns elementos: a sociedade secreta que preserva os antigos conhecimentos judaicos e está em contato com as forças extra-humanas das quais o curso da história depende reúne-se em Jerusalém «na montanha do Templo»: sabe-se que os Templários, ligados desde a iconografia dos sigilos de seus primeiros grão-mestres à imagem do templo de Jerusalém, foram considerados protótipos das «ordens» militares nazistas, que, por intermédio dos cavaleiros teutônicos, eram considerados seus herdeiros. Além disso: os membros da sociedade secreta de Jerusalém são «judeus aparentes», mas «cristãos secretos»; é uma inversão exata do marranismo (cristãos aparentes, mas judeus em segredo), e o marranismo — que implicava a apostasia — estava diretamente ligado aos grupos místicos judaicos heterodoxos de Sabbatai e Jacob Frank, os defensores do messianismo antinômico, cuja memória permaneceu viva na Alemanha durante os séculos XVIII e XIX: sobre Jacob Frank, está provavelmente modelado o personagem de Moritz Spiegelberg, em *Os bandoleiros* [*Die Räuber*], de Schiller.[127] Em suma, nas convicções de Jung-Stilling, que expressava-

---

126 Carta de 28 de dezembro de 1809, enviada a Hess; citada em Leon Poliakov, op. cit., p. 294.
127 Phillip F. Veit, «The Strange Case of Moritz Spiegelberg», *Germanic Review*, maio de 1969; versão alemã ampliada em: *Jahrbuch der deutschen Schillergesellschaft*. Stuttgart, 1973, pp. 273 ss. Ver Hans Mayer, *I diversi*. Tradução de L. Bianchi. Milão: Garzanti, 1977, pp. 326-30.

mum comportamento não apenas pessoal, estava em curso uma
conspiração cristã esotérica benéfica, mascarada de judaísmo,
que teria determinado o advento de uma nova lei e de um novo
reino. Os judeus verdadeiros eram, como já foi dito, «completamente imorais e perversos», mas se podia esperar uma próxima participação sua em uma redenção milenar judaico-cristã,
e, sobretudo, os cristãos esotéricos tinham que se disfarçar de
judeus, se quisessem conquistar os conhecimentos e as forças
do Oriente; a única etiqueta de aproximação oportuna ao segredo era judaica.

Agora, deixemos de lado o elemento cristão-pietista predominante no pensamento de Jung-Stilling e de seus aliados:
em primeiro lugar, encontramo-nos diante do antissemitismo
esotérico de Ludwig Derleth (1870-1948), o poeta parodiado por
Thomas Mann no romance *Na casa do profeta* [*Beim Propheten*] e
em *Doutor Fausto*, que, no início de 1900, na Alemanha, organizava ritos mágicos para enfrentar a ofensiva mágica dos Sábios
de Sião (considerados responsáveis, entre outras coisas, pela
matança «sacrificial» da imperatriz Elisabeth da Áustria);[128] em
segundo lugar, diante de uma hipótese interpretativa da ferocidade, mas também do medo, de Hitler e Himmler, em relação
à «conspiração» judaica internacional. O nazismo celebrou
mil vezes a mitologia germânica como fundamento e fermentação da consciência nacional do povo eleito. Contudo, a impressão é que, pelo menos no topo do poder e da organização

---

128 Além disso, sobre as ligações entre o círculo de Derleth e, mais tarde, o
de Carl Gustav Jung, ver a Introdução de Furio Jesi a Oswald Spengler, *Il
tramonto dell'Occidente*. Tradução de J. Evola, nova edição organizada por
R. Calabrese, M. Cottone e F. Jesi. Milão: Longanesi, 1978.

propagandista, o negativo foi levado mais a sério que o positivo: mais a hostilidade necessária (e o medo) contra a «conspiração» judaica do que a apologia de Siegfried ou dos teutões.[129] Himmler disse muito claramente como tudo se encontrava, quando se posicionou sobre a questão polêmica da *Crônica de Uralinda*, uma falsificação inventada pelo prof. Wirth para ilustrar as origens «raciais» antiquíssimas e as virtudes dos teutões: «Em todo esse acontecimento irritante, interessa-nos apenas uma coisa: projetar, no passado, a imagem de nossa nação como a concebemos para o futuro».[130]

A recuperação da mitologia racista wagneriana era, em suma, mais uma operação de planejamento (além daquela propagandista) do que um ajuste de contas com algo do passado e do presente, que se julgava concretamente inclinado para o bem ou para o mal. Concretamente inclinada para o mal podia ser, em vez disso, a secreta «conspiração» judaica: os judeus, embora «completamente imorais e perversos», além de carentes de todas as qualidades humanas positivas — sub-homens sanguinários e corruptos —, eram guardiões de capacidades e de forças ocultas negativas e mortais.

Se isso for verdade: e não ousemos ir além da hipótese, dada a extrema dificuldade de acesso, hoje, aos documentos do esoterismo nazista, admitindo que, como alguns supõem, ainda existam. Nesse sentido, hipóteses foram formuladas especialmente por quem se ocupa em procurar os nazistas que conseguiram desaparecer no momento da queda do Terceiro

---

129 Povos germânicos que viviam no centro e no norte da Europa. [N. T.]
130 Hermann Rauschning, *Cosí parlò Hitler*. Roma: Cosmopolita, 1944, p. 208.

Reich. Sabe-se que os documentos do *Ahnenerbe*,[131] instituto de pesquisa e conservação da «herança ancestral»,[132] deveriam ter sido destruídos, mas que sua destruição não pôde ser totalmente concluída; por outro lado, desapareceu o professor August Hirt, diretor do Instituto de Anatomia da Universidade de Estrasburgo e coordenador de experimentos médicos do *Ahnenerbe* com prisioneiros dos campos. Outros elementos podem ser encontrados no arquivo (atualmente inacessível — exceto, talvez, aos companheiros da fé) de Friedrich Hielscher, fundador do *Ahnenerbe*,[133] que apareceu em Nuremberg apenas como testemunha, não como réu. Se isso for verdade, as palavras que citamos do testamento político de Hitler, as acusações ainda direcionadas *in extremis* contra os judeus, por terem desejado e provocado a guerra, devem ser entendidas como um significado tardio da chamada «acusação de sangue», isto é, da antiga crença de que os judeus praticavam sacrifícios humanos: a Segunda Guerra Mundial seria o último e quantitativamente sumo sacrifício humano, organizado pelos judeus em segredo, e o extermínio deles seria a réplica defensiva, e ritual, de um poder de homens não magos, que tentaram aprender a forma de exterminar vampiros (forma necessariamente ritual: equivalente

---

131 Organização nazista criada por Heinrich Himmler, Herman Wirth e Walther Darré, em 1935, com o intuito de realizar pesquisas que comprovassem a suposta superioridade da raça ariana. Em 1939, passou a ser comandada pelas SS; em 1946, foi declarada como organização criminosa. [N. T.]
132 Ver, além disso, p. 111.
133 Aqui há um equívoco: Hielscher não foi fundador do *Ahnenerbe* — como destacado na n. 131 —, mas, sim, fundador do movimento esotérico ou neopagão *Unabhängige Freikirche* (UFK, «Igreja Livre Independente»), em 1933. [N. T.]

à estaca de cinzas no coração etc.; porque quem frequenta as forças secretas apenas pode ser exterminado com técnicas esotéricas). Esse esforço para adquirir técnicas defensivas deveria, então, ligar-se ao significado específico e documentado do «secreto orientalismo da Alemanha» durante o Terceiro Reich: a busca de um Oriente ainda mais Oriente do que o judaico, o frenesi nazista para estabelecer relações de conhecimento e de aliança com o suposto coração secreto do Extremo Oriente, o Tibete,[134] talvez como antídoto à ameaça «oriental» do esoterismo judaico.

O *REICH* SEM CENTRO

Se examinarmos, hoje, o monumental aparato icônico e mitológico do nazismo, quarenta anos depois, quando imagens e vozes só são necessariamente perceptíveis por meio de uma espécie de estilização fantasmagórica, como a de uma página

---

134 Sobre esse particular «orientalismo» da Alemanha nazista, a pesquisa deve partir das obras do explorador e geógrafo sueco Sven Hedin e (para o Japão) de Karl Haushofer, professor de geopolítica, em Mônaco (este último, além do mais, foi ligado não apenas a Hess e a Hitler [ver Jack Fishman, *The Seven Men of Spandau*. Nova York: Rinehart & Company, 1954], mas também a Sorge, que, depois, desenvolveria uma importante atividade como espião no Japão por conta da União Soviética [ver Chalmers Johnson, *An Instance of Treason. The Story of the Tokyo Spy Ring*. Stanford: Stanford University Press, 1964, pp. 266 ss.]. Além disso, dos materiais relativos às várias organizações ss e dos relatórios dos interrogadores de Wolfram Sievers em Nuremberg [ver, também, pp. 116-7], emergem elementos sobre os planos de pesquisas projetados e parcialmente realizados pelo doutor Schafer, do *Ahnenerbe*, nas zonas himalaias.

escrita ou de uma fotografia, ou da trilha sonora de um filme, temos a impressão de que, além da exibição de segurança e de força (segurança e força que, muitas vezes, existiam muito concretamente), é perceptível a exibição que um cultor de símbolos definiria como perda do centro. Os documentos dos desfiles de Nuremberg, o filme sobre as Olimpíadas de Berlim, os projetos arquitetônicos de Albert Speer, os testemunhos de todas as enormes e cenográficas exibições de compacidade, de violência e de eternidade do regime apresentam um caráter de rituais de «fundação» *defensivos*. Das estruturas arquitetônicas ao uso dos gigantescos *banners* com a suástica, dos módulos de distribuição coreográfica altamente disciplinada das massas ao raciocínio de um escritor nazista «culto», como Erwin Guido Kolbenheyer, impõem-se fórmulas bidimensionais, como cenários de teatro, que visam criar, *ex novo*, uma terceira dimensão, uma profundidade de veracidade sagrada, em vez de exibir uma espessura preexistente. Se, para o fascismo italiano, falamos de «*trovate*» [achados], mesmo no contexto de uma mística da morte superficial (negada, aliás, por uma espécie de cinismo otimista e vitalista interessado), as «*trovate*» do nazismo colocam-se em uma estrutura de medo — por parte dos poderosos do regime — mais concreta, bem como, naturalmente, de violência não menos concreta do que a fascista. Por outro lado, dificilmente se encontrariam, na Itália fascista, na retórica dos hierarcas e no próprio discurso do Duce, mímica e estilemas de angústia iguais aos habituais na oratória de Hitler e do último Goebbels, bem como, ao lado da apologia dos mitos nacionais, buscas sistemáticas do *diferente* como aquelas que, na Alemanha, curiosamente funcionavam como *pendant* às perseguições do diferente-judeu, do diferente-cigano etc. As investigações realizadas imediatamente após a guerra sobre um grupo de altos oficiais da ss,[135] o pouco que emergiu dos documentos sobreviventes das organizações ligadas à ss[136] e das atas do processo de Nuremberg, permitem capturar, na mitologia nazista, uma polaridade Ocidente-Oriente, na qual os responsáveis carismáticos do verdadeiro germanismo parecem derrubar os temas da propaganda guilhermina em 1914 (a inocente Alemanha agredida, a conspiração da Tríplice Entente contra uma nação, ou melhor, um povo ainda no início da conquista de uma sua sólida fisionomia «espiritual» e de um espaço a ela adequado) e da Alemanha posteriormente apunhalada em Versalhes, no contexto de um povo que personifica a autenticidade do homem ocidental, tragicamente enfraquecido por uma carência «espiritual» de todo o Ocidente, e ainda depositário desses germes, ou dessas virtudes heroicas, que o levam a lutar pela reconquista do «centro» metafísico e material da história. Os antigos laços que uniam os alemães (e os ocidentais em geral) com as forças das quais depende a posse do centro foram interrompidos ou profundamente viciados, «envenenados», pelos *diferentes* que vêm do Oriente, os judeus, e que estão mais próximos do Oriente místico (centro ou metáfora do centro metafísico), porque os alemães já não estão cientes de serem *indo*-alemães.[137] Portanto, na verdade, os herdeiros por

---

135   Francois Bayle, *Psychologie et éthique du national-socialisme. Étude anthropologique des dirigeants* ss. Paris: PUF, 1953.
136   Eugen Kogon, *Der* ss-*Staat und das System der deutschen Konzentrationslager*. Munique: Alber, 1946; Gerald R. Reitlinger, *The* ss *Alibi of a Nation*. Nova York: Viking Press, 1957.
137   Na Alemanha, não por acaso, a forma «indo-germânica» prevaleceu sobre a «indo-europeia».

«sangue» dos emissários proto-históricos, enviados pelo centro do Oriente ao Ocidente para afirmar suas leis e para irradiar sua força do Himalaia e do Cáucaso em direção ao Atlântico.

Admitindo que a «mensagem secreta» de Mircea Eliade é, de alguma maneira, cristã (como era programaticamente cristã a ideologia ou a mitologia da Guarda de Ferro), então agora a lemos em chave não cristã: «Os mitos e as 'religiões' [...] são o resultado do vazio deixado no mundo por Deus ter se retirado»: o aparelho mitológico e «religioso» do nazismo é o resultado do vazio causado pela perda do «centro», por terem sido retiradas — em um Oriente geográfico ou metafísico? Geográfico *e* metafísico? — as forças das quais depende a história. A religião e a mitologia da morte são a reação defensiva e trágica, mas não sem esperança, de quem, como os protagonistas do poder e do ritualismo nazista, sente-se abandonado, ameaçado, «envenenado» por adversários que, por sua vez, proclamam-se eleitos, e, assim, são feitos esforços para restabelecer relações com a fonte da verdadeira sacralidade retirada «de si em si mesma»:

> [...] será entendido que a «verdadeira» religião só começa depois que Deus retirou-se do mundo? Que sua «transcendência» confunde-se e coincide com seu desaparecimento? O impulso do homem religioso em direção ao «transcendente», às vezes, faz-me pensar no gesto desesperado do órfão que ficou sozinho no mundo.[138]

---

138 Mircea Eliade, *Giornale*, op. cit., p. 230.

Até agora, detivemo-nos no contexto de uma cultura de direita centro-europeia que, em nosso século, oferece a imagem de uma mescla trivial de esoterismo ruminado e de racismo, em nome de práticas sacrificiais e de outros elementos de um aparato religioso da morte. Não pretendemos, é claro, explicar a gênese do nazismo com uma doutrina esotérica mais ou menos sugestiva, com o surgimento de uma determinada constelação mitológica manipulada *ad hoc* pelas partes interessadas. Limitamo-nos apenas a examinar o aspecto que a cultura da direita centro-europeia oferece a algumas sondagens no âmbito de sua linguagem ou, se quisermos, das formalizações icônicas e rituais de seu medo e de sua violência. A partir dessa análise, a religião da morte elaborada e aplicada durante os assim chamado doze anos negros torna-se seccionável em rituais, em estruturas organizacionais, em objetivos e escatologia, mesmo que os limites de cada seção se mostram flutuantes no que diz respeito aos territórios de vida comum, profana, que, respectivamente, correspondem a ele. Um fundo ritual esteve provavelmente presente tanto na fundação da ss como no sistema de extermínio de populações inteiras: mas em que medida o caráter ascético do código de conduta da ss, segundo o qual o maior valor positivo consistia em ser tão estranho à vida, para infligir ou sofrer a morte com a mesma participação tranquila com que os homens comuns comem ou bebem, identificava-se com um caráter religioso? Ou, apenas, com um entorpecimento profano e disciplinado de «funcionários dos correios» que — nas palavras da autodefesa de Wolfram Sievers em Nuremberg — separavam, em vez de pacotes, homens para os campos de extermínio? Até que ponto tratou-se de rituais, de algum modo, iniciáticos, e não apenas de uma assim chamada «religião» do serviço militar e de subordinação hierárquica? Até que ponto os materiais mitológicos do Terceiro Reich oferecem os testemunhos de um esforço deliberado e orgânico de sistematização religiosa, e não só de sedimentações culturais que eram o único patrimônio ideológico de Hitler ou de Rosenberg e que, mal digeridas, eram usadas (entre boa e má-fé) para embelezar, como superestruturas evasivas, a concepção e a implementação de projetos políticos muito menos esotéricos?

Algumas dessas perguntas estão mal formuladas. Não há dúvidas razoáveis acerca do fato de que Hitler e sua corte dispusessem de uma cultura amontoada e mal digerida; mas, por outro lado, não há elementos razoáveis para afirmar, com certeza, que a manipulação propagandista dessas sedimentações era realizada a frio, como calculada tecnicização de elementos mitológicos que podem ser úteis, mas nos quais não se acredita ou, em qualquer caso, nos quais não se acredita tanto a ponto de subordinar-lhes seus interesses menos metafísicos. Esse discurso — da «má-fé» dos líderes do nazismo — pode ser parcialmente verdadeiro a propósito da manipulação da mitologia germânica ou pseudogermânica, embora não pareça, de forma alguma, verdadeiro no que diz respeito às imagens míticas ligadas aos medos de sua alta cúpula e às suas ambições de entrar em contato com forças *diferentes* (*diferentes* também deles). Nesse caso, não se trata mais de propaganda: a imagem do judeu perigoso porque possuidor — embora indigno — de forças e de conhecimentos eficientes e a imagem dos verdadeiros Poderosos da Terra exilados em um Oriente enigmático jamais foram colocadas em circulação, *et pour cause*, no contexto da propaganda nazista mais explícita. As atividades do *Ahnenerbe* e o peculiar aparato doutrinário das altas hierarquias da ss permaneceram secretas ou mascaradas por capas de banalidade. Quando «um general, além do Atlântico, faz com que a população de Weimar desfile diante dos crematórios do campo de concentração», aqueles que são forçados a visitar Buchenwald são «cidadãos que deixaram para trás, aparentemente com honra, seus negócios e buscaram não saber nada, embora o vento trouxesse às suas narinas o fedor de carne humana queimada»;[139] tentaram não saber nada, portanto sabiam: mas, muito provavelmente, não sabiam tudo, ou seja, sabiam que, nos fornos, pessoas eram queimadas, *não* sabiam que não se tratava apenas de assassinatos legitimados pelo fato de serem organizados pelo poder e pelo Estado, mas de rituais sacrificiais, defensivos e — talvez — evocativos. Em sua natureza defensiva, acreditamos que podemos expressar com alguma certeza: exterminar definitivamente os judeus foi uma operação que levou a cabo os rituais noturnos de forma alguma sangrentos, organizados pelo antissemitismo esotérico das primeiras décadas do século; já mencionamos o «profeta» Ludwig Derleth. Sobre seu caráter evocativo (sacrifícios humanos de massa, com o objetivo de evocar forças e Poderosos que amam sangue e com os quais é necessário voltar a unir-se), podem ser levantadas apenas hipóteses bastante genéricas. Algo, no entanto, escapa da generalização, e é precisamente a mitologia de matar e de ser morto como procedimento de aceleração do advento e da fundação do novo reino, da nova lei e do novo homem. A guerra, desejada pelos judeus que são notoriamente sanguinários e que, desde os primórdios, praticavam ritualmente sacrifícios humanos e manipulações com sangue, é explorada por um desenho oposto, se os

---

[139] Thomas Mann, *Doctor Faustus*, op. cit., p. 528.

soldados e os civis alemães começam a morrer aos milhares no contexto de uma operação sacrificial que os torna não vítimas passivas, mas — pelo menos nas intenções de Hitler — vítimas que não hesitam em morrer, que, em casos extremos, querem morrer: a resistência até a morte, a recusa absoluta de rendição, mesmo quando qualquer consideração de lógica militar profana a tornaria oportuna ou inevitável, é o comportamento que visa salvaguardar essa conotação ritual, a única pela qual o alemão que morre na guerra possibilita o futuro da Alemanha, e não os interesses de seus inimigos. Mas, simetricamente, o extermínio dos judeus, por um lado, é a resposta punitiva à vontade judaica de conferir, por meio da guerra, dimensões gigantescas a seus sacrifícios humanos. Por outro lado, é um ritual sangrento que — além da diferença qualitativa das vítimas — acelera o advento do novo reino. Assim, matando os judeus, todos os judeus (porque é esse o objetivo preciso da «solução final»), elimina-se, além do mais, um contingente mortal de pessoas indignamente privilegiadas, que, em massa ou individualmente, têm mais conhecimento e podem mais do que os próprios alemães. Desse ponto de vista, o comportamento dos líderes nazistas muitas vezes parece ser o mesmo dos que se movem quase às cegas: eles sabem algo, mas ainda não sabem tudo, porque saber «tudo» significa ter relações harmoniosas com forças que, por sua vez, retiraram-se do Ocidente e que, imperscrutáveis, agem com absoluta discrição, a ponto de permitir que certos Robinson do Oriente, «completamente imorais e perversos» (como Jung-Stilling definiu os judeus), seduzam e violentem as ingênuas Sextas-Feiras, herdeiras dos indo-germânicos.

II. A LINGUAGEM DAS IDEIAS SEM PALAVRAS

NEOFASCISMO SAGRADO E PROFANO

Estamos acostumados a falar de neofascismo de cara feia e de neofascismo de *playboy*, distinção que, caso se refira a dois estilos de comportamento, torna-se apropriada: o estilo de comportamento dos neofascistas é, por vezes, essencialmente de cara feia ou de *playboy*, ou mostra uma mescla calculada dos dois ingredientes em diversas proporções. A mesma distinção é menos apropriada quando se examina a esfera ideológica muito mais nebulosa que corresponde a esse comportamento. A partir de agora, vamos começar a ver que, embora grosseiramente também possamos falar de ideologia neofascista de cara feia ou de *playboy*, na verdade os dois rótulos não combinam bem com os ingredientes ideológicos essenciais, sejam eles apresentados em estado puro ou, como é mais comum, misturados. Mais apropriada, se a referimos aos elementos e às atitudes ideológicas, é uma distinção entre neofascismo, por assim dizer, sagrado e profano, ou também esotérico e *exotérico*. Os dois termos dessa segunda distinção não são o equivalente exato (homólogos) daqueles da primeira, em uma área de referência distinta: nem o neofascismo sagrado ou esotérico, nem o profano ou *exotérico* são o equivalente exato, dentro do contexto do estilo ideológico, do neofascismo de cara feia ou do neofascismo de *playboy*, no que diz respeito ao estilo de comportamento. Essa falta de homologia entre a alternativa comportamental e a alternativa ideológica provoca a suspeita de que, no neofascismo, e talvez em todo o fascismo, antigo e novo, há uma divisão entre praxe política e ideologia, que examinaremos aqui sobretudo, do ponto de vista da história da cultura, à qual outros estudiosos já se dedicaram, partindo de diferentes perspectivas.

Em 1967, o editor Giovanni Volpe publicou um livrinho de Saint Loup (pseudônimo de Marc Augier), *I volontari europei delle Waffen SS* [*Os voluntários europeus das Waffen-SS*], com tradução e prefácio de Adriano Romualdi.[1] «Traduzindo pela primeira vez algumas de suas páginas em nosso idioma, temos o prazer de inserir na Itália um escritor muito significativo e de fazer justiça à memória da Waffen-SS» (p. 10). A coisa mais interessante do prefácio é o seu tom. A apologia da Waffen-SS é quase acompanhada de expressões frívolas de editora um pouco fora de moda: «Temos o prazer de anunciar na Itália um escritor muito significativo»; de fraquezas pequeno-burguesas, diante do prestígio da aristocracia: «[a] presença nas fileiras das SS de uma elite de pessoas capazes e inteligentes, entre as quais muitos aristocratas (até mesmo alguns membros das casas dominantes [*sic*] alemãs)» (p. 6); da atribuição de nada mais que burguesíssimas virtudes ao líder das SS: «a metódica laboriosidade de Himmler» (ibid.); e, inclusive, da citação, como testemunha

---

1 Giovanni Volpe (editor em Roma), filho de um dos principais historiadores oficiais do fascismo, Gioacchino Volpe, publicou, entre outros: Pierre Drieu La Rochelle, Jose Antonio Primo de Rivera, Maurice Bardeche, Abel Bonnard, Julius Evola. Sobre os editores especializados na militância de direita, ver pp. 145-7.

a favor, de um homem de direita, sem dúvida, mas de direita burguesa trivial e oportunista, como Konrad Adenauer, cujas palavras se registram com satisfação: «A Waffen-SS era composta de soldados como todos os outros» (p. 9, nota). Objeta-se que Himmler certamente foi metódico e trabalhador (trabalhava à mesa todos os dias, das 8h às 20h; assinalava metodicamente milhares de processos com um «*gel*» [de «*gelesen*», «lido»], seguido de sua abreviatura, *HH*, sublinhada),[2] mas, ao que parece, acreditava ser a reencarnação do imperador romano e rei da Alemanha Henrique I, o Homem Pássaro, e, portanto, considerado digno de memória por outras tantas virtudes, bem mais singulares que a «laboriosidade metódica». Da mesma forma, tanto Himmler como os outros oficiais superiores, que geralmente usavam sobre a insígnia «as runas da vitória» (p. 6), presumivelmente teriam gostado bem pouco de serem definidos como «soldados como todos os outros». Himmler não apenas reunia em torno de sua mesa, em particular, um número fixo de doze convidados, nos quais os cavaleiros podem reconhecer-se à vontade como cavaleiros da Távola Redonda, os doze membros do Conselho Circular do Dalai Lama e os doze do Círculo Interno de Agartha, ou outras dúzias de esotéricos,[3] mas havia falado claramente não de «soldados como todos os outros», e sim de «uma Ordem de sangue

---

2   Roger Manvell; Heinrich Fraenkel, *Heinrich Himmler*. Tradução de L. Berrini. Milão: Longanesi, 1966.
3   Ver René Guénon, *Il re del mondo*. Tradução italiana de A. Reghini. Roma: Atanor, 1952, pp. 35-6.

puro [...] para servir a Alemanha»⁴ e conferido, a essa «Ordem», um aparato ritual e simbólico abundante.

No julgamento de Nuremberg, as SS foram definidas como uma «associação criminosa», e essa é, sobretudo, a acusação que Adriano Romualdi quer negar em sua apresentação. Na nota em que menciona Adenauer, entre outras coisas, acredita que seja suficiente e credível declarar: «Embora a Waffen-SS não tenha tido participação na perseguição aos judeus, o tribunal de Nuremberg classificou-a como 'associação criminosa'». É interessante notar que Romualdi, no mesmo livro, menciona a «tragédia dos judeus»; em uma nota (na p. 36), ele escreve:

> As atrocidades inimagináveis cometidas pelo Exército Vermelho forçaram a fuga de 15 milhões de alemães [...]. Três milhões morreram, seja por sofrimentos e maus-tratos, ou sistematicamente exterminados pelos soviéticos, ou desapareceram na Sibéria. Milhares deles mataram-se com suas famílias, para evitar o sofrimento pelas torturas dos russos. É uma tragédia que o Ocidente ignora, «*mas que não é, de jeito nenhum, inferior à tragédia dos judeus*». [grifo nosso]

Portanto, até mesmo segundo Romualdi, houve uma «tragédia dos judeus», e, de acordo com suas próprias palavras, foi tamanha que pôde ser citada como um termo de comparação em

---

4   François Bayle, *Psychologie et éthique du national-socialisme. Étude anthropologique des dirigeants SS*. Paris: PUF, 1953, p. 414; o autor desse livro (que traz uma grande quantidade de documentos e declarações dos chefes das SS) é um psiquiatra francês que, logo após o fim da guerra, teve a possibilidade de falar, por um bom tempo, com os oficiais das SS, quando se encontravam à espera de serem processados.

relação àquela que ele declara ser outra enorme tragédia, e, «de jeito nenhum, inferior». Mas então, segundo sua opinião, quem foi o responsável pela «tragédia dos judeus»? Não as SS, diz ele. Outros soldados alemães, portanto? Mas, nesse caso, não seria conveniente apresentar, como testemunho a favor, a declaração de que as SS «eram soldados como todos os outros». Por mais paradoxal que possa parecer, a impressão é a seguinte: Romualdi recorre à versão «soldado como todos os outros» apenas por comodidade de propaganda e está realmente convencido da diferença radical entre as SS e os outros soldados alemães.

É verdade que, em Nuremberg, os oficiais superiores das SS, que estavam entre os réus, geralmente se mantiveram na linha de defesa que alegava «soldados como todos os outros». Alguns deles, no entanto, como, por exemplo, o general SS Otto Ohlendorf, insistiram em «valores puramente espirituais» que sua geração havia encontrado nas SS, após o vazio causado pela esterilização e pela morte do cristianismo. Ohlendorf era, por assim dizer, um homem de cultura, formado em Direito e em Economia. Foi chefe da III Seção do Escritório Central Oficial de segurança de Himmler e especialista em comércio exterior, no Ministério da Economia do Reich; entre junho de 1941 e junho de 1942, comandou o Einsatzgruppe D, na Rússia, e, como ele próprio admite em Nuremberg, mandou exterminar cerca de noventa mil pessoas, entre homens, mulheres e crianças.[5] Em Nuremberg, a linha de conduta dos réus das SS também tinha uma razão concreta:

---

5   Ibid., p. 477. Uma parte da deposição de Ohlendorf (porém não as referências aos «valores puramente espirituais», que se encontram no livro de Bayle) está reproduzida em William L. Shirer, *Storia del Terzo Reich*. Tradução de G. Glaesser. Turim: Einaudi, 1963, pp. 1035-8.

tentar escapar da condenação graças ao princípio segundo o qual os «soldados como todos os outros» não seriam puníveis por crimes cometidos no cumprimento do dever militar; e é lógico, portanto, que, naquela ocasião, os oficiais das SS tenham optado por renunciar temporariamente ao orgulho de declarar-se soldados *diferentes* de todos os outros, ou seja, «uma Ordem». Parece, além disso, que o coronel SS Wolfram Sievers, secretário do executivo da *Ahnenerbe* e responsável pelo fornecimento de material humano ao professor August Hirt para a realização de seus «estudos anatômicos»,[6] depois de ter adotado, durante os interrogatórios, a tática usual — «Eu não tenho nada a ver com a morte dessas pessoas. Simplesmente cumpri a tarefa de um funcionário dos correios» —, uma vez condenado, e no instante em que seria julgado, renunciou à máscara de «soldado como todos os outros», solicitando a permissão para poder comemorar, pela última vez, seu «culto» com «orações» desconhecidas, ao lado de Friedrich Hielscher, seu mestre espiritual e da *Ahnenerbe*. O interrogatório de Sievers é reproduzido nas atas de Nuremberg, mas, até onde sabemos, não existem depoimentos que sejam, ao mesmo tempo, detalhados e confiáveis sobre seu comportamento nas últimas horas,[7] por isso é necessário analisar com muita cautela

---

[6] Trata-se do professor August Hirt, diretor do Instituto de Anatomia da Universidade de Estrasburgo: para uma visão geral de suas atividades, ver William L. Shirer, op. cit., pp. 1056-60. Hirt, no fim da guerra, escapou de ser preso e desapareceu.

[7] O testemunho está em *Trial of the Major War Criminals before the International Military Tribunal*, Nuremberg, s.d., vol. XX, pp. 521-5 (uma parte está presente em William L. Shirer, op. cit., pp. 1057-9). Uma síntese das últimas horas de Sievers pode ser lida em Louis Pauwels; Jacques Bergier, *Il mattino dei maghi*. Tradução de P. Lazzaro. Milão: Mondadori, 1971, pp. 371-4: a respeito desse livro, ver capítulo anterior, n. 118.

as hipóteses acerca de sua revelação, mesmo que parcial, *in extremis*. Algo a mais sabe-se sobre a *Ahnenerbe* (a palavra significa «herança ancestral»), que Romualdi menciona em seu prefácio, entre a «quantidade de competências e de iniciativas» que as SS reuniram em suas mãos: «centros de estudo como a *Ahnenerbe*, que se ocupava de religião e das origens indo-europeias» (p. 6). Na realidade, o que a *Ahnenerbe* fazia está bastante claro. Fundada privadamente por Friedrich Hielscher, sábio «apolítico» e mestre de esoterismo, amigo de Sven Hedin e Ernst Jünger, a *Ahnenerbe*, posteriormente absorvida pela organização das SS, era um considerável aparato destinado a fornecer os pressupostos teórico-práticos para a formação de uma «raça da Tradição» e para a recuperação da cultura «tradicional». Ali, cometiam-se atrocidades, como os experimentos médicos do professor Hirt e de outros. Quanto ao valor científico das investigações que ali também se desenvolviam sobre as mitologias e religiões indo-europeias, podemos simplesmente citar o julgamento do maior especialista moderno de estudos indo-europeus. Na Alemanha:

> A noção de «ariano» depois assumiu, por vezes, desenvolvimentos ingênuos, por outras, ferozes, os quais são conhecidos [...]. Aqui, valerá a pena insistir nos danos causados pelo nazismo também nesse âmbito, danos que, de outra forma, teriam sido fáceis de evitar.[8]

---

8   Georges Dumézil, «Religion et mythologie préhistoriques des Indo-europeens», in: Maxime Gorce; Raoul Mortier, *Histoire générale des religions*. Paris: Quillet, 1948, vol. I, p. 444.

Ora, com o ano de 1967 em curso, para um apologista das SS como Adriano Romualdi, o motivo da cautela que podia valer para os oficiais processados em Nuremberg não mais se sustentava. Evidentemente, havia outros motivos: ou Adriano Romualdi estava realmente convencido de que as SS eram «soldados como todos os outros», até mesmo um pouco mais «lendários» e selecionados do que outros,[9] e reconhecia, em seus modos, que tinham como modelo «as grandes ordens guerreiras monásticas, especialmente a Ordem Teutônica» (p. 5), como uma característica cultural *exotérica* (de uma cultura *sui generis*: como a aparência romana do fascismo italiano); ou ele estava convencido do caráter esotérico e das prerrogativas ocultas das SS, mas, por alguma razão, não julgava oportuno falar deles com os destinatários do livro, presumivelmente camaradas fiéis ou adeptos muito próximos, mas alheios ao grupo restrito de verdadeiros cultores dessas convicções — como verdadeiros cultores, entre outras coisas, deveriam ser capazes de ler Saint Loup no original, admitindo-se que lhes interessava um livro em que se «narra, *de maneira romanceada*, mas com base em documentos e testemunhos, a história das SS francesas» (p. 9) [grifo nosso]. Um livro informativo, portanto. E, antes de tentarmos entender

---

[9] «Desde 1933, também existiam alguns regimentos das SS, como a SS *Verfugungsgruppe*, treinada como tropa de elite pelos generais Hausser e Steiner, com o objetivo de criar um tipo de soldado-atleta e de revolucionar todos os conceitos de estratégia. Até mesmo os conservadores da Wehrmacht ficaram pasmos quando viram as tropas das Waffen-SS percorrerem três quilômetros em vinte minutos, dando pequenos saltos. [...] Seu heroísmo lendário, os sucessos espetaculares desses 'últimos filhos do deus da guerra' [...]» (Adriano Romualdi, Prefácio a *I volontari europei delle Waffen SS*, op. cit., p. 6).

se a informação, nesse caso, nas intenções de Adriano Romualdi, era uma introdução simples e convincente à história de alguns comportamentos que o autor do prefácio considerava exemplares, mas ainda *exotéricos*, ou uma versão de acontecimentos e desenhos *exotéricos* para os profanos, é indispensável examinar o conteúdo do livro real, as páginas de Saint Loup. Também são páginas muito ásperas do ponto de vista literário, sem dúvida nenhuma destinadas a leitores devoradores, nas quais são narrados alguns episódios do treinamento e dos combates das SS francesas. O tom é este:

> Um tenente do exército Rommel solicitou que Chabert, um jovem suboficial dos *spahis do Saara*, que lhe explicasse o que procurava nas Waffen-SS. Chabert lhe respondeu: «A cruz de ferro. Eu preciso de honra». (p. 12)

De «sagrado», não no sentido do «sagrado» fardo militar que é *exotérico*, e sentidos semelhantes, mas na acepção de doutrinas ou experiências ocultas, não há nada. Aparecem, é claro, os cavaleiros exemplares da Ordem Teutônica, modelo de neófitos nas SS, porém de modo pouco esotérico; na verdade, algumas palavras sugerem que se trata de um aparato didático bastante profano ou, no máximo, de «mitos eficazes». Os «*Junkers* das Waffen-SS francesas» chegam ao seu quartel em Tölz:

> Localizada nesse planalto desgastado pela erosão apócrifa, encerrada entre linhas arquitetônicas inscritas em um plano horizontal, estendia-se a Marienburg dos novos cavaleiros teutônicos [...].

Passaram por um barbacã dos sonhos, um telhado simples equilibrado em duas paredes de granito, *que estava ali apenas para impressionar os recém-chegados*. Curvaram seus ombros sob uma abóbada pré-gótica (p. 19) [grifo nosso].
A única sugestão de mistérios é encontrada no último capítulo. Dois oficiais ss franceses são acompanhados em Hildesheim por seu chefe, Le Fauconnier, um «intelectual», «colega de escola de Robert Brasillach» (p. 26), para formar uma companhia de destinação especial. Provavelmente estamos em 1945 («A agonia da Alemanha de Hitler começava», p. 36). O mistério consiste na tarefa da companhia de destinação especial:

> «Para onde vamos, *Hauptsturmführer*?», perguntou o tenente Malhart.
> «Ao 'Haus Germania'. É lá que está localizada a central de propaganda das Waffen-ss estrangeiras. Nossa missão oficial é a redação do *Devenir*, jornal da Divisão Charlermagne».
> «E a não oficial?»
> Le Fauconnier riu e disse, em tom de brincadeira: «A companhia de destinação especial é responsável por anunciar ao mundo o Evangelho segundo Adolf Hitler! Malhart, tente não fazer perguntas estúpidas. Em breve, você saberá tudo o que precisa saber. Nada a mais, mas também nada a menos!». (p. 39)

Eles chegam ao «Haus Germania» de Hildesheim, depois de ter caminhado pelas ruas antigas da cidadezinha («não era fácil voltar da era teutônica à era hitleriana», ibid.); encontram «um conjunto de edifícios modernos construídos em um antigo mosteiro» (ibid.), à noite, naturalmente. Lá, «na realidade cintilante de uma galeria às vezes românica, totalmente modernizada e oscilante no brilho de uma luz indireta» (ibid.), ouvem, de longe, um «chefe» tocando Bach no órgão, depois veem caminhando, no claustro, dois oficiais da «ss Negra», «como monges de Solesmes ou de uma Certosa» (p. 42). E aqui termina o livro; o leitor não sabe qual era a misteriosa tarefa da companhia de destinação especial; só fica sabendo que, como diz a última frase, o «chefe», que de longe «tocava o órgão, antecipou a hora da derrota e já começava a sentir a escuridão» (ibid.).

Se nos perguntarmos por que o leitor inculto pode gostar desse livro, visto que nem sequer era um adepto em sentido esotérico, destinado a ele a partir de evidente material de propaganda declaradamente grosseira, só podemos responder com a afirmação de que o camarada, ou futuro camarada, apreciava os discursos sobre a honra militar e sobre a casta militar internacional:

> Como soldado, simpatizo com todos os soldados da Europa. Os voluntários franceses [nas Waffen-ss] carregam a cruz de ferro ao lado da Legião de Honra, mesmo quando a conquistaram contra os alemães. Duas decorações esplêndidas, de duas nações diferentes, sobre o mesmo peito: eis a nova Europa.[10] (p. 7)

---

10   Essas palavras são ditas por Romualdi como declaração do *Obergruppenfuhrer ss* Gottlob Berger. Hugh R. Trevor-Roper (*The Last Days of Hitler*. Nova York: Macmillan, 1947, pp. 124-7) refere-se ao testemunho de Berger, que permaneceu em Berlim, no bunker da Chancelaria, durante os derradeiros dias de Hitler: com base nesse testemunho, Shirer (*Storia del Terzo Reich*, op. cit., p. 1204) define Berger como «um dos alemães ingênuos que realmente acreditavam no nacional-socialismo». Poderíamos dizer, antes, que Berger era um nazista convicto, mas, sobretudo (e as

Eis os louvores do esporte que temperam a alma viril. A guerra é quase igualada a uma competição esportiva de bravura pelo oficial das ss, que aprecia a presença da Legião de Honra ao lado da Cruz de Ferro. O esporte é apresentado como um elemento essencial na formação das ss, e, no prefácio, está especificado que Saint Loup é «detentor do recorde de acampamento de inverno no Jungfrau» (p. 9). A mania de acampamento esportivo, do qual ainda há provas recentes, na Itália, por parte dos amigos de Adriano Romualdi, é muito antiga; ao apresentar, na revista *Antieuropa*, a monografia de graduação de um jovem fascista, Asvero Gravelli escreveu:

> Cabalzar estava no acampamento, quando teve que defender sua monografia em Ciências Políticas: ele procurou-me ostentando, no coração, a poesia das montanhas de Abruzzo. Desceu em Gênova, recebeu o resultado elogioso e voltou às montanhas para comandar um acampamento de vanguardistas no exterior. Assim são os jovens fascistas: assim são aqueles que lutaram e que trabalham. Nas montanhas: com a verdade e com o perfeito espírito da mãe Itália.[11]

É provável que o camarada leitor também aprecie as referências à Idade Média, aos Cavaleiros Teutônicos, ao tanto de mistério em torno da missão da companhia de destinação especial (para não falar da música que «se apoderava da noite»).

---

duas coisas, evidentemente, não se excluem de forma alguma), um militar convicto.

[11] Asvero Gravelli, Nota introdutória a Ferruccio Guido Cabalzar, «Paneuropa ed Antieuropa», *Antieuropa*, ano II, n. 8, 1º ago. 1930, p. 1297. Sobre Asvero Gravelli, ver pp. 124-5.

Porém devemos excluir que ele tenha capturado a única referência precisa, em todo o livro, às presunções esotéricas reais das SS: a localização precisa, em Hildesheim, da missão misteriosa da companhia. Podemos ter certeza de que nenhum dos leitores aos quais o livro se destina jamais soube que Hildesheim foi realmente, na Idade Média, um centro de doutrinas esotéricas; que, no Tesouro de Hildesheim, estão conservados os dois castiçais encontrados no túmulo do bispo Bernoardo, que teria tradicionalmente encerrado, nas figurações que os decoram, a suma de seu saber alquímico;[12] que, em Hildesheim, ainda hoje existe a chamada Casa dos Templários. Não apenas nenhum «grande» leitor, ao qual se destina o livro, jamais soube dessas coisas, mas o próprio autor não fez nada para revelá-las a ele (mesmo tendo escolhido precisamente Hildesheim como lugar do «mistério» e, portanto, referindo-se secretamente à tradição da cidade saxônica, valorizada pela *Ahnenerbe*), e tampouco mencionou a Casa dos Templários entre os edifícios que seus personagens veem durante suas caminhadas noturnas:

> A forma das casas mudou rapidamente. Agora, haviam entrado na Hildesheim medieval. Os telhados, de altos frontões góticos, tornaram-se cada vez mais pontiagudos, as ruas cada vez mais estreitas. As fachadas das casas projetavam-se e passavam a limitar perspectivas abertas sobre o céu azulado pela lua. A noite se refletia em ângulos curvados e pavimentados das ruas. Ao redor, um lampejo de luzes mascaradas.

12 Uma reprodução dos candelabros, com alguns comentários, está em Titus Burckhardt, *L'alchimia*. Tradução de A. Staude. Turim: Boringhieri, 1961, p. 60 e fig. 3.

O vento soprando na planície de Vestfália balançava as insígnias de ferro batido. O «Porco Gordo» começou a grunhir enquanto o «Velho Tecelão» gemia em cima de sua haste enferrujada. [...] Passavam da «Semeadora Tecelã» ao «Gato Pescador», entre fontes secas e praças desertas, sob uma dança de janelas de armações cruzadas de secretas felicidades... Nessa cidade, em que não existia a menor solução de continuidade entre passado e presente, não era fácil passar da era teutônica à hitleriana. (pp. 38-9)

Entre tantas manifestações de aspecto medieval e tantas conversas, nesse caso e em outros lugares, sobre os Cavaleiros Teutônicos, seria de esperar pelo menos uma referência à verdadeira tradição de estudos esotéricos, em Hildesheim, durante a Alta Idade Média e na Casa dos Templários (os esotéricos, incluindo os nazistas, sempre reconheceram nessa Ordem o depositário de tarefas misteriosas, depois passadas como herança aos Cavaleiros Teutônicos após a destruição do Templo).[13] Em vez disso, nada. Mas, em compensação, há a escolha de Hildesheim como local final do livro e sede do único mistério que ali aparece.

Precisamos questionar se, além de Saint Loup (que fez parte das SS e, por outro lado, dificilmente teria escolhido Hildesheim, se desconhecesse tudo isso), o próprio Adriano Romualdi estava realmente consciente dessas implicações esotéricas, ou se as ignorava, como certamente as ignoravam e estavam destinados a

---

13 Ver, por exemplo, René Guénon, *Il re del mondo*, op. cit., pp. 16, 67; Id., «I Custodi della Terra santa», in: *Simboli della scienza sacra*. Tradução de F. Zambon. Milão: Adelphi, 1975, pp. 81-8.

ignorá-las os leitores do livro. No currículo de Adriano Romualdi, filho do vice-secretário do MSI, e ligado à Nova Ordem, amigo de Freda e Giannettini,[14] há um elemento com base no qual se pode suspeitar de que ele não estava alheio ao esoterismo «de Hildesheim». Romualdi era, de fato, se não amigo, admirador de Julius Evola, sobre o qual, entre outras coisas, escreveu um tipo de biografia cultural,[15] e não há dúvida de que Evola, com todo seu gosto pela alquimia,[16] estava muito ciente do bispo Bernoardo e de seu prestígio. No entanto, resta saber se o próprio Evola, certamente ciente do esoterismo medieval em Hildesheim e em outros lugares, atribuía algum crédito à sua tentativa de recuperação pelos nazistas, e se, nisso, Romualdi seguia-o. Evola lidava com o esoterismo, de Tradição com maiúscula, desde a juventude, e não se ocupou dele apenas como um puro historiador erudito, mas como uma pessoa que acreditava. Em geral, porém, e em particular desde que, na Itália, se começou a falar de esoterismo nazista com mais insistência, na década de 1960 (também se publicava *O despertar dos mágicos*, de Louis Pauwels e Jacques Bergier), Evola declarou várias vezes que era tudo mentira: que, em princípio, os hierarcas nazistas jamais tiveram tais preocupações e que, de qualquer maneira, se algum deles realmente se

---

14   Ver a entrevista de Guido Giannettini com Mario Scialoja, *L'Espresso*, 24 de março de 1974: «Conheci [Franco] Freda em Pádua, em 1967; um amigo comum deve ter me apresentado a ele, Adriano Romualdi [...]. Quanto a *Ordine Nuovo*, sou amigo de Romualdi e conheço Rauti, o qual estimo». Adriano Romualdi morreu num acidente automobilístico em agosto de 1973.
15   Adriano Romualdi, *Julius Evola*. Roma: Volpe, 1968.
16   Uma volumosa obra de Evola é dedicada à alquimia, à qual também se referem várias passagens de outros escritos seus; sua autobiografia traz o título alquímico *Il cammino del cinabro* (Milão: Scheiwiller, 1972).

interessou alguma vez por esoterismo, certamente não era nada mais do que um diletante vulgar. Nessas suas declarações, podemos ver duas coisas: ou apenas a hostilidade que Evola também sentia diante do nazismo «bruto», mesmo quando contrastou seu racismo «espiritualista» ao racismo «biológico» nazista,[17] e talvez o orgulho do cultor da Tradição, que não tolera concorrentes, como é frequente; ou um cuidado especial para que não se fale sobre essas coisas hoje, aliás, negando até mesmo suas menores ou maiores evidências, que poderia ser o mesmo motivo pelo qual Adriano Romualdi mascara e, por assim dizer, aburguesa os supostos aspectos ocultos das Waffen-ss. As atitudes, respectivamente, de Evola e de Romualdi diante da prática a ser seguida na vida cotidiana, ou do estilo de comportamento, são apenas aparentemente conflitantes. Em seu último livro, autobiográfico, Evola declara essencialmente que a Tradição e a *outra* civilização retiraram-se definitivamente dessa fase da história do mundo, e que, portanto, não se deve mais esperar por uma salvação proveniente da relação individual com a Tradição: já não se pode fazer nada além de defender a própria interioridade em perfeita *apolitía*:

> É necessário concentrar-se no problema puramente individual que consiste em certificar-se de que «aquilo em que não posso agir não pode agir em mim». [...] No domínio político e social, não há mais nada que realmente mereça dedicação total e empenho profundo.

---

[17] Ver, também, pp. 126-8, 137-8.

Exceto, e era de esperar, diante da luta contra o comunismo, porque, se for verdade que para «o homem da Tradição» é insignificante «a antítese entre 'Oriente' e 'Ocidente'», também é verdade que «uma tomada de posição pode ser sugerida por razões cruamente práticas, enquanto o Oriente comunista implica a eliminação até mesmo física de qualquer um que não se curve à sua lei».[18]

Adriano Romualdi, por outro lado, exorta à ação: é necessário que os verdadeiros revolucionários-conservadores, superando o nacionalismo de cada pátria, criem o nacionalismo da Nação Europa, sagrada e severa, e defendam a todo custo «a civilização europeia». Se o nazismo e o fascismo, embora prescientes sob muitos aspectos, estavam ligados a seu tempo, as SS foram verdadeiramente os grandes precursores desse nacionalismo europeu, e nelas é preciso inspirar-se:

> Em 1944, entre os 910 mil soldados das Waffen-SS, mais da metade era estrangeira. Foi assim que as Waffen-SS tornaram-se o ponto de encontro da juventude guerreira da Europa e um experimento revolucionário, que rompeu com os limites do antigo nacionalismo. Com as Waffen-SS, o fascismo, que, nos vários países, tinha sido predominantemente um movimento nacionalista, tornou-se europeu e lutou por uma unidade imperial europeia contra o americanismo e o bolchevismo. Além disso, a ideia «ariana» serviu para ampliar a visão do fascismo alemão, ou seja, do nazismo, antes em

---

18   Julius Evola, *Il cammino del cinabro*, op. cit., pp. 198-208.

perspectivas nórdicas e pangermânicas, depois, de forma mais decisiva, europeias.[19]

Sobre Tradição com maiúscula, nem mesmo uma palavra. Pelo contrário, na biografia de Evola, Romualdi escreveu:

> Qualquer pessoa que tenha vivido em Roma, nos últimos quinze anos, conheceu todo tipo de «evolianos»: desde os mais bizarros «tradicionalistas» maníacos ocultistas até os bufões então em moda, que misturam Evola com o comunismo *à la page* dos diversos Che Guevara.[20]

Ao dizer isso, ele estava sendo perfeitamente fiel ao mestre, preocupado, nos últimos anos de vida, em declarar concluída sua «fase 'tradicional'» e em levar «várias pessoas que [o] haviam seguido» à fase voltada para «uma orientação diferente», não sem «algum confronto controverso com ambientes que ainda alimentam ilusões sobre as possibilidades oferecidas pelos 'resíduos tradicionais' existentes no mundo de hoje».[21]

A *apolitía* pregada pelo último Evola não é tão contrastante, como poderia parecer, com o ativismo «europeísta» de Romualdi. Em primeiro lugar, há o óbvio denominador comum da luta contra o comunismo: segundo Evola, a antítese entre Oriente e Ocidente é insignificante para o homem da Tradição, e apenas contra o Oriente está prevista a legitimidade de uma

---

19 Adriano Romualdi, Prefácio a *I volontari europei delle Waffen SS*, op. cit., pp. 7-8.
20 Id., *Julius Evola*, op. cit., p. 7.
21 Ver n. 18.

tomada de posição (porque os comunistas, e só os comunistas, matam); de acordo com Romualdi, os nacionalistas europeus, seguindo o exemplo das SS, devem lutar «contra o americanismo e o bolchevismo», mas permanece claro que «o inimigo mais feroz da civilização europeia [é] o comunismo russo».[22] No entanto, há outro ponto de coincidência entre essas duas atitudes, uma primeira de *apolitía*, outra, de ativismo. Evola recomenda, sem dúvida, a *apolitía* e a defesa de nada além da interioridade individual, porém tem o cuidado de especificar:

> Mas não para todos, não para o primeiro recém-chegado, mas para um tipo particular, para o homem da Tradição, para quem, interiormente, não pertence ao mundo moderno, que, como pátria e como lugar espiritual, tem *outra* civilização e que, portanto, também apresenta uma estrutura interior particular.[23]

Os outros, que não são o «homem da Tradição» puro e talvez não apresentem «uma estrutura interior particular», podem, porém, também eles, acabar sendo enquadrados no ensinamento do último Evola. Ele diz precisamente que seu último livro também é dedicado:

> A quem não pode ou não quer desligar-se do mundo atual e está pronto para enfrentá-lo e, até mesmo, viver nele por meio das formas mais paroxísticas, sem, no entanto,

---

22 Adriano Romualdi, Prefácio a *I volontari europei delle Waffen SS*, op. cit., p. 8.
23 Julius Evola, *Il cammino del cinabro*, op. cit., p. 202.

ceder interiormente, mantendo sua própria personalidade indiferenciada.[24]

Em outras palavras: há homens «diferenciados» e «indiferenciados». Os primeiros podem e querem separar-se do mundo atual e devem praticar a *apolitía*. Os segundos, que não podem ou não querem distanciar-se do mundo atual, têm a permissão de «até viver nele por meio das formas mais paroxísticas», desde que não cedam interiormente. É evidente que Evola colocou-se entre os primeiros; mas Romualdi poderia muito bem colocar-se entre os segundos, ou, pelo menos — no caso de ele próprio ter se colocado entre os primeiros —, assumir a função de instrutor e animador dos segundos (não à toa, no libreto das SS europeias, o instrutor e animador tem uma função muito importante pela posição e pela personalidade, claramente superiores às dos discípulos). Os sábios, os fortes e puros «homens da Tradição» praticam a *apolitía*; os menos sábios, menos fortes e puros, se forem capazes de não «ceder interiormente» à ilusão de poder «atuar em processos que, agora, depois das últimas derrotas, têm um curso imparável»,[25] podem legitimamente se dedicar ao ativismo «europeísta», que, por parte dos fascistas, não é algo muito novo. Desde o início da década de 1930, uma ideologia bastante semelhante à de Adriano Romualdi havia sido proclamada pelo grupo *Antieuropa* em torno de Asvero Gravelli e de Gabriele Gabrielli. No fascículo-suplemento do primeiro número da revista *Antieuropa* (1929), apareceu um ensaio de Gravelli com o significativo título: «A ideia histórica fascista:

24   Ibid.
25   Ibid., p. 198.

defesa da Europa e função antieuropeia. Nós somos a heresia da Europa moderna». O tom, da convocação até a reunião de todos os grupos fascistas europeus (não por acaso, um expoente da *Antieuropa*, F. G. Cabalzar, foi enviado à Romênia pelos Membros de Ação pela Universalidade de Roma, para estabelecer contatos entre o fascismo italiano e a Guarda de Ferro),[26] não é muito diferente do tom do texto que aparece na última capa de «Collezione Europa», da editora Volpe (na qual foi publicado o livro de Saint Loup, *I volontari europei delle Waffen SS*):

> EUROPA é a luz do mundo clássico e o arrepio da obscuridade contemporânea, a aurora boreal da pré-história e a luz do crepúsculo pairando sobre Berlim em chamas.
>
> EUROPA é uma palavra de ordem para os que acreditam no renascimento de nosso continente como alternativa aristocrática e qualitativa contra o mundo da quantidade e das massas, contra o materialismo democrático americano e o materialismo comunista russo.

No entanto, resta saber em que pode consistir — no quadro traçado por Romualdi — a legitimidade do ativismo «europeísta», se não for útil a nada («processos que, agora, depois das últimas derrotas, têm um curso imparável»).

Para responder a essa pergunta, é necessário considerar, em primeiro lugar, uma coisa: o esquema antropológico proposto pelo último Evola é traçado exatamente sobre aquele habitual de numerosas doutrinas iniciáticas. Há duas classes

---

26 Ver Theodor I. Armon, «Fascismo italiano e Guardia di Ferro», *Storia Contemporanea*, ano III, n. 3, 1972, pp. 505-48.

de pessoas: as que alcançam o segundo e mais alto grau de iniciação, e aquelas que, não podendo ou não querendo distanciar-se do mundo, permanecem em um primeiro grau. O comportamento dessas últimas não pode ser forte, puro e livre de ilusões o suficiente; portanto, é necessário que os iniciados de grau superior, os sábios, orientem os iniciados de grau inferior em direção à realização de objetivos mundanos (nesse caso, o ativismo «europeísta»), que, em si mesmos, são vãos, desprovidos de qualquer utilidade, mas têm uma função didática valiosa. Ao perseguir objetivos vãos por disciplina e insistir, ao mesmo tempo, na defesa da própria interioridade, ameaçada pelo contato com o mundo, até mesmo os iniciados de grau inferior, ainda não muito fortes e puros, pegarão prática, tornar-se-ão, um dia, suficientemente fortes e puros e alcançarão o grau superior. Nesse caso, o processo de aperfeiçoamento, promovido por uma apropriada *didática da tarefa inútil*, pode requerer muito mais da vida de um indivíduo: mas, aqui, o foco está na raça, como sempre foi o costume de Evola e também de seu discípulo Romualdi, e a *raça* aperfeiçoa-se, torna-se melhor, torna-se mais forte e mais pura com o passar de muitas gerações; pouco a pouco, a *raça*, não o indivíduo, terá acesso ao mais alto grau de iniciação; os poucos «homens da Tradição», se tiverem sucesso em seus objetivos, conseguirão promover o nascimento, a partir da didática de tarefas inúteis, de uma «*raça* da Tradição».

  Naturalmente, trata-se da «raça da alma» (e do corpo), da «raça nova», derivada dos acontecimentos da «raça do espírito», da qual Evola falou especialmente em suas obras *Il mito del sangue* (Milão, 1937) e *Sintesi della dottrina della razza* (Milão, 1941). Ao racismo de Evola, foi atribuída a qualificação de «espiritualista» por seus oponentes, sobretudo após a publicação do segundo livro.[27] Palavras como «espírito», «espiritualidade», «ideia espiritualmente revolucionária» são encontradas, por fim, na obra de Evola. Renzo De Felice[28] examinou a cópia de *Sintesi della dottrina della razza* que pertenceu a Mussolini, cujo exemplar traz suas marcações de leitura; entre as passagens sublinhadas aparecem a «espiritualidade» e a «alma»:

[...] é preciso manter viva a tensão espiritual, o fogo superior, a alma formadora interna, que originalmente elevou a matéria até uma determinada forma, traduzindo uma raça do espírito em uma correspondente raça da alma e do corpo. (p. 82)

Uma ideia, visto que atua com suficiente intensidade e continuidade em um determinado clima histórico e em uma determinada coletividade, acaba dando origem a uma raça da alma e, com a persistência da ação, faz surgir nas gerações imediatamente posteriores um novo tipo físico comum, a ser considerado, a partir de um certo ponto de vista, uma raça nova. (p. 125)

A diferença entre «espírito» e «alma» é, em Evola, uma evidente repetição do conflito entre «espírito» (*Geist*) e «alma» (*Seele*) em Klages. E, assim, entende-se que, diante dessas sutilezas metafísicas, poderia resultar grosseiro o comportamento

---

27 Ver Guido Landra, «Razzismo biologico e scientismo. Per la scienza e contro i melanconici assertori di un nebuloso spiritualismo», *La difesa della razza*, 5 nov. 1942, pp. 9-11.
28 Renzo De Felice, *Storia degli ebrei italiani sotto il fascismo*. Turim: Einaudi, 1972, pp. 251-2.

de um racista trivial como Himmler: «Eu mesmo vi todas as fotos dos candidatos [às SS] e sempre me perguntei: vemos neste homem sinais de sangue inferior? Ele tem as maçãs do rosto muito desenvolvidas, um sintoma de origem mongol ou eslava?».[29] Porém, se depois levamos em consideração o fato de que o próprio Evola fala de «raça da alma e *do corpo*», e que não temos à disposição documentos precisos sobre os delírios metafísicos de Himmler (que também existiram), estamos inclinados a supor que o Himmler «trivial» é apenas *uma* face da reencarnação de Henrique, o Homem Pássaro, e que «o último Gibelino» (assim nomeavam Evola alguns de seus discípulos, e dessa forma ele foi definido na entrevista que concedeu à revista *Io*, «para homens, apenas») não devia ser tão hostil ao *Reichsführer* SS. Um atuou no Reich, o outro, «*in partibus Latinorum*», e é sabido que o ensino esotérico sempre está atento em se adaptar às circunstâncias, aos lugares e aos tempos. O próprio Evola, por outro lado, mesmo com todas as suas reservas com os nazistas cruéis, havia se manifestado com modos muito lisonjeiros diante de Hitler:

> Na verdade, assumir como base as ideias-mães desse escrito «apócrifo» [os *Protocolos dos sábios de Sião*] também significa ter um fio condutor seguro, para descobrir o significado unitário mais profundo de cada uma das importantes reviravoltas dos últimos tempos. E é por isso que Adolfo Hitler

---

29 François Bayle, op. cit., pp. 394 ss.

reconheceu, sem hesitar, nesse escrito, o valor do reagente mais poderoso para o despertar do povo alemão.[30]

Delírios, alguns dirão. Certamente. E delírios tão pouco explícitos que poderão ser apreendidos em sua trama apenas com as ferramentas da antropologia cultural e da história das religiões. Contudo, nossa impressão é de que esses delírios têm uma parte não insignificante nas atividades terroristas dos últimos anos. Evidentemente, as bombas e os massacres tiveram outra função na vida política do país. Mas está fora de cogitação excluir isto: que pessoas que visam participar do mundo de hoje, «mesmo nas formas mais paroxísticas», tendo diante dos olhos o modelo das SS e a miragem de uma *raça* da Tradição a ser obtida por meio da imposição de tarefas inúteis, tenham sido armadas e usadas para fins muito menos metafísicos (diante da expressão «tarefas inúteis», é natural pensar no gesto inútil de certos personagens de André Gide, no crime gratuito de Lafcadio em *Os Subterrâneos do Vaticano*, que, no entanto, não é imposto por ninguém e justamente nisso tem seu significado).

Evidentemente, não há razão para esperarmos encontrar traço de uma expressão como «tarefas inúteis» nas páginas do último Evola, de Romualdi ou de outros. Não é necessário dizer ao neófito que a tarefa que lhe é imposta é, em si, inútil e tem apenas uma função didática, serve apenas para aprimorar-se, para treiná-lo a manter-se interiormente forte e puro «até mesmo nas formas mais paroxísticas» da vida desse período histórico.

---

30 Julius Evola, Introdução a *I «protocolli» dei «savi anziani» di Sion*, versão italiana com apêndice e introdução. Roma: La Vita Italiana, 1938, p. XVIII.

Isso não deve ser dito ao neófito, porque, então, corre-se o risco de vê-lo não executar sua tarefa. Também porque — e é uma coisa que os mestres do ensino esotérico sempre souberam — o neófito, por mais que tenha boa vontade e seja talentoso (na verdade: quanto mais talentoso ele é), está continuamente exposto à tentação de acreditar que já atingiu um nível superior, já se encontra maduro e, portanto, capaz de recusar tarefas inúteis puramente preparatórias e de pedir, em troca, tarefas já por si mesmas úteis. Está continuamente exposto ao risco de falhar na disciplina, devido à superestimação de si, e de não levar a cabo o itinerário formativo que lhe é indispensável. Os neófitos, relacionados a Evola e Romualdi, eram, sem dúvida, imperfeitos (como aqueles que guardam alguma relação com os mestres sobreviventes) e estavam longe da autodisciplina rigorosa do oficial da SS, que executava «a tarefa de um funcionário dos correios» enviando material humano aos «experimentos anatômicos» do professor Hirt. Ainda não estavam sob o «silêncio cósmico [que] pesava nos dois mil e setecentos quartos do Burg povoado por quase dez mil homens. Dez mil fantasmas!».[31] Era, portanto, essencial fazê-los acreditar que essas tarefas já eram úteis em si, para abalar as consciências do país, para romper com a fraqueza de uma população desacostumada ao rigor e enfraquecida no bem-estar. Em suma, para preparar o advento dessa Nação Europeia, que, nas palavras de Romualdi dirigidas aos neófitos, é um objetivo político preciso e relativamente próximo, e também profano, mas que, presumivelmente, no pensamento de Evola e no pensamento privado do próprio Romualdi, era uma *raça* sagrada da Tradição que não mudaria o curso dos eventos profanos na fase

---

31 Saint Loup, *I volontari europei delle Waffen SS*, op. cit., p. 20.

do mundo destinada ao fim, ao Kali-Yuga,[32] mas que teria cumprido o dever metafísico do homem, enfrentando o fim do ciclo cósmico, como a sentinela de Pompeia celebrada por Spengler: interiormente forte, pura, imperturbável, imóvel sob a erupção, capaz de preservar, no modelo, o comportamento de um cadáver «alerta». Repetimos: não se pode, de forma nenhuma, excluir que pelo menos parte dos atos terroristas do últimos anos foram concebidos como tarefas inúteis pelos instrutores, pelos professores da Tradição, no entanto tornadas *úteis* na crença dos neófitos. O fato de que projeto e execução foram presumivelmente favorecidos e instrumentalizados por outras pessoas para outros fins (enquanto os professores da Tradição foram persuadidos a acreditar que foram eles que instrumentalizaram as ajudas para *seus* fins) terá contribuído para a execução dos atos terroristas no tempo certo. No entanto, se nossa hipótese tiver alguma veracidade, também poderá servir para explicar alguns atos terroristas contra os quais é difícil aplicar o *cui prodest* (a menos que não se

---

32 Esta expressão sânscrita (usada por Evola) designa, no tantrismo, o último dos ciclos cósmicos, a «presente fase cósmico-histórica em que o Espírito está escondido e 'caído' em uma condição carnal», na qual «a verdade está enterrada nas trevas da ignorância. Por essa razão, novos Mestres aparecem continuamente e readaptam a doutrina atemporal às frágeis possibilidades de uma humanidade decaída». Citamos, de Mircea Eliade, *Yoga. Imortalità e libertà*, edição italiana organizada por Furio Jesi, traduzida por G. Pagliaro. Milão: Rizzoli, 1973, pp. 246-7, 277. Tomamos as definições do Kali-Yuga precisamente desse livro (que, além disso, é um trabalho cientificamente rigoroso e sério), porque Evola teve relações diretas com Eliade e seu círculo (ou melhor, com o círculo de seu professor Nae Ionescu e Codreanu) de fascistas romenos (ver, antes, pp. 56 ss. O próprio Romualdi também fala sobre essa questão em *Julius Evola*, op. cit., p. 43.

pressuponha a idiotice dos executores, o que é sempre possível). Na maior parte dos casos, bombas e massacres serviram claramente a alguém; mas, em alguns casos raros, é necessário questionar quem, a não ser um idiota (que naturalmente pode haver), pode ter considerado tirar proveito disso. E não há uma segurança de que esses casos não possam repetir-se. Se, realmente, por trás do terrorismo, há idealizadores de tarefas inúteis, não se pode excluir, entre outras coisas, que, às vezes, fujam do controle de quem tem interesse em instrumentalizá-las e em detonar a bomba na hora certa.

Neofascismo «sagrado», «esotérico», é o dos professores da Tradição. Neofascismo «profano», «*exotérico*», é o de quem os instrumentaliza. São dois estilos ideológicos diferentes. Os dois estilos de comportamento, de cara feia e de *playboy*, encontram-se tanto nas atitudes dos homens da Tradição, que «não podem ou não querem separar-se do mundo atual», como nas atitudes dos neofascistas profanos. O profano e *exotérico* Almirante alterna-os à vontade; mas já os alternava o sagrado e esotérico Adriano Romualdi (sagrado e esotérico com muitas cautelas e máscaras, por razões didáticas), que estava muito disposto a aburguesar as Waffen-SS, não só no prefácio do livro que examinamos, mas também numa nota do mesmo livro, onde o instrutor «intelectual», além de «esguio e poderoso», das SS, encarregado de manter «o curso da *Weltanschauung*»,[33] declara: «Já faz muito tempo que eu também, quando falam de cultura para mim, saco o revólver» — e comentava:

---

33 «Cosmovisão». [N. T.]

«Quando ouço falar de cultura, saco logo meu revólver». Essa famosa frase foi, por vezes, atribuída a Hans Johst e ao marechal Göring. Hoje, 1967, com os tipos de «intelectuais» que vagueiam a pé, livres, na Itália e na Europa, seria o caso de honrá-la novamente.[34]

Não é verdade, portanto, que o estilo de comportamento de cara feia seja apenas prerrogativa dos neofascistas «sagrados» para uma orientação ideológica, nem que o estilo de comportamento *playboy* seja apenas prerrogativa dos neofascistas «profanos». Ambos usam os dois estilos de comportamento. Para os neofascistas «sagrados», depende do fato de que o uso de ambos os estilos de comportamento esteja ligado à prática do mundo — e eles só recorrem a ambos os estilos quando «não podem ou não querem separar-se do mundo atual» (Evola, o homem da *apolitía*, não usou nem o estilo de cara feia, nem o estilo *playboy*, mas só o estilo do sábio). Para os neofascistas profanos que estão sempre imersos no mundo, isso é óbvio.

34 Saint Loup, op. cit., p. 27 e nota (de A. Romualdi). Hanns [não Hans] Johst, presidente da Câmara dos Escritores do Reich e da Academia Alemã de Poesia, de 1935 a 1945, não foi realmente um «dramaturgo fracassado», como diz Shirer (op. cit., p. 266) e como, de fato, foi Goebbels. Foi autor de peças expressionistas, como *Der Einsame. Ein Menschenuntergang* (1917), que figuraram no panorama da época (*Baal*, de Brecht, é uma espécie de paródia de *Der Einsame*). A obra explicitamente nazista, de Johst, é *Schlageter* (1933), em memória de A. L. Schlageter, fuzilado em 1923 pelos franceses, como sabotador, e apresentado por Johst como «o último soldado da Guerra Mundial, mas primeiro soldado do Terceiro Reich» (ver Paolo Chiarini, *Bertolt Brecht*. Bari: Laterza, 1959, pp. 66, 68, 71; Ladislao Mittner, *Storia della letteratura tedesca. Dal realismo alla sperimentazione*. Turim: Einaudi, 1971, vol. III, t. 2, p. 1274).

A alternativa entre estilo de comportamento de cara feia ou de *playboy*, brutalidade de esquadrão ou boa unção, é peculiar da profanação e de sua práxis, política. O neofascismo ideologicamente sagrado aceita-a dentro dos limites em que concorda interferir com a profanação. Trata-se, agora, de estudar a gênese histórica das duas vertentes ideológicas e suas relações mútuas, tendo em vista que, no estilo de comportamento dos membros de cada modelo, podemos encontrar tanto a garra do oportunista como a «face de um homem justo», e que, para além do comportamento dos neofascistas ideologicamente «sagrados», também podem brotar os semblantes do sábio.

PRESTÍGIO CULTURAL DE SÁBIOS. JULIUS EVOLA

A burguesia italiana moderna, especialmente a pequena e a média burguesia, jamais teve uma forte propensão ao esoterismo e aos Cavaleiros do Graal. Um pouco de ocultismo — mas em doses muito baixas e, sem dúvida, menores do que as absorvidas, por exemplo, pela burguesia alemã ou francesa; um pouco de maçonaria (e não para a pequena burguesia), mas, por muitas vezes, também tornada laica, sendo, assim, muito mais anticlerical, liberal e ligada ao *Risorgimento* do que voltada para os «centros secretos». Isso vale certamente para a maioria, não para os indivíduos adeptos ou para as confrarias pequenas, destinadas, em primeiro lugar, à metafísica e ao oculto, que também existiram. Por um lado, provavelmente deve ter contado muito, como um freio diante do esoterismo cosmopolita do início do século XX, o peso da tradição católica, com todas suas queixas e, inversamente, com todo seu aparato de milagres e experiências sobrenaturais, capaz de satisfazer muitos sujeitos famintos pelo oculto, sem deixá-los cair na heterodoxia. Lembremos que, especialmente na Itália (embora não apenas aqui), a Igreja Católica, entre o fim do século XIX e o início do XX, esforçou-se para apresentar sua doutrina como uma conciliação serena entre tesouros sobrenaturais e tranquila existência no mundo. Por outro lado, a falta de uma ampla formação cultural (ampla no sentido da quantidade de participantes) limitou a tomada de organizações, como a Sociedade Teosófica; tiveram mais seguidores Mantegazza e Lombroso.[35] Como já foi dito, a própria maçonaria era vista, por vários de seus seguidores, muito mais como a associação de espíritos livres, destinada a desempenhar a função de um partido para quem nutria desconfiança pelos «politiqueiros», do que como uma verdadeira sociedade secreta, movida por raízes e objetivos ocultos.

A ideologia do neofascismo «sagrado» não se origina *diretamente* da cultura da maior parte da pequena e da média burguesia das primeiras décadas do século XX. E, exceto em casos raros, também não se liga *diretamente* à cultura da grande burguesia (que, além disso, não criou, na Itália, raízes e oportunidades de expansão cultural típicas da grande burguesia de outras nações europeias). No fundo, entre o fim do século XIX e o início do século XX, a grande burguesia era, na Itália, uma classe numericamente muito limitada, principalmente

---

[35] Paolo Mantegazza (1831-1910), neurologista, fisiologista e antropólogo italiano. Tornou-se muito conhecido por ter isolado a cocaína da coca, realizando, assim, muitos experimentos com seres humanos. Cesare Lombroso (1935-1909), psiquiatra, cirurgião, criminologista, antropólogo e cientista italiano. Seus conhecimentos em antropologia criminal deram origem à Escola Positiva do Direito Penal. [N. T.]

não tão forte e rica, dados os acontecimentos econômicos do país, capaz de contrastar seu poder, apenas recente, e uma fisionomia cultural autônoma ao prestígio da última aristocracia. Esta, de resto, com exceção de personalidades pontuais e raras, ainda tinha prestígio, mas não tinha — e, em algumas regiões, nunca ou quase nunca teve —, em tempos modernos, uma real fisionomia cultural que pudesse ir muito além da boa educação. Portanto, nem mesmo ela representou, como classe dotada de uma cultura própria, a verdadeira matriz *direta* da ideologia do neofascismo sagrado. O duque de Aosta poderia, na melhor das hipóteses, cultivar ambições de afirmação dinástica, um pouco pintadas de heráldica e falsa antiguidade, dentro de um círculo reservado que tinha, como emblema, o lírio da França e que, mais tarde, viu-se repleto de simpatia pelo fascismo; porém sua mística guerreira não ia muito além do mito do comandante da «III armada gloriosa», muito mais *exotérico* do que o mito do qual «o olhar dos profanos deve escapar». E sua esposa, embora viajando «*vers le soleil qui se lève*»,[36] não parecia caminhar em direção a um Oriente muito misterioso, tampouco encontrá--lo por acaso.

---

[36] «Em direção ao sol nascente»: é o título do volume que reúne suas lembranças de viagem no Oriente: S.A.R. la Princesse Hélène de France, Duchesse d'Aoste, *Vers le soleil qui se lève*. Ivrea: Viassone, 1916. O estilo é o seguinte: «On se tait saisi par l'harmonie et la douceur ambiante. On se tait en face du panorama qui se déroule aux yeux émerveillés. On se tait et on se croirait transporté dans un lieu enchanté» [«Ficamos em silêncio, arrebatados pela harmonia e pela suavidade do ambiente. Ficamos em silêncio diante do panorama que se desdobra aos olhos maravilhados. Ficamos em silêncio e acreditamos que fomos transportados para um lugar encantado»] (p. 5).

Burguesia e aristocracia, na Itália, encontraram satisfações tranquilas na cultura fascista, que era essencialmente *exotérica* e profana. A ideologia fascista e, em seguida, neofascista *exotérica* e sagrada veio, sobretudo, do exterior, e, nos casos em que conseguiu conquistar uma certa auréola cultural de prestígio, aproveitou-se de uma situação extremamente provinciana. É típico o exemplo de Evola, que continua a ser tratado com certo respeito, mesmo que apenas «cultural», também por parte de estudiosos não fascistas.

Julius Evola é um personagem com o qual ninguém ainda fez um acerto de contas. Na verdade, não basta declará-lo um racista tão sujo que repugna tocá-lo com os dedos (o que é verdade) e tão estúpido que não vale a pena dedicar-lhe atenção (o que não é verdade). Essa é a posição tomada em relação a ele por vários estudiosos que se eximiram da oportunidade de examinar um material significativo. Mas, ao mesmo tempo, não podemos admitir que realmente fizeram um acerto de contas com Evola outros estudiosos que permaneceram, de algum modo, respeitosos com sua aura cultural: examiná-lo como uma personalidade cultural *significativa* não deve, de forma alguma, significar atribuir-lhe méritos e estatura culturais relevantes. Em *Storia degli ebrei italiani sotto il fascismo*, Renzo De Felice reconhece, em Evola, um expoente daquele que ele define genericamente como o «racismo italiano, *espiritualista*» e, «a partir de um certo ponto de vista», acaba declarando-o «muito digno de respeito», com o intuito de dar-lhe alguma «dignidade» e «seriedade», se comparado com os adeptos do racismo «biológico»:

> E, diante desse quadro, os homens de cultura também se sentem forçados a constatar, como tivemos que fazer em

relação aos políticos, que, a partir de um certo ponto de vista, os mais dignos de respeito eram os racistas convictos. Não só, esteja bem claro, os Landra e os Cogni, os pálidos e subservientes vestais do racismo nazista, mas os Evola e os Acerbo, aqueles que, cada um tendo seguido seu próprio caminho, sabiam segui-lo, se comparados com muitos que escolheram o caminho da mentira, do insulto, do obscurecimento completo de qualquer valor cultural e moral, com dignidade e até com seriedade. [...] Evola [...] rejeitou, ainda mais fortemente, qualquer teorização do racismo em chave exclusivamente biológica, para atrair sobre ele os ataques e o sarcasmo dos vários Landra. Com isso, não queremos dizer que a teoria «espiritualista» da raça era aceitável. No entanto, pelo menos tinha a vantagem de não desconsiderar completamente certos valores, de rejeitar as aberrações alemãs e, ao modo alemão, de tentar manter o racismo (que, sem dúvida, de Boulainvilliers a De Gobineau e Renan, de Herder e Kant a Nietzsche, de Fichte a Vacher de Lapouge teve um seu valor cultural e ético, bem como político) no terreno de um problema cultural digno desse nome.[37]

Delio Cantimori, por sua parte, no prefácio ao livro de Renzo De Felice, fez, embora com grande cortesia ou com muita cautela, uma crítica a tal passagem:

[...] não compartilho do julgamento que «de Boulainvilliers [...] a Vacher de Lapouge [o racismo] teve um *valor cultural e ético*» [o grifo é de Cantimori]. Peso e importância,

---

[37] Renzo De Felice, op. cit., pp. 385-6.

isso é fato. Valor, se no termo estiver implícito algum juízo em sentido positivo, não me parece existir de forma alguma. Mesmo que sejam de grandes homens, ou de grandes «povos», as degenerações não têm valor — mesmo que tenham grande peso e graves consequências — nem cultural, nem ético.[38]

E, pouco antes, ele havia falado sobre o perigo «de incorrer na armadilha (inerente ao próprio caráter do racismo e do antissemitismo) de aceitar, embora incidentalmente, sua pretensão de ter um 'valor' cultural».[39] A essas palavras, que me parecem sábias, gostaria de acrescentar que a expressão de Renzo De Felice, «um problema cultural digno desse nome», abre uma fresta para o fato de ser uma «armadilha» não apenas «inerente ao próprio caráter do racismo e antissemitismo», mas também inerente a uma cultura (talvez não intrinsecamente racista) para a qual todo comportamento caracterizado por um suficiente decoro intelectual formal, e, portanto, também por uma suficiente coerência com seus pressupostos, tem algum «valor», seja qual for o «juízo positivo» implícito, sem dúvida, no termo «valor». Do ponto de vista dessa cultura, certamente: Evola permanece «no terreno de um problema cultural digno desse nome».

Com a citação de outro autor, damos mais uma vez um passo para trás, ou seja, vemos atribuída a Evola uma dignidade cultural maior e muito mais específica. Giorgio Galli, em *La crisi italiana e la Destra internazionale*, depois de ter definido Evola como «um dos representantes mais qualificados [da cultura de direita] neste século», e não só na Itália, e depois de

---

38   Ibid., p. XVI.
39   Ibid.

ter lembrado que Giorgio Almirante elogiou Evola como «o nosso Marcuse, porém muito mais competente»,[40] escreve a seguinte nota:

> As analogias entre Evola e a escola de Frankfurt (Marcuse, Horkheimer e Adorno) são indubitáveis, especificamente quanto à crítica da sociedade de massa e à sua democracia manipulada. Evola pode gabar-se de sua prioridade cronológica. Essas analogias podem remontar à influência de Bachofen e de sua teoria do matriarcado, seja sobre Evola, seja sobre os sociólogos de Frankfurt.[41]

Esse discurso parece-nos realmente desconcertante, ainda mais se formos analisar sua raiz. Bachofen? Ao adotar a expressão muito urbana, usada por Cantimori para outra finalidade, também diremos aqui: «Não me parece existir, de jeito nenhum». É verdade que Bachofen é citado na *Dialética do Iluminismo*,[42] igualmente é verdade que alguns integrantes da Escola de Frankfurt ocuparam-se de Bachofen, especialmente Walter Benjamin, próximo aos membros da Escola, que falou de sua obra como uma «profecia científica»;[43] mas, a partir dessas

40 Giorgio Galli, *La crisi italiana e la Destra Internazionale*. Milão: Mondadori, 1974, p. 20.
41 Ibid., p. 199, nota 9.
42 Max Horkheimer; Theodor W. Adorno, *Dialettica dell'illuminismo*. Tradução de L. Vinci. Turim: Oscar Studio Mondadori, 1966, p. 62, nota 2 (p. 61).
43 Ver Erich Fromm, «Die sozialpsychologische Bedeutung des Mutterrechts», in: *Zeitschrift für Sozialforschung*, 1934, reeditado em *Analytische Sozialpsychologie und Gesellschaftstheorie*. Frankfurt a. M.: Suhrkamp, 1970, pp. 91 ss. Walter Benjamin, «Johann Jakob Bachofen (1934-35)», 1ª ed. do original em francês: *Les Lettres Nouvelles*, n. 11, jan. 1954, pp. 28-42;

referências, reconhecer, na suposta influência de Bachofen, a matriz de «indubitáveis» analogias entre Evola e a Escola de Frankfurt é uma distância enorme (para não falar da «prioridade cronológica» de Evola). E, tanto a obra de Giorgio Galli, que citamos, quanto um livro seu anterior, no qual já se referia a semelhantes temas,[44] dão a impressão de que essa citação muito longa foi tornada por Galli, agora, muito mais curta, por meio de uma forma simples, mas muito menos arriscada: ou seja, evitando passar pelo ponto central, representado, nesse caso, pelos dez monumentais volumes das obras de Bachofen, cerca de seis mil páginas densas em língua alemã, nunca traduzidas para nenhum outro idioma, exceto em fragmentos curtos. Não acreditamos estar assumindo uma posição típica de eruditos pedantes se dissermos que, para afirmar a existência dessas famosas analogias de Bachofen entre Evola e os integrantes da Escola de Frankfurt, seria necessário, em primeiro lugar, ter lido Bachofen. E ter lido Bachofen não pode significar ter lido apenas, das seis mil páginas que ele escreveu, duzentas e cinquenta da antologia bachofeniana em inglês,[45] ou as duzentas e cinquenta páginas escolhidas e traduzidas para o italiano por Evola,[46] que,

---

1ª ed. em tradução alemã: *Text + Kritik*, n. 31-32, out. 1971, pp. 28-40. Ver *Materialien zu Bachofens «Das Mutterrecht»*, organizado por H. J. Heinrichs. Frankfurt a. M.: Suhrkamp, 1975.

44 Giorgio Galli, *La tigre di carta e il drago scarlatto. Il pensiero di Mao Tsetung e l'Occidente*. Bolonha: Il Mulino, 1970.

45 *Myth, Religion and Mother Right. Selected Writings of Johann Jakob Bachofen*. Tradução inglesa de R. Manheim. Princeton: Princeton University Press, 1967.

46 Johann Jakob Bachofen, *Le madri e la virilità olimpica. Studi sulla storia segreta dell'antico mondo mediterraneo*. Com introdução de J. Evola. Milão: Bocca, 1949. Título e subtítulo são evidentemente de Evola. Há, além

entre outras coisas, além do mais, era péssimo tradutor.⁴⁷ Nas obras de Galli, não há rastro de Bachofen não traduzido (ou seja, quase tudo),⁴⁸ e não há nem mesmo rastro de uma informação precisa sobre a cultura alemã das primeiras décadas do século XX: em particular, sobre a *Bachofen-Renaissance*, que existiu dentro de círculos da direita.⁴⁹ Essa informação, unida à verda-

---

disso, uma antologia francesa ainda mais escassa: Johann Jakob Bachofen, *Du Règne de la mère au patriarcat*. Organização de A. Turel. Paris: Alcan, 1938 (p. 164). Em italiano, há a tradução do breve ensaio de Bachofen *Il popolo Licio*. Tradução de E. Giovannetti. Florença: Sansoni («La Meridiana»), 1944; recentemente saiu outra antologia: Johann Jakob Bachofen, *Il potere femminile*. Organização de E. Cantarella. Milão: Il Saggiatore, 1977.

47 É inútil, aqui, destacar uma série de descuidos, que variam de distorções reais do significado do discurso a equívocos engraçados, mas basicamente secundários, como Clearco, que se torna «o Klearch» (p. 60), ou «os navios de Taue», em vez de «as amarras dos navios» (p. 68). Também é bastante grave o fato de que Evola corte, aqui e ali, mas nunca indique os cortes (há lacunas, por exemplo, na p. 38, linha 19; na p. 43, linha 9; na p. 44, linha 10; na penúltima linha da p. 64 etc.).

48 Para aqueles que desejam verificar os pontos sobre os quais divergimos das interpretações de Giorgio Galli, referimo-nos por enquanto a: Furio Jesi, *Il mito*. Milão: Isedi, 1973 (e, no futuro, à nossa edição de *Mutterrecht*, em preparação pela editora Einaudi). Em geral, entretanto, nas páginas de Galli, Bachofen não é muito mais do que o autor de algumas passagens da Introdução a *Mutterrecht*.

49 A bibliografia, nesse sentido, é muito vasta. Em Furio Jesi, *Il mito*, op. cit., um capítulo é dedicado à *Bachofen-Renaissance* e à posição de W. Benjamin em contraste com a leitura de Bachofen usualmente à direita. Para Klages, Bachofen foi «a maior experiência literária de sua vida»; ver, especialmente, Ludwig Klages, *Vom kosmogonischen Eros*. Munique: Georg Müller, 1922; a Introdução à *Gräbersymbolik*. Basileia: Helbing & Lichtenhahn, 1925; «Bachofen als Erneuerer des symbolischen Denkens», in: *Corolla L. Curtius*. Stuttgart: Kohlhammer, 1937, pp. 177 em ss. Ver *Hestia. Beiträge zur Würdigung und Weitergabe d. Werkes von Ludwig Klages*. Bonn:

deira leitura de Bachofen, teria tornado bastante claro que os
círculos da *Bachofen-Renaissance* foram, sim, muito críticos da
«sociedade de massa e de sua democracia manipulada» e, aliás,
de *toda* democracia (a «prioridade cronológica» caberia melhor, portanto, não a Evola, mas a George ou a Klages!); que, no
entanto, quando os frankfurtianos passaram a estudar Bachofen (e isso vale, sobretudo, para Benjamin, já que nem Adorno,
nem Horkheimer, nem Marcuse queriam ocupar-se muito
dele), fizeram-no apenas para demonstrar o oposto daquilo que

---

Bouvier, 1960; Hans Kasdorff, *Ludwig Klages. Werk und Wirkunk. Einfabrung und kommentierte Bibliographie.* Bonn: Bouvier, 1969. Klages, ao lado de A. Schuler e K. Wolfskehl, fez parte do grupo dos «Münchner Kosmiker», que apoiava Stefan George e que havia reconhecido, em Bachofen, o profeta: Friedrich Wolters, *Stefan George und die Blätter für die Kunst. Deutsche Geistesgeschichte seit 1890.* Berlim: G. Bondi, 1930, pp. 230 ss; Ludwig Thormaehlen, *Nachlass: Gedichte und Erinnerungen an Stefan George.* Organização de W. Greischel. Hamburgo: Hauswedell, 1962; Georg Peter Landmann, *Stefan George und sein Kreis.* Colônia: Kiepenheuer & Witsch, 1966 (e, caso se queira o testemunho de um nazista: Kurt Hildebrandt, *Erinnerungen an Stefan George.* Bonn: Bouvier, 1965). Ver, além disso, as publicações da Stefan George Stiftung (Edições Küpper, Düsseldorf) e da Castrum Peregrini Presse (Amsterdã): entre essas últimas, especialmente o ensaio de Elisabeth Gundolf, *Stefan George und der Nationalsozialismus*, publicado ao lado de outro ensaio, da mesma autora, *Meine Begegnungen mit Rainer Maria Rilke und Stefan George*, com um prefácio de L. Helbing, 1965. De Alfred Schuler, ver *Fragmente und Vorträge aus dem Nachlass*, organizado por L. Klages. Leipzig: J.A. Barth, 1940 (Klages, depois, dirigiu, com C. A. Bernoulli, a Bachofen Gemeinde). Em relação ao nazista Alfred Baeumler, os seus escritos bachofenianos (de 1926 em diante) foram recentemente publicados em *Das mythische Weltalter. Bachofens romantische Deutung des Altertums.* Munique: Beck, 1965. Indicações gerais sobre a *Bachofen-Renaissance* também se encontram em Ernst Karl Winter, *Zeitschrift für d. ges. Staatswissenschaft*, 1928, pp. 316 ss.

argumentavam os círculos de direita; por fim, que a *Bachofen--Renaissance* teve seus promotores e radicalizadores (que acusavam os mestres de fraqueza e de hesitação) em alguns teóricos do nazismo, como Alfred Baeumler, e que, de todo esse complexo de direita mais radical, menos radical, mais «tradicional» e distante da política militante, ou mais profana e engajada na luta política, Evola retirou o ponto de partida e, muitas vezes, o material de suas elucubrações. É importante entender que essas elucubrações, trazidas para uma Itália provinciana, na qual o próprio fato do pouco conhecimento da língua alemã já põe uma barreira para as fontes (e, muitas vezes, além dos mal-entendidos, uma auréola em torno daquilo que é a repetição plana dessas fontes), poderiam e ainda podem encontrar alguém disposto a considerá-las originais ou, em todo caso, colocadas «no terreno de um problema cultural digno desse nome». No mais, Evola sempre teve o cuidado de não hostilizar o respeito (embora «a partir de um certo ponto de vista») de estudiosos que professam ser antifascistas. Não estamos dizendo que ele tenha feito de propósito, porque pode ter ocorrido, muito bem, que, do alto de sua sabedoria «tradicional», alimentasse um desprezo feroz por eles; mas é claro que há uma coincidência significativa. Ao contrário de Baeumler, Evola jamais se declarou paladino das fogueiras de livros, mesmo que seja necessário especificar implicitamente, como intelectual, entenda-se, que ajudou a pôr em ação os fornos crematórios não para livros, mas para seres humanos. E, como dissemos, geralmente se mostrou bastante hostil ao nazismo em sentido estrito, o que para ele era trivial. É precisamente aí que seu comportamento é capturado. Para os velhos ou novos fascistas, que amam a metafísica, ou melhor, a Tradição, Evola não era de forma alguma «o nosso

Marcuse, porém muito mais competente». Essas coisas podem ser ditas pelo Almirante, que não deve ser muito competente em alquimia, tendo sido reprovado, recentemente, pela direita esotérica e neonazista italiana. O catálogo das Edizioni di Ar,[50] publicado em abril de 1978, apresenta com estas palavras o livro de Philippe Baillet, *Julius Evola e a afirmação absoluta*:

> É, portanto, uma leitura «revolucionária» da obra de Evola a que Baillet propõe-nos: uma leitura radicalmente diferente da proposta por muitos que, dando uma ênfase indevida a orientações marginais de tipo «*ancien régime*» — marginais porque ligadas a propensões subjetivas —, usaram Evola («o nosso Marcuse», de acordo com a definição que deram dele) como um álibi para seus negócios como mercenários (mal pagos) a serviço dos interesses imperialistas e mercantis.

Essa apologia de Evola, que, no entanto, expressa «a exigência de ir além do próprio Evola, deduzindo coerentemente, a partir das indicações que ele forneceu sobre o plano da doutrina metapolítica, uma prática radical e inescrupulosa, que satisfaz a necessidade de enxertar os valores da Tradição no veículo da luta popular»,[51] vem de um francês, Baillet, e levanta várias considerações, inclusive uma questão sobre a consistência e a natureza da diversificada direita francesa, da *Ordre Nouveau*, de Jean-François Galvaire, à tradução francesa de *Disintegrazione del sistema*, de Franco G. Freda (retribuída com a tradução

---

50 Editora fundada por Franco Freda, em 1969, em Pádua. [N. T.]
51 As citações relativas ao livro de Philippe Baillet foram retiradas do catálogo das Edizioni di Ar, Pádua, abril de 1978, p. 6.

italiana de *L'Agression israélienne*, de Maurice Bardèche, François Duprat e Paul Rassinier, publicada pelas Edizioni di Ar), como formas de «evolismo»[52] de *playboy*.

As Edizioni di Ar (e o «Gruppo di Ar») ligam-se às atividades de Franco Freda e Giovanni Ventura; a editora está localizada em Pádua, e seu nome deriva da raiz «indo-germânica» *ar*, que, aos olhos dos promotores, se encontraria, não por acaso, nas palavras «arianas» exemplares: *arethé, Ares, aristokratía, vir, Herr*. Publicaram os *Discursos sobre a arte nacional-socialista*, de Hitler, *A conquista de Berlim*, de Goebbels, as obras de Codreanu e de Ion Mota, mas também vários ensaios de Evola e textos nitidamente *exotéricos*, como *A face verde*, de Gustav Meyrink, *A guerra oculta*, de Emmanuel Malynski, *Sobre os deuses e o mundo*, de Salústio (Flávio?), ou de Saturnínio Segundo Salústio. Além das Edizioni di Ar, vale a pena mencionar, aqui, as Edizioni all'insegna del Veltro (Parma) — seus livros são apresentados no catálogo das Edizioni di Ar —, mais especializadas em questões de alquimia, e as Edizioni Arthos [Oggero Editore], editora localizada em Carmagnola (Turim), que também publica Evola e reedita «em couro sintético com frisos de ouro» *Il mondo magico de gli eroi*, de Cesare Della Riviera. Problemas de residência obrigatória provavelmente fizeram com que, enquanto há alguns anos os livros das Edizioni di Ar eram impressos por gráficas da região de Pádua, os volumes mais recentes dessa editora e das Edizioni all'insegna del Veltro fossem impressos em Catanzaro e em Vibo Valentia; em Manduria, no entanto, foi impresso, em fevereiro de 1977, por conta das Edizioni all'insegna del cavallo alato (que declaram sua sede em

52 Referente a Julius Evola. [N. T.]

Bolzano), o livreto *Magia della fiaba. Le radici metastoriche dei racconti magiari di fate*, de Claudio Mutti, muito ativo nas Edizioni all'insegna del Veltro, de Pádua, e organizador, para as Edizioni di Ar, de *Gheddafi, templare di Allah* (1975).

Para a direita «esotérica» italiana, que existe e parece, portanto, especializada em neonazismo, Evola estava longe de ser o profano Marcuse: era um *man of knowledge* (para usar a expressão de Carlos Castañeda),[53] um «feiticeiro»; não o «nosso Marcuse», mas sim «o nosso Guénon»[54] — com o fato de que Marcuse pode fazer-se presente, hoje, entre os elementos de um *slogan* publicitário (a isso aspirava o Almirante), embora seja um pouco difícil vender um Guénon em nosso país, salvo para alguns refinados. Porém a fragilidade cultural da extrema direita italiana, tanto a do Almirante quanto a de seus aparentes censores, pode ser ilustrada, entre outras coisas, pelo fato de que Evola não era *nem de longe* René Guénon. Não tomem essas palavras como uma apologia a Guénon; quem está ciente dos arbítrios etimológicos e, em geral, da afilologia (aliás, declarada) de Guénon, não pode negar-lhe uma notável prioridade sobre Evola quanto ao conhecimento direto das fontes e à originalidade, às vezes estimulante, do pensamento. Com todas as devidas distinções, é possível reconhecer, em Guénon, um continuador dos esotéricos dos tardios séculos XVIII e XIX francês, portanto um expoente do «saber por composição», que não coloca em crise o racionalismo científico

---

53 Carlos Castañeda, *L'isola del Tonal*. Tradução italiana e introdução de Furio Jesi. Milão: Rizzoli, 1975.
54 René-Jean-Marie-Joseph Guénon (1886-1951), escritor, filósofo e intelectual esotérico francês. Sua obra é concebida a partir de uma noção tradicional de metafísica, entendida como «conhecimento dos princípios de ordem universal». [N. T.]

(porque, ao contrário, por exemplo, de Oswald Spengler, não se encaixa de nenhum modo no interior de seu âmbito, para destruí-lo: fala unicamente com voz de oráculo), mas muitas vezes dá o sentido da fluidez, da transparência indescritível e da não apreensão de mecanismos mitológico-esotéricos. Em suma: Guénon, às vezes, pode ser usado para fins científicos (que ele recusaria), porém é muito raro o caso de poder usar Evola para tais finalidades (exceto, talvez, seu trabalho sobre a alquimia, o qual apresenta um abundante aparato erudito, embora — em nossa opinião — nem sempre em primeira mão e carente exatamente nos casos em que a documentação histórica e filológica seria mais possível: por exemplo, um dos alquimistas sobre o qual existe uma das mais ricas documentações é John Dee, mas Evola apenas o menciona).

Por outro lado, não se trata, aqui (nem nos interessa muito), de traçar uma classificação entre «feiticeiros» mais ou menos originais e sábios. É só uma questão de esclarecimento, visto que, mesmo para os amantes da cultura, com a condição de que seja cultura, Evola não deveria possuir muita aura. Teve, sim, o gosto pelas curiosidades culturais extravagantes, frequentou círculos culturais europeus nos quais os objetos dessas curiosidades eram valorizados e manipulados, e também teve um bom conhecimento de alemão (a péssima tradução da pequena antologia com textos de Bachofen deve ser considerada um acidente, talvez devido à necessidade de trabalhar muito rapidamente para ganhar algo, porque sua tradução de *A decadência do Ocidente*, de Oswald Spengler, é «definitivamente bem-feita, mesmo que aqui e ali não faltem descuidos, porém bastante explicáveis, já que se trata de uma obra muito volumosa»).⁵⁵ No entanto, ele foi um ruminador e um caixeiro-viajante, que muito cedo escolheu, pois não era estúpido, sair da casa materna e viver precisamente em uma província, como a Itália, longe das províncias centrais sobretudo alemãs e, de fato, barricada contra essa direção: pensemos apenas no ensaio depreciativo e superficial de Croce sobre «Bachofen e a historiografia afilológica».⁵⁶ Também aqui devemos lembrar que ele fez tudo isso não para ganhar dinheiro (sempre teve pouco), nem mesmo para desfrutar de grande prestígio ou de confortos culturais, mas, sim, para conseguir assumir uma posição muito privilegiada dentro de círculos bastante restritos. E não há dúvida de que se comportava, por assim dizer, de boa-fé: isto é, estava convencido de que era um sábio da Tradição e de que, separando-se da casa materna alemã e estabelecendo-se por conta própria na Itália, seguia muito involuntariamente um impulso de autoafirmação em um terreno que lhe era mais apropriado.

Centremo-nos em sua fortuna crítica italiana, por outro lado, especialmente para ilustrar um episódio de reação, «a partir de um certo ponto de vista», favorável e tardia, por parte da cultura italiana, tão provinciana quanto (o que não é, necessariamente, a mesma coisa) apaixonada por si mesma como cultura, acerca de um personagem cuja ideologia não é nem foi, nas últimas décadas, a mais apreciada em nosso país. Nem o estilo ideológico e cultural de um Evola, nem o de outros que,

---

55   Cesare Cases, «La croce di Hegel e le perle di Plebe», *Belfagor*, 30 nov. 1972, p. 724, nota 24 (p. 723).
56   Benedetto Croce, «Il Bachofen e la storiografia afilologica», in: *Atti della R. Accademia di scienze morali e politiche di Napoli*, 1928, vol. LI.

sempre em seu contexto fascista, eram seus antagonistas, como, por exemplo, Roberto Farinacci, foram muito apreciados na Itália pelo regime da cultura da média burguesia. Evola era muito metafísico e incomum; a província poderia ficar impressionada com tais coisas, mas, com ele e com suas estranhezas, não podia sentir-se confortável. E Farinacci, por sua vez, incomodava-a um pouco, porque era abertamente brutal, muito exageradamente delinquente. No entanto, deve ser destacado que a brutalidade também ostentada era, no fundo, para a cultura da média burguesia da Itália fascista, muito mais familiar do que o esoterismo «espiritualista». O fascismo mais explicitamente brutal e o fascismo mais «do bem» podiam, ambos, encontrar-se na cultura de tal burguesia, que permaneceu, por outro lado, bastante refratária ao prestígio dos «sábios» tradicionalistas de Evola. Será, então, o neofascismo, no pós-guerra, que irá recorrer a Evola como ao «nosso Marcuse, porém muito mais competente». O neofascismo precisa de um Evola, sobretudo para alimentar os mais jovens camaradas, agora pouco sensíveis ao aparato mitológico nacionalista tradicional, ao *Risorgimento*, às glórias pátrias. Contudo, todo esse aparato era muito mais eficiente na cultura da direita e, em geral, na cultura da média burguesia do início dos anos 1900 e dos anos do regime. Portanto, deixemos de lado, por um momento, os sábios e os professores do esoterismo e passemos a examinar alguns documentos da gênese da ideologia do neofascismo profano. Por meio deles, serão ilustradas algumas formas de relação cultural com o passado que, aos poucos, mostraram-se insuficientes, chegando ao ponto de deixarem um espaço vazio, que depois será preenchido no pós-guerra pela ideologia do neofascismo sagrado. Além disso, assistiremos a uma passagem das formas ideológicas de direita sagrada, mas não esotérica, às formas, já mencionadas, de direita sagrada e esotérica. A própria ideologia da direita profana, nas primeiras décadas do século XX, também tinha, de fato, elementos «sagrados» que, no entanto, não eram de jeito nenhum esotéricos: apresentava uma relação com o passado (nacional), que também era «sagrado», mas que implicava a atribuição, ao passado, de muitas conotações históricas, para que ele pudesse confluir no Grande Tempo dos tradicionalistas, nos ciclos cósmicos e nos destinos ocultos do universo. Sem o Grande Tempo, não há um verdadeiro esoterismo: a história é sua maior inimiga; quando aceita uma percepção do tempo como história, mesmo *sui generis*, mesmo perigosamente na fronteira com o tempo histórico-oleográfico dos ecos do *Risorgimento*, a direita «sagrada» não consegue tornar-se realmente esotérica.

DOCUMENTOS DE LUXO ESPIRITUAL E DE LUXO MATERIAL. DUAS COMEMORAÇÕES A CARDUCCI. LIALA E AFINS

Estamos diante de dois documentos inéditos: os textos manuscritos de duas comemorações em homenagem a Giosuè Carducci por ocasião de sua morte, ocorridas em março de 1907 e proferidas por uma mesma pessoa. Com a diferença de que a primeira comemoração foi pública, na sede de um círculo cultural, enquanto a segunda foi realizada numa Loja maçônica. E essa rara oportunidade de poder confrontar o que um maçom dizia no círculo de seus «Irmãos» com suas declarações públicas sobre o mesmo tema já é, em si, interessante, uma vez que permite captar os dois tons diferentes, a maneira diferente de lidar com questões ideológicas e culturais, de modo que, a partir dos dois documentos, colocados lado a lado, revela-se um quadro bastante completo de elementos profanos e de elementos sujeitos a duas diferentes conotações sagradas (a conotação geral, de domínio público, e aquela reservada a um círculo de seguidores, por mais que fossem laicos a maçonaria desses anos e, sobretudo, o grupo maçônico ao qual se dirigia e pertencia nosso orador).

O autor de ambas as comemorações (das quais reproduzimos os textos no apêndice: vamos citar o primeiro como A I e o segundo como A II; ao lado das siglas, há o número de página do manuscrito, indicado entre parênteses em nossa transcrição) foi professor de Letras na escola secundária, nascido em 1880. Ele não estava entre os primeiros fascistas, mas depois agiu como fiel funcionário do regime.

Examinemos esses textos, em primeiro lugar, para tirar deles o tipo peculiar de relação com o passado que está ali documentado. Em A I, o passado é representado, primeiramente, antes de Carducci, pela tradição cultural dos clássicos da literatura italiana; não todos, claro: mas especialmente Giuseppe Parini, como poeta moral, Vittorio Alfieri e, ao lado deles, como «grandes cantores da liberdade italiana» (A I, 8), tanto «Pier della Caravana, que em meados do século XIII encorajava os lombardos a resistirem contra Frederico II», quanto os poetas do *Risorgimento*, Goffredo Mameli e Giovanni Berchet. É muito estranho o fato de Dante não ser nomeado; mas a ausência de seu nome e, em segundo lugar, dos nomes de outros que também estavam entre as divindades de Carducci é um indício do que aquele passado representava para o orador (não esqueçamos: o professor de Letras, de quem se poderia esperar grande abundância de Petrarca, Maquiavel, Ariosto e Tasso). Tal passado era «pátrias gloriosas» (A I, 8), coisa de valor dentro da qual, afinal, não importava muito diferenciar nomes e figuras históricas. A insistência «foscoliana»[57] sobre os «sepultos ilustres» de Santa Croce (A I, 8) significa, sobretudo, isto: os túmulos de Santa Croce agrupam e uniformizam, na dimensão das «pátrias gloriosas», a coisa de valor. Percebe-se a necessidade ideológica de nivelar as diferenças que a história põe no passado e de dispor de um valor compacto, uniforme, substancialmente indiferenciado. E sente-se a convicção de estabelecer relação com tal valor recorrendo-se a locuções e estilemas que, não por acaso, serão, depois, os da retórica fascista: «um rosto masculino», «orgulho viril», «momentos históricos fatídicos»... e quase uma decantação das formas de Carducci, que, muitas vezes, eram tudo, menos banais, para tirar delas a quintessência da banalidade: «a energia indomável do grande», «o espírito alado voa», «a plêiade dos grandes que elevaram o nome da Itália», «fogo ardente no jovem povo italiano», «tantas mil espadas conflitantes». Esse é declarado o verdadeiro e legítimo modo de relação com o passado, em contraste com o «o poético vanilóquio das novas arcadas» (A I, 3), com a mitologia «adornada com babados arcádicos» (A I, 4). Em suma, há a convicção de que falar dessa maneira está longe de ser convencionalmente retórico (coisa de arcádicos) ou acadêmico («poderemos mostrar que os italianos não são tão acadêmicos e que nem sempre nossas comemorações são tagarelices perpetradas hoje, para serem colocadas, amanhã, na masmorra do esquecimento»,

---

57   Referente a Ugo Foscolo (1778-1827), poeta, escritor e tradutor italiano, autor de *Dei sepolcri*. [N. T.]

A I, 1). Essas banalidades são tidas como um modo de falar bem, grande e incisivo, precisamente porque se narram, em retrospectiva, não a história da língua e da literatura italiana, mas coisas de valor, amontoadas, indiferenciadas, como é prerrogativa essencial do sagrado. No entanto, nesse caso, o sagrado não é, de jeito nenhum, esotérico: todo o público do círculo de cultura em que foi realizada a comemoração conhece esse modo de falar e aprecia-o como o quase óbvio e extremamente generalizado falar bem, grande e incisivo. Além dos vários graus de talento oratório de cada convidado, cada ouvinte podia levantar-se, tomar a palavra e continuar com o mesmo tom.

Não há esoterismo nessa sacralidade, exceto em um sentido muito amplo, que, porém, não deve ser esquecido: partícipes da relação com a coisa valiosa, que é o passado das «pátrias gloriosas», são os italianos, não os estrangeiros, «os bárbaros» (A I, 9); e, de fato, embora não em teoria, nem todos os italianos, mas apenas todos os de cultura o suficiente para sentirem-se à vontade nas formas de discurso convencional do orador. Para os demais, paras os ignorantes, será necessário ensinar as frases recorrentes desse discurso; para as crianças, será necessário ensinar, desde o ensino elementar, que falar bem significa falar dessa forma. Assim, aumentará ainda mais o número de italianos que compreenderão a cultura como relação com a multidão indiferenciada e sagrada de coisas valiosas, que é o passado da pátria. Eles próprios tornar-se-ão cada vez mais culturalmente indiferenciados, massa, e um sacramento típico dessa comunhão com o valor indiferenciado será, então, todo o ritual de culto ao Milite

Ignoto,[58] também significativo pelo fato preciso de mostrar, implicitamente, a coincidência entre seu anonimato e morte. Vale a pena ler, para esse fim, textos oficiais dos anos 1920 e comemorações subsequentes.[59] A partir de todas essas páginas, torna-se evidente o motivo do valor (não apenas no sentido de «valor» militar, mas no de «coisa valiosa») indiferenciado na morte, assim como patrimônio de valor indiferenciado na morte eram consideradas as tumbas de Santa Croce. Todo o aparato para a designação do cadáver, que seria enterrado no «Altar da Pátria», é um exemplo de ritualismo *exotérico* que explica muito bem a passagem, sem muitos escrúpulos, do «luxo espiritual» nacionalista e militarista ao estritamente fascista. É exemplar, nesse sentido, a natureza sistemática das referências simbólicas e das hierarquias, posta em prática com a minúcia de um verdadeiro contador de secretaria de companhia militar e de símbolos. Foi estabelecida uma comissão de nomeação, composta de dois oficiais superiores (um general e um coronel), um oficial inferior (um tenente) e um oficial suboficial (um sargento), todos condecorados com uma medalha de ouro, mais um primeiro cabo e um soldado raso (estes, dado seu pertencimento à baixa força, foram condecorados apenas com uma medalha de prata). Esses senhores

---

58   Milite Ignoto, militar italiano cuja identidade é desconhecida, morto durante a Primeira Guerra Mundial e sepultado em Roma. Sua tumba situa-se sob a estátua da deusa Roma, junto ao Altar da Pátria, no Vittoriano. Seu sepulcro é extremamente simbólico, pois representa os mortos em guerra. Faz parte das comemorações pátrias oficiais na Itália. [N. T.]

59   Ver Otello Cavara, *Il Milite Ignoto*. Milão: Alpes, 1923; *Il Milite Ignoto*. Milão: Zucchi, 1937; assim como, entre os escritos posteriores à queda do regime, o artigo de Giulio Bedeschi, «Mio figlio, il Milite Ignoto», *Storia Illustrata*, jul. 1969, pp. 32-41.

escolheram um cadáver para cada uma das onze zonas de guerra; nas escolhas dos cadáveres, recorreu-se ao método dos pedacinhos de papel, misturados em um cartucho de balas de artilharia. Em seguida, quatro oficiais (condecorados com medalhas de ouro) acompanharam, diante do altar da Basílica de Aquileia, uma mãe de um soldado morto, que escolheu entre os onze caixões aquele destinado ao «Altar da Pátria». Na hora do sepultamento, uma medalha de ouro, beijada por Vittorio Emanuele III, foi pregada no caixão com um martelo dourado.

Na segunda comemoração, na Loja maçônica, o tom muda completamente. Nesse caso, também há um valor de base indiferenciado, que, porém, não significa «pátrias gloriosas», mas «liberdade de espírito» (A II, 3), «razão», «pensamento livre» (A II, 8). É um valor igualmente rígido, uniforme, sagrado, e a palavra «liberdade», que se repete continuamente em A II, não tem significado mais concreto do que «liberdade» em A I [a propósito de Alfieri: A I, 5]. A «liberdade», aqui também, é coisa valiosa, patrimônio sagrado a ser defendido à luz de uma relação com o passado: os tiranos, a «servidão». Aparentemente, no entanto, e no tom do discurso, a coisa é diferente. As massas (incluindo o público leigo da primeira comemoração) podem respeitar o patrimônio estável das «pátrias gloriosas», e só importa que essas massas tornem-se cada vez maiores: que todos aprendam, desde a infância, a escrever «o espírito alado voa», «a energia indomável do grande», com a crença de que o falar bem seja dessa forma. Porém, «aqui, no seio da família, que entra em sintonia com nossa honra por ter convivido com ele [Carducci]» (A II, 1), não se trata apenas de deixar de possuir esse patrimônio e de passar a sofrer sua força de achatamento.

É importante agir, ou pelo menos propor como ação sua conduta e a dos «Irmãos» maçônicos. A linguagem anticlerical, de violência notável, corresponde a esse aspecto dinâmico da relação com as coisas valiosas. Evocando a sombra de Carducci em batalhas contra padres, o orador diz com todas as letras: «vamos perpetuar tua guerra», «nós [...] os aniquilaremos» (A II, 9). Se anticlericalismo quisesse dizer automaticamente «esquerda», deveríamos atribuir posições de uma esquerda muito radical ao nosso orador, que fala do papa como quem fala do «corvo negro que, de Roma, corvejava», da Igreja como «esse templo de apatia, esse covil de fraudes, esse ninho de infâmias» (A II, 2), «bodega Católica Apostólica Romana» (A II, 4), dos sacerdotes como «raça suja» (A II, 5), «raça nefasta», «erva venenosa» (A II, 8). Essa sua suposta atitude de esquerda seria confirmada pelo fato de que ele, não na Loja maçônica, mas publicamente, na comemoração diante de todos, celebra «as sementes de progresso civil, que a Revolução Francesa trouxe» (A I, 6). A comemoração, reservada aos «Irmãos», apresenta como único tom político *explícito* um anticlericalismo moderadamente ressurgimental-patriótico. Diz-se, é verdade, que «os votos de todos os italianos estão voltados para o Capitólio» (A II, 2), entre tantas outras coisas; mas o destaque parece recair, sobretudo, sobre Carducci, «poeta de toda a humanidade, cujo objetivo era a luz, cujos inimigos, as trevas» (A II, 1), e sobre a Igreja, como inimiga da humanidade em geral. Os casos italianos emocionam, certamente, o orador, mas são apresentados como exemplos de uma história que envolve toda a humanidade: como se fosse animado por uma espécie de iluminismo internacionalista, adequado, além do mais, à ideologia maçônica. E ele explica, desde o início, aos «Irmãos» que, na comemoração anterior, a comemoração pública (à qual, entre outras coisas, algum «Irmão» já terá assistido: a cidade é pequena), considerou obrigação apresentar as coisas de outra forma, para destacar outros aspectos de Carducci, «como a ocasião solicitava» (A II, 1). Ali, em público, «o poeta da Itália nascente e ressuscitada»; aqui, em um círculo restrito, o «poeta de toda a humanidade». Deve-se deduzir que «como a ocasião solicitava» cobre realmente o papel de uma ficção? Que nosso orador acredita, sobretudo, nos valores internacionalistas, por assim dizer, e apenas por conveniência, para não se revelar exagerado, levantou sua voz em público sobre o tema patriótico? Com toda a probabilidade, não. Já nas primeiras fases da comemoração maçônica, quando menciona a comemoração pública anterior, ele deixa entender que tomou o discurso diante de todos como uma exposição de coisas nas quais acredita: «procurei, então, não sei se minhas forças concordam comigo, procurei, digo, apresentar o poeta combativo, o poeta da Itália nascente e ressuscitada» (A II, 1). O protesto de fraqueza de suas próprias forças é uma fórmula de modéstia quase obrigatória de boas maneiras, mas, na Loja maçônica, o orador certamente não a teria usado a propósito de sua comemoração *anterior*, se não tivesse sido considerada um discurso sério e sincero por parte dele e de seus «Irmãos». «Como a ocasião solicitava» deve, portanto, ser entendido literalmente, não como a cobertura de uma reserva profunda. Tanto o orador como — é presumível — os «Irmãos», que o ouviam, tinham que acreditar nos valores celebrados, seja na comemoração pública, seja na comemoração privada. Ambas as comemorações eram, de acordo com a opinião deles, sérias, sinceras; diferentes, apenas porque o público e as circunstâncias eram diferentes.

Em suma, deveriam integrar-se reciprocamente em vez de se contradizerem.

A possibilidade de conciliar duas ideologias aparentemente conflitantes, como as que informam as duas comemorações, e também de conciliar duas linguagens diferentes (porque, na primeira leitura, fica claro que na comemoração maçônica o orador deixou de lado a maioria de suas banalidades, para recorrer a um estilo que também será, ele próprio, retórico, porém mais incisivo, no mínimo pela violência anticlerical que o torna ruim), essa possibilidade provavelmente reside no fato de que os valores supostos e as fórmulas apropriadas para celebrá-los são, em ambos os casos, um aparato cultural técnico, voltado mais ou menos deliberadamente para um mesmo objetivo. Sob um primeiro aspecto, o mais superficial, o objetivo é comportar-se bem, respeitando as regras de etiqueta de convivência entre pessoas decentes, e que prescrevem, em primeiro lugar, dizer ao próximo somente o que querem ouvir.[60]
O público de um círculo cultural gosta de ouvir certas coisas, outras são bem-vindas em uma Loja maçônica. E o orador que fala em ambos os lugares, caso seja profundamente uma pessoa de bem, não só finge acreditar, às vezes, naquilo que diz, mas também realmente acredita em suas palavras, participa verdadeiramente, por outras, com todo seu ser, dos gostos e

---

60 Thomas Mann, *I Buddenbrook*, parte III, cap. 2: Tony Buddenbrook acusa seu futuro marido (e trapaceiro) Grunlich: «A ti, mamãe, e a ti, papai, disse *apenas* o que vocês gostam de ouvir, para ter a simpatia de vocês! 'Essa não é uma reprovação, Tony!', disse, de modo rude, o cônsul. 'Alguém se encontra na sociedade, entre pessoas que não conhece, mostra-se a partir de seu melhor lado, escolhe as palavras, e procura ser apreciado — entenda-se'».

dos humores do grupo que o escuta, e assim obtém aplausos e prestígio nesses lugares, causa uma boa impressão (o interesse em causar uma boa impressão e o desejo de inserir-se sem contrastes no grupo estão perfeitamente interligados). Contudo, há também um outro aspecto, que, em certa medida, condiciona o primeiro. Todo o aparato cultural colocado em prática (independentemente de suas contradições internas, ou, pelo menos, de seus diferentes estilos) torna-se tecnicizado, para que se possa dizer que tem uma cultura; ou seja, é transformado em uma cultura-fetiche, sacral e *exotérica*. Os elementos culturais são, por assim dizer, homogeneizados: nesse mingau, declarado precioso, mas também bem digerível por toda a classe medianamente educada, já não há contrastes reais, pontos reais, arestas e severidades. Seu veículo linguístico é composto de lugares-comuns, mas não de lugares-comuns da fala profana cotidiana, e sim de lugares-comuns decantados do falar literário. Essa linguagem de lugares-comuns de origem áulica é declarada como *modelo de clareza*, diz-se que *todos a entendem* e, de fato (embora devamos hesitar muito, aqui, no uso da palavra *entender*), não causa espanto, todos estão acostumados com ela. Não tem relação com a razão, nem com a história: nasce como algo valioso que é chamado de passado, mas que é tão historicamente indiferenciado que pode circular no presente. É explorável e é geralmente explorado como veículo da ideologia da classe dominante; porém serve para defender essa ideologia mesmo quando não mostra conteúdos ideológicos aparentes. É já em si mesmo por mais vazios que permaneçam, em alguns casos, os seus *topoi* recorrentes, instrumento eficiente dessa ideologia. É o elemento mais característico e difundido da cultura de direita: tem toda sua obscuridade, que é declarada como clareza, toda sua repugnância pela história, que é disfarçada como veneração do passado glorioso, toda sua imobilidade verdadeiramente cadavérica, que se finge de força viva perene. Em uma entrevista com Liala,[61] em 1974, o jornalista observa, talvez por conta própria, talvez parafraseando palavras da escritora, que ela usa uma «linguagem que todos entendem».[62] É necessário questionarmos até que ponto isso é verdade. Uma consideração subsequente do mesmo jornalista, que deveria servir de confirmação, insere, ao contrário, uma suspeita: a linguagem que todos entendem, todos «a assimilam a tal ponto que — quando escrevem a Liala — usam o mesmo vocabulário aprendido página após página, talvez soletrada ou seguida com o dedo». Isso certamente é verdade, e não é difícil imaginar o teor dessas letras: «São palavras como água de nascente que tudo lava».[63] No entanto, a imitação da linguagem da escritora por parte dos leitores é, em geral, a prova do exato oposto do que queremos provar no caso de Liala. O leitor adota o vocabulário e o estilo do escritor

---

61   Liala, pseudônimo de Amalia Liana Negretti Odescalchi (1897-1995), escritora italiana. O pseudônimo lhe foi dado por Gabriele D'Annunzio. [N. T.]
62   Marco Mascardi, «Il ritorno di Liala», *Grazia*, 27 out. 1974, pp. 42-7. A ocasião do artigo era o relançamento da escritora, que se preparava para publicar mais um romance e com uma mudança profunda em relação aos anteriores: «Até ontem Liala podia usar seis páginas para descrever o quarto e todos os flertes e os lençóis e as cem cores pelas quais uma dama estava rodeada à espera do senhor de todos os seus pensamentos. Depois, esse senhor chegou e, nesse ponto, Liala retirou-se discretamente. Portanto, a mudança está aqui: chega o senhor e Liala permanece. Para fazer anotações» (p. 42).
63   Ibid., p. 45. Assim, uma leitora escreve a Liala.

favorito porque encontra algo nele que ainda não possui, que, no fundo, não entende e que acredita entender exatamente porque esse algo não compreensível é, como tal, eficaz: atua, serve, infalivelmente desperta estímulos sentimentais, «cria uma atmosfera», satisfaz, ou seja, elimina dificuldades que vão das consequências do mau humor ou da frustração àquelas do esforço de pensar. *Entender* uma linguagem significa, então, apreciar (a ponto de adotá-la) uma linguagem que se mostra eficaz por não ser objeto de compreensão. Se fosse realmente compreensível, não teria efeito mágico, faria pensar, portanto trabalhar duro, e forçaria a treinar para conhecer o que acontece. A linguagem de Liala não é *entendida* por todos seus leitores; é, em vez disso, para todos seus leitores, um fetiche que serve para dar prazer, e especialmente o prazer que deriva da redução do cansaço de pensar, gozando dele como de uma liberação do que se é forçado a «entender» a partir das situações da vida cotidiana. Para os compradores dos romances de Liala, ou pelo menos para a maioria deles, que têm certamente pouca ou nenhuma familiaridade com outra literatura, não se apresenta a alternativa entre a linguagem de Liala e aquela, por exemplo, de Giovanni Verga, mas entre a linguagem de Liala e aquela falada ao redor deles, e a linguagem, além disso, da burocracia que os cerca de palavras escutadas por obrigação, sejam elas pronunciadas por funcionários ou impressas em documentos. Uma vez que a grande maioria dos leitores de Liala pertence ao proletariado ou à pequena burguesia, então vive mal, está continuamente exposta a brigar com as pessoas próximas e com as coisas, bem como a ser ferida por elas. Para seus leitores, a linguagem cotidiana das pessoas mais próximas é algo que pode transformar-se a todo instante (como realmente acontece) em agressão e coerção, ataques, obstáculos e dificuldades. É uma linguagem que, talvez, nem sempre requer ser «entendida» (de maneira mais racional), mas que sempre obriga a ouvi-la; e são cada vez mais raras as circunstâncias em que essa coerção torna-se agradável ou, de todo modo, produz algo claramente precioso: as poucas ocasiões em que se torna uma obrigação ouvir a linguagem dos afetos, e nas quais essa linguagem, por disponibilidade mútua dos interlocutores, «tudo lava».

A linguagem burocrática é, no mínimo, igualmente agressiva e cansativa: não só exige ser ouvida, mas também exige ser «entendida» (não importa, aqui, dissecar até que ponto sua suposta racionalidade é, como não parece ser, autêntica).

É necessário, então, retificar as palavras do jornalista. O valor da linguagem de Liala para seus leitores consiste não no fato de que «todos a entendem», mas no fato de que se pode não a escutar e de que, sobretudo, não se é forçado a «entendê-la». Não podemos silenciar, de repente, as pessoas ao nosso redor, não podemos fazê-las falar sob comando por nossa livre escolha: mas, com um livro, isso é sempre possível; só precisamos do dinheiro para comprá-lo: depois, podemos abri-lo e fechá-lo à vontade. Não podem ser, sem danos graves, não «entendidas» as linguagens que exigem ser «entendidas», porém a linguagem de Liala não quer ser «entendida», e, para gozar dela, basta permanecer no menos cansativo dos estados de entorpecimento da razão.

Aqui, de resto, talvez tenhamos insistido um pouco demais na cansativa qualidade racional do «entender». No entanto, o «entender» pode ser cansativo e atormentador não só como atividade racional. Em «entender», pensamos que há, também, um esforço de simpatia, de participação afetiva, que pode não ser apenas racional e que acaba sendo custoso, até tornar-se angustiante. Esse esforço também não é solicitado de quem deseja desfrutar da linguagem de Liala. É uma linguagem que não pede para ser «entendida» de forma alguma, se «entender» significa um esforço da razão ou da participação afetiva irracional. É a linguagem das férias planejadas, de quem tem o poder, em detrimento de quem não o tem, de modo que as férias são a cessação de todos os esforços, mas também pobreza de prazeres que contribuem para transformar o homem em um homem. Essa última expressão pode parecer retórica, e talvez seja mesmo, já que a linguagem que temos à disposição tende a transformar em ocasiões dessas férias, portanto em fórmulas que não há necessidade de «entender», as palavras mais importantes.

«São palavras como água de nascente que tudo lava» — «Quem jorra como uma fonte, o conhecimento reconhece». A primeira frase é uma citação retirada de uma carta dirigida a Liala; a segunda é a tradução de um verso dos *Sonetos a Orfeu*, de Rilke.[64] A leitora persuadida de entender a linguagem de Liala (e que a adota) sofre a ação daquele fetiche: para ela, conhecer significa «ser conhecido pelo conhecimento», isto é, sofre a ação de um fetiche que se apresenta como «conhecimento» da vida e que, para ser eficaz, requer, do devoto, a passividade e o abandono das defesas racionais. Portanto, apenas dessa maneira, apenas se a leitora permite-se «conhecer» a partir dessas palavras, se as aceita sem entendê-las, elas podem, para ela, «tudo lavar».

---

64   Rainer Maria Rilke, *Sonette an Orpheus* (1922), II, 12, v. 9: «Wer sich als Quelle ergiesst, den erkennt die Erkennung» [«Quem jorra como uma fonte, o conhecimento reconhece»].

O «conhecimento» não está nela, mas em outro lugar, ou seja, na linguagem; e, se ela «jorra como uma fonte», então silencia sua própria capacidade e necessidade de entender, o «conhecimento» finalmente a alcança, como a Graça.

Citamos um verso de Rilke não só porque, separado de seu contexto, pode servir para descrever essa situação, mas também porque justamente Rilke foi um dos escritores aos quais seus leitores e devotos, com certa frequência, dirigiam-se, escrevendo-lhe com sua mesma linguagem, «aprendida página após página» (embora essas páginas não tenham sido certamente «soletradas ou seguidas com o dedo»). Isso não significa que pensamos em colocar a produção de Rilke, em si e por si mesma, ao lado da produção de Liala. Significa, porém, que Rilke desempenhou, em muitos casos, para um público de condição social e de formação cultural «médio-altas», a mesma função de Liala para seu público de condição social e de formação cultural «médio-baixas». Do mesmo modo, significa que o esquema ideológico retirado do verso dos *Sonetos a Orfeu* corresponde à estrutura da linguagem de Liala, que «todos entendem», com a diferença de que Rilke estava apenas fingindo (nem sempre) acreditar que era compreendido, enquanto Liala sempre está certa disso. Isso indica tanto uma diferença de estatura intelectual como uma diferença de simpatia e de escrúpulos diante da sociedade que produz os fetiches «linguagem de Rilke» e «linguagem de Liala». No caso de Liala, o «conhecimento» pelo qual seus leitores são «conhecidos», quando o «jorram» — isto é, sua linguagem que «como água de nascente [...] tudo lava» —, é o produto, aceito pela escritora com grande simpatia e sem o menor escrúpulo, da sociedade industrial que possui fábricas de papel impresso, bem como fábricas de automóveis, e além disso, ela mesma é, ou pelo menos busca ser, com resultados concretos, uma fábrica de devotos de fetiches. Esse «conhecimento», a linguagem que todos entendem a ponto de serem conhecidos por ela, alimentou as fábricas de papel impresso com setenta romances, publicados desde 1931 até o presente, e fez com que existisse, «na Itália, uma escritora [Liala] tão lida que se chegou até mesmo a aconselhar um editor astuto para que lançasse um jornal, para que pudesse fazer uma entrevista com ela e para coletar confidências (e, por isso, o título *Confidenze*) dos milhares de leitores».[65] Esse «conhecimento», ao mesmo tempo, foi valioso para a fábrica de devotos de fetiches: «Por toda uma vida», diz Liala, «mostrei às pessoas o que normalmente só conseguem espiar atrás dos portões.» Acrescenta o entrevistador:

> Porque o grande truque dessa escritora é este: exceto em alguns casos, sempre descreveu ambientes, pessoas, situações, delicadezas de sua vida cotidiana. Nascida rica e nobre, casada com um rico e nobre senhor, amiga de ricos e nobres ou — no mais extremo dos casos — de abastados, limitou-se a transferir para suas histórias (mas sem complacência, e essa era a armadilha que foi capaz de evitar) seu próprio mundo. Acrescentando, por luxo, o amor.[66]

O verdadeiro fetiche, o que mais contribuiu para criar devotos com eficiência, não é, porém, o *bricabraque* dos mobiliários e das situações, mas a linguagem que emerge dele, a máscara

---

65 Marco Mascardi, «Il ritorno di Liala», op. cit., p. 42.
66 Ibid., pp. 42, 47.

realmente horrível, além de hipnotizante, graças à qual quem «soletra ou segue com o dedo» as palavras da página de Liala está convencido de que entende tudo. Está persuadido de que ser conhecido por esse conhecimento significa entender uma página escrita ou um discurso, e que sofrer passivamente essa hipnose agradável é o que deve fazer o cérebro de uma pessoa sensível e honesta («Aqui», diz Liala, «há uma carta de poucos dias atrás, uma garota me agradece, em pleno 1974, porque lhe dei força para resistir até o casamento»).[67] Diante desse tipo de fabricação industrial de uma linguagem fetiche e de suas vantagens para a sociedade que a promove, Rilke figura, às vezes, como um pobre coitado, além disso, atormentado ou realmente acidental. A «linguagem de Rilke» também era um fetiche e foi produzida por essa mesma sociedade industrial; mas, muitas vezes, o rendimento dos investimentos dessa sociedade é inversamente proporcional à estatura intelectual de seus homens de confiança. É verdade que muitos jovens oficiais, durante a Primeira Guerra Mundial, foram ao front com *Alfiere*[68] na mochila (e não pertenciam apenas aos exércitos de língua alemã: veja-se o lema de *Le scarpe al sole*, de Paolo Monelli).[69] Porém Rilke estava muito pouco confiante na possibilidade de ser entendido e acreditava muito pouco nas virtudes da sociedade que falava sua linguagem, para que ela conseguisse — mesmo independentemente de sua vontade — desempenhar uma função bastante ampla de fetiche eficiente. Era uma linguagem calibrada desde o princípio,

---

67 Ibid., p. 45.
68 Vittorio Alfieri (1749-1803), dramaturgo, poeta e tradutor italiano. [N. T.]
69 Romance publicado em 1921. Narra os acontecimentos vividos pelos *Alpini* — tropas de montanha do exército italiano —, convocados a combater durante a Primeira Guerra Mundial. [N. T.]

extremamente difícil e — quando se conseguia, de fato, descer às suas profundezas — muito inquietante e desagradável, a fim de que servisse para fabricar, em quantidade adequada, devotos da forma desejada: devotos ao não entendimento, que se sentem satisfeitos pelo fato de acreditar que entendem, como no caso dos fãs de Liala. A linguagem de Rilke tendia muito mais a fabricar devotos que não entendem *tout court*, devotos satisfeitos com a incompreensibilidade e com a inefabilidade do fetiche; porém não havia muitos devotos desse tipo: apenas um grupo aristocrático, restrito. Sem dúvida, a cultura de direita possuiu e ainda possui um setor do inefável, que, no entanto, ainda é o menos frequentado, sobretudo na Itália, e, como já dissemos, as febres ocultistas sempre contaminaram muito pouco a burguesia italiana (e, entre inefável e oculto, há estreitas relações familiares).

A linguagem de Liala é, em vez disso, a contrapartida direta da linguagem da primeira comemoração feita a Carducci, aqui analisada: em ambas as linguagens, o valor dominante, que consagra os fetiches, é o *luxo*; mas, na linguagem da comemoração, é um luxo de aparato heroico, patriótico, artístico e virtuoso, enquanto na linguagem de Liala é um luxo de robes, casacos de pele, carros, aviadores, mansões — um luxo que realmente significa dinheiro e estilo de ricos. Luxo espiritual e luxo material. E, enquanto se permanece no contexto da direita profana, *exotérica*, sem «tarefas inúteis», mas com muitíssimas tarefas *úteis*, social, econômica e politicamente eficientes, todo suposto vanilóquio tem uma função concreta pretendida — nem que seja para vender papel (e não é algo trivial) —, que, no entanto, é continuamente superada por uma função concreta menos prevista pelos «vaniloquentes»: portanto, dar valor ao luxo espiritual, a um aparato ideológico eficiente, que tem seus momentos de crise, significa correr o risco de ser muito sem graça para os novos tempos e para as novas gerações, mas, ainda assim, sua função é desempenhada: retoma, em seu vazio que surge bruscamente, a brutalidade que já estava nele e que se tornou *passée*.

Pode ser o puro vazio, aquele que só oferece espaço em conjunções entre cultura e consumo, formas esterilizadas de luxo espiritual e material. A linguagem da publicidade dá inúmeros exemplos disso. Aqui citaremos apenas um longo artigo publicitário, preparado por uma empresa de Londres, produtora de vinho do Porto, e publicado em várias revistas italianas em 1974. O texto italiano é certamente uma tradução do inglês (o filólogo descobre-o imediatamente) e, por isso mesmo, é duplamente interessante. Revela muitas coisas que dizem respeito seja ao autor, seja ao tradutor (alguém que trabalha para a publicidade, que não é um ótimo tradutor, mas que, justamente pela obrigação de ter adaptado, com alguma dificuldade, o texto em inglês à linguagem publicitária italiana, tornou esta última quase transparente). O artigo intitula-se: «Parla uno dei maggiori esperti di *Porto: un vino leggendario*».[70] Parece que estamos no cinema, assistindo a um documentário. As palavras em itálico (no texto) são o verdadeiro título do documentário, e, logo que começamos a leitura, o estilo do autor evoca irresistivelmente o som da voz de barítono que comenta as imagens de paisagens na tela:

> É, aqui, então, na incrível, iridescente e atormentada história do vale do Douro que criam raízes e amadurecem as

70 «Fala um dos maiores especialistas de *Porto: um vinho lendário*». Publicado em *Grazia*, 22 dez. 1974, pp. 108-10.

vinhas do famoso e cobiçadíssimo Porto; é, aqui, em condições ambientais extremamente singulares, que o Porto recebe seu certificado de nascimento, autêntica glória portuguesa.

Se discutimos o estilo usado na escola do marquês Puoti, procedendo das formas mais condenáveis aos pecados veniais, devemos observar, em primeiro lugar, que esse «incrível» é realmente muito forçado. Por que «incrível»? A explicação aparente é esta: o vale do Douro é gelado no inverno e quentíssimo no verão — o que pode ser tudo, menos incrível. A verdadeira explicação é outra: para dizer que faz muito frio no inverno, o autor fala do «gelo terrível» (autor ou tradutor não tiveram a imaginação necessária para a opção «era glacial arrepiante»), e, para especificar o que faz «o sol ardente do verão», ele ressalta que «a rocha pega fogo e a terra seca». Gelo e sol não poderiam ser evocados de outra forma, uma vez que «nem sempre a fantasia foi além da realidade. Isso porque, por muitos aspectos, o fenômeno Porto ainda permanece como um dos mistérios invioláveis dos quais a natureza é a única depositária».

O «fenômeno Porto» e os «mistérios invioláveis» são os elementos de um estilo híbrido, do qual recorrem inúmeros exemplos em nosso texto: o Porto tem «caráter íntimo», «confidencial», mas também é um «fabuloso, mítico vinho nascido nas gargantas inacessíveis»; há trechos típicos de crônicas que narram a vida rural:

> Portanto, em um setembro quente e ensolarado, o vale do Douro agita-se. [...] Em um clima de alegria saudável e fresca, os carregadores, com os ombros curvados sob o peso dos cestos superlotados, presos por uma alça especial que envolve a

testa, seguem em fila indiana pelos caminhos que levam até as adegas. A fila torna-se mais longa com a presença de mulheres, idosos e crianças que alimentam o clima festivo da colheita.

Além disso, também há «o 'personagem' R.» [presidente da empresa], que declara: «Fiel a essa filosofia empresarial, nossa mensagem, em todos os lugares, baseou-se e continua a basear-se em vinhos de alta qualidade»; e há o retrato desse personagem, «que está agora no topo da pirâmide», retrato em que o antigo e o novo fundem-se, bem como a crônica rural e a «filosofia empresarial», a «mensagem» da empresa: «o modo aberto e afável, o traço senhoril, a ductilidade e a força dialética do empresário moderno» que «não desistiu de acreditar na beleza das coisas simples e genuínas». Ele, na verdade, é fotografado tanto «à mesa de trabalho» como em pé, diante da reprodução de uma antiga embarcação «que, no passado, servia para transportar os barris», ao lado de uma roupa velha de visigodo: na vela do barco, está escrito o nome da empresa, «Est. 1678».

Com «o 'personagem' R.», começamos, de resto, a preencher um vazio de luxo espiritual, quase não muito crível e *passé*, com figuras adequadas de grandes homens (em cuja adequação intervém, não por acaso, o luxo material: riqueza, carreira e aristocracia vitalícia). É exemplar «Luca, marquesinho dos carros de corrida», cuja história é narrada por um artigo de 1975.[71] O personagem em questão é diretor esportivo da fábrica de automóveis «X». Mas não é ele que nos interessa. Concentremo-nos, antes, no estilo do jornalista, porque o encontro redentor

---

71 Marco Mascardi, «Luca, marchesino dei bolidi», *Grazia*, 28 set. 1975, pp. 4-5.

entre o luxo espiritual *passé* e o luxo material atualíssimo implica irradiações estilísticas e semânticas, se assim podemos dizer, que devem explicar, ao leitor, como o discurso das comemorações a Carducci passa a cheirar a mofo, enquanto a essência do luxo espiritual permanece intacta e é sempre suscetível a hipóstases concretas, graças ao luxo material que rodeia o grande homem profano e *exotérico*. «É uma bela história para ser contada desde o início», diz o jornalista. Infância: o futuro «marquesinho dos carros de corrida» é educado, «pode-se dizer, à moda antiga: na família, a média oito é considerada normal», e ele «não deseja motocicletas ou passeios caros». Porém nosso personagem compra, às escondidas, um 500 de corrida,[72] chega em quarto lugar em uma determinada competição e, segundo o jornalista (perceba o estilo): «em uma corrida como aquela, ou se é muito bom, ou não se chega em quarto». Depois, o campeão passa a estudar e gradua-se em Direito, «prepara-se também para o exame para procurador, mas fica entediado». Por quê? Aqui se encontra a resposta:

> Suas evasões esportivas são como espectador, mas tudo o interessa: futebol, atletismo, basquete e, naturalmente, automobilismo. Não se interessa por hipismo. Na realidade, percebe que a atividade jurídica não o satisfaz.

No entanto, acrescenta o jornalista (e, novamente, atente-se ao estilo), em 1969, quando nosso personagem chegou em

---

72 Fiat 500 («Cinquecento»), modelo de minicarro fabricado pela Fiat, na Itália, entre 1957 e 1975. No caso aqui tratado, o autor se refere ao modelo 500 SPORT, lançado em 1958, cuja velocidade superava os 105 km/h. [N. T.]

quarto lugar na corrida, «*uma coisinha aconteceu*»: convidaram-no à Radiodue 3131, para «explicar como se torna um piloto de *rally*». O proprietário da fábrica X acompanha a entrevista. E esse senhor, que convoca nosso personagem para uma conversa, é uma figura excepcional:

> Uma conversa com X é imprevisível: o engenheiro sabe falar por horas das mais diversas coisas, com uma competência e uma segurança que lhe permitem, até mesmo, não ser, às vezes, modesto. Fascinante.

Mas não menos fascinante é nosso personagem: «Tem o ar muito sério, composto, um tato natural, a segurança de um cavalheiro de raça». No discurso, que é «o voo de um falcão», a cultura e a virtude heroica têm seu devido lugar:

> X lembra que foi um Y [o sobrenome de nosso personagem] que foi o primeiro a usar a imprensa em Mondovì,[73] vinte anos antes de Colombo descobrir a América. Depois, diz para si mesmo: «Também há um Y nas Fossas Ardeatinas».[74]

E, assim, nosso personagem, jovem como é, tornou-se diretor esportivo da empresa:

---

73 Comuna italiana da região do Piemonte, província de Cuneo. É uma das cidades condecoradas com valor militar por sua população ter atuado na Resistência partigiana, durante a Segunda Guerra Mundial. [N. T.]
74 Lugar em que ocorreu o massacre de 335 civis italianos por tropas de ocupação da Alemanha nazista, em Roma, no dia 24 de março de 1944. [N. T.]

Y diz a X: «Eu ouço e os relato; depois, Você vai decidir e eu direi o que você quiser». X sorri: «Não telefone para ninguém: ouça, decida. O que fizer, estará bem-feito». É a grande investidura. No devido tempo, é assim que se torna um Cavaleiro do Rei.

HEROÍSMO E CASTIDADE. GOTTA, BROCCHI

Luxo «espiritual» de aparato heroico e virtuoso, diríamos quase «luxo de grandeza na pobreza», e luxo da riqueza material estão unidos de modo exemplar em uma das páginas mais significativas da literatura inspirada no fascismo, um trecho para o qual seria natural falar de *kitsch*, se o conceito de *kitsch*, por ser impreciso, não implicasse também certa suspeita de valores recuperáveis que, aqui, precisamente, não existem. É uma passagem final do romance *Ombra la moglie bella* (1926), de Salvator Gotta. O enredo, no que nos interessa, será logo resumido. Um grande industrial está aflito por causa de um ciúme muito mórbido e, substancialmente, injustificado pela esposa, que se sente tão atormentada que acaba, mais ou menos voluntariamente, dando um tiro em si mesma. Porém a mulher não morre; e, enquanto está entre a vida e a morte, o marido, ainda aflito, acredita que não pode faltar a uma reunião com Mussolini, agendada para aquela mesma noite no Palácio Veneza. Irá tratar, com o Duce, de seus projetos industriais. A página sobre a qual nos queremos deter é precisamente a do encontro entre eles; e certamente, podemos logo dizê-lo, Gotta escreveu-a tomando como modelo a passagem de *Il Santo*, na qual Fogazzaro[75] narra a conversa noturna entre o «santo» e o papa no Vaticano. O luxo «de grandeza na pobreza», que dominava a comemoração a Carducci não porque nela se falava das precárias finanças do poeta, mas porque o orador concedia a si mesmo e ao público um passeio por luxos espirituais de grandeza, heroísmo, poesia e virtudes completamente alheios a qualquer dimensão concreta da história, e recorria, por isso, à cultura homogeneizada, aos *topoi* do passado tornado inexistente, sem nenhuma referência a luxos materiais —, o luxo «de grandeza na pobreza», o luxo espiritual, aparece, nas primeiras linhas de Gotta, materializado em imagens de pobreza concreta, à qual confere grandeza o espírito do herói, que paira sobre ele, assim como a noite, que atua como um elemento alienante: durante o dia, tudo seria diferente. Já que a reunião é privada e ocorre, como já foi dito, à noite, nosso industrial não entra no Palácio Veneza pela porta principal, mas por «uma das portinhas», e não encontra nenhuma opulência, mas sim «uma escada estreita e mal iluminada, [...] uma pequena sala sem adornos na qual há apenas uma modesta escrivaninha e uma prateleira empoeirada».[76] Dessa forma, a noite realiza a sutura entre o luxo espiritual e o material; ele espera em uma varanda, no escuro: «A noite é amena e serena, e o silêncio, entre as sombras das arcadas e a escuridão das palmeiras lá embaixo, é solene. Meu coração permanece em pura calmaria». Nessa noite,

---

75 Antonio Fogazzaro (1842-1911), escritor e poeta italiano. O romance *Il Santo* foi publicado em 1905, e, em 4 de abril 1906, o livro foi condenado por um Decreto da Congregação do Índice. [N. T.]
76 Salvator Gotta, *Ombra la moglie bella*. Milão: Baldini & Castoldi,1926. Essa citação e todas que seguem sem indicação foram tiradas das páginas 327-37.

«abre-se, de repente, uma porta» que leva ao luxo muito concreto, como o de Liala:

> [...] no retângulo de luz, surge um jovem que me faz uma reverência, pronuncia, em voz baixa, meu nome e depois convida-me a segui-lo por alguns salões suntuosíssimos, de tetos com vigas pintadas, de paredes adornadas com imensas tapeçarias antigas.
> Ao lado de uma porta dourada, faz um sinal para que espere, enquanto ele entrefecha a porta e desaparece com seu passo levemente suavizado pelos tapetes.

A partir daí, quando os dois luxos, espiritual e material, unem-se, nosso industrial dá prova de um autêntico *raptus* erótico diante de Mussolini:

> Agora não consigo mais pensar em nada além do encontro iminente: a emoção provoca-me impaciência, vejo meus dedos agitadíssimos, quase loucos, tateando o encosto de um sofá ali curvado, na penumbra. [...] Ele analisa com seus grandes olhos negros meu rosto pálido. [...] Senta-se pousando suas belas mãos finas e brancas sobre a mesa. [...] A ampla testa marmórea, os olhos grandes, negros e como se iluminados por uma chama interna, os lábios carnudos, as fortes mandíbulas, como as de Beethoven, provocam em mim uma espécie de pânico amoroso, uma ebulição de entusiasmo ativo, uma necessidade prepotente de parecer-lhe digno, de ser-lhe útil, um senso de devoção que poderia levar ao sacrifício de minha vida: por Ele, por sua pessoa mortal. «Excelência», digo, imediatamente tomado pelo vórtice da paixão.

Páginas desse tipo certamente despertaram o gozo irado de Carlo Emilio Gadda, em *Eros e Priapo*; para não mencionar as satisfações que seriam oferecidas a uma leitura psicanalítica do simbolismo fálico, ao fim do encontro:

> Sua mão [de Mussolini] repousa levemente em um corta-papel afiado e pontudo como um punhal. [...] Suas frases são diretas e agudas como uma lâmina de aço: penetram em meu coração, uma a uma. [...] O momento da despedida desperta, de repente, meu orgasmo.

Parece que ouvimos a fala de Lady Chatterley.[77] Também em Liala, além de tudo, o luxo é cúmplice quase óbvio de erotismo. Mas, em Salvator Gotta, o *raptus* erótico é causado não apenas pelo luxo material, mas também por sua conjunção com o luxo espiritual — e, de fato, tem-se a impressão de que o segundo prevalece sobre o primeiro. Ou melhor: em Liala, o luxo é geralmente o cúmplice do homem que seduz a jovem, enquanto, em Gotta, o luxo material viril do homem, que deve seduzir os homens, é acompanhado de seu luxo espiritual e de uma condenação por imoralidades heterossexuais. Basta pensarmos que o nosso industrial escreveu à esposa uma carta emocionada, que assim terminava:

> O espetáculo da humanidade pecadora angustia-me. Criaturas inteligentes, cultas, educadas, regidas por princípios

---

77 Referente à novela *O amante de Lady Chatterley*, de D. H. Lawrence, impressa confidencialmente, em Florença, em 1928. A narrativa provocou escândalo por suas cenas explícitas de sexo. [N. T.]

saudáveis, publicamente honestas e virtuosas, rendem-se, em segredo, dia a dia, à sedução dos sentidos, definham suas vontades em torturas vãs de alcova, degradam-se moralmente diante de si mesmas, enfraquecendo-se nos braços de mulheres impuras. Não seremos um povo de vencedores se não enfrentarmos e resolvermos nosso problema moral. É necessário que o expurgo comece entre as classes cultas, as mais responsáveis.

Eu te beijo com toda a minha alma.

Teu Dario.[78]

É quase inútil sublinhar que o «problema moral» é exclusivamente o «problema» sexual, ou mais simplesmente: as relações sexuais fora do casamento. Do mesmo modo, em Liala, que se lembra precisamente da carta que lhe fora escrita «em pleno 1974» pela garota a quem seus romances deram «força para resistir até o matrimônio». Da mesma forma, como vimos, em Gotta. Igualmente em um romancista que, caso sejam observadas suas posturas políticas, não pode ser definido como fascista: Virgilio Brocchi. Dele mencionaremos apenas um romance, *Secondo il cuor mio* (1917-1918):[79] especificamente esse romance, porque ele deveria ser um documento de cultura não de direita, uma vez que o autor, então assessor de ensino superior na junta Caldara (socialista) de Milão, sentiu-se provocado

---

78 Salvator Gotta, *Ombra la moglie bella*, op. cit., p. 64.
79 Publicado originalmente com o título *Casa di pazzi casa di santi*, de setembro de 1917 a fevereiro de 1918, nos apêndices de *Mondo*, e, depois, reunido em um volume com o título que retoma a epígrafe dos Atos dos Apóstolos, *Secondo il cuor mio*. Milão: Mondadori. Nossas citações foram tiradas da edição de 1930.

por uma citação do juiz de instrução, que manifestava a imputação de derrotismo e excitação explícita dos soldados italianos diante do inimigo.[80] Na verdade, o romance é bastante antimilitarista, embora cheio de bons sentimentos patrióticos: o personagem principal, uma espécie de «santo» ou, talvez, de idiota dostoievskiano, recusa-se a usar armas e participa da guerra apenas como carregador de feridos. No entanto, mesmo para esse personagem, o «problema moral» dominante é, sem dúvida, o fato de ter, como amante, uma mulher casada. O auge do problema dá-se em uma sala de estar, na qual se vê uma pele de urso sobre o chão:

> Gigi estremeceu, murmurou: «Sentia-me engolida pela vertigem: tinha medo do mal que te fazia, medo da luz...» [...] Ele largou a mão lânguida e sentiu que ela afundava no pelo do urso estirado no chão; uma pontada atravessou seu coração: ali, a paixão dos sentidos igualava-os à besta e fincava-os, brutos, no chão.[81]

Note-se que, no romance de Brocchi, o luxo material é geralmente bastante pecaminoso, enquanto o luxo espiritual impera triunfante, da primeira até a última página. Essa dominante de nexo espiritual, contraposta à «paixão dos sentidos», que os finca, «brutos, no chão», e, no caso de Gotta, à «sedução dos sentidos» e às «torturas vãs de alcova», compõe-se, em ambos os romances, de visões sociais que são tudo, menos

---

80 Ver Virgilio Brocchi, «La storia del mio processo», publicada no apêndice de *Secondo il cuor mio*, op. cit., pp. I-XI.
81 Virgilio Brocchi, *Secondo il cuor mio*, op. cit., pp. 129-30.

contrastantes, apesar da diferente orientação política pública dos dois autores, tanto que provoca a suspeita de que há uma relação precisa entre a tendência de considerar como único ou sumo «problema moral» o adultério ou coisas afins, e as fantasias luxuriantes espirituais em torno de formas de vida hostis à sociedade industrial. No romance de Brocchi, que começa com quadros muito sombrios das lutas operárias na primeira década do século XX (há até mesmo um padre, considerado mau, que é queimado pelo sindicalista em um forno de queima de vidro), a imagem de redenção da sociedade é a seguinte: a irmã do «santo», Letizia, uma cantora famosa, mas também pacifista, feminista e anarquista, compra vastas terras na Austrália, para onde se muda com a família:

> [...] construíram, do outro lado do oceano, uma colônia maravilhosa de agricultores, de criadores, no meio de planícies ondulantes de trigo enormes como lagos, entre mares de forragens que descem das florestas de eucaliptos, sob a borda dos Alpes azuis, que declinam em direção aos lagos, povoados por rebanhos, em grande silêncio.
> [...] a grande família de Leoni fundou a Colônia Letizia, com um regimento quase comunista.
> A utopia ardente de Letizia inspirou-a; cem vezes viu-a em perigo a confusa aspiração sindical de Mauro [que havia queimado o padre na Itália] e de Polimando; mas havia terminado de salvá-la e governá-la a calma sabedoria de Melchí e de seus filhos [o velho tio e sua família camponesa tradicional].[82]

---

82 Ibid., pp. 87, 156.

Esse abandono da sociedade industrial, com o retorno a formas de vida agrícola e pastoril e, apesar do «regimento quase comunista», a evidente recuperação da velha «calma sabedoria» camponesa, que dificilmente teria sido «comunista», não contrastam de forma alguma com o núcleo ideológico dos projetos do industrial de Gotta, que, na fatídica noite, discursa com Mussolini da seguinte maneira:

> Eu construí meu melhor empreendimento industrial já sem acreditar na utilidade social do capitalismo. Sou um herege de minha fé de ontem. Acredito que o regime capitalista, historicamente justificável em uma sociedade dominada por princípios materialistas, começou a declinar a partir do dia em que Vocês implementaram, na Itália, as Corporações Sindicais; Vocês vão dar o golpe de misericórdia nelas no dia em que valorizarem as Corporações de Artes e Profissões. [...] Devemos devolver à Itália as falanges dos trabalhadores manuais: ouro, ferro, madeira, couro e argila.[83]

E já havia dito, durante uma conversa com um amigo:

> Todas as máquinas são, para os operários italianos, instrumentos de tortura. [...] O século passado proporcionou-lhes as utilidades do corpo, voltamos à alegria do espírito.[84]

Acrescentamos que, em ambos os casos, para Brocchi e Gotta, a fuga da sociedade industrial ou os projetos de sua

---

83 Salvator Gotta, *Ombra la moglie bella*, op. cit., pp. 331-2.
84 Ibid., pp. 48-9.

superação (na direção de formas de vida rural ou artesanal, intocada pela máquina) representam, explicitamente, não apenas uma redenção da vida social, mas também, para os protagonistas dos dois romances, a única solução possível para o «problema moral», isto é, seus problemas amorosos. Refugiando-se na Austrália, na colônia agrícola, o «santo» de Brocchi escapa do amor adúltero; expondo a Mussolini o seu projeto de «alegria do espírito» para os operários italianos transformados em «trabalhadores manuais», o industrial de Gotta redime-se da «materialidade das obrigações e dos prazeres normais»[85] e, no fim da reunião com o Duce, vai imediatamente ao encontro de sua esposa, seja porque descobre que foi salva após a tentativa de suicídio, seja porque vê, novamente, sua alma livre do ciúme (e reencontra sua esposa livre de seus flertes mais ou menos casuais). A vitória do luxo espiritual é, ao mesmo tempo, renúncia à máquina e isenção de responsabilidade, ou, em todo caso, isenção de participação ciumenta nas «torturas vãs de alcova». E, aqui, temos a impressão de que se pode capturar esse processo da cultura de direita sobre o qual discorríamos: a gênese e o uso do luxo espiritual e da linguagem que lhe correspondem. Luxo espiritual é, precisamente, nesses casos, assim como na comemoração a Carducci que mencionamos, rejeição do «materialismo», homogeneização da tradição cultural e das características históricas e contradições do passado e, além disso, composição, em forma de mingau, de fetiches positivos e negativos. O material com o qual os fetiches são modelados é tão indiferenciado que chega a permitir conciliações ideológicas aparentemente mais contrastantes: o orador que comemorou

---

85   Ibid., p. 328.

Carducci poderia tranquilamente conciliar república com monarquia, patriotismo e nacionalismo com «internacionalismo» maçônico, não encontrando, posteriormente, grande dificuldade para conciliar as «sementes do progresso civil, que a Revolução Francesa havia ostentado», com o fascismo.[86] O fascista Gotta e o socialista Brocchi acabavam encontrando-se em posições não muito diferentes, quando enfrentavam os problemas essenciais. As fisionomias dos fetiches individuais eram, sem dúvida, determinadas por situações contingentes, em que se encontravam seus vários modeladores; porém todos esses fetiches têm certo ar familiar, como se estivéssemos em uma daquelas feiras de pães nas quais há bonecas, tranças, galos e rosas, que são, igualmente, pães. A matéria sobre a qual opera o luxo espiritual é sempre a mesma: um passado que não existe.

86 Tal como mais tarde ele teria, de alguma forma, reconciliado seu anticlericalismo maçônico com a Concordata. Ver Giuseppe Attilio Fanelli, «Mussolini di fronte al Cattolicesimo», *Antieuropa*, 1º ago. 1930, pp. 1274-9. No mesmo número da *Antieuropa*, lemos (pp. 1329-34) um artigo de Giuseppe Lo Duca, «Una sintesi spirituale americana», que termina da seguinte forma: «Não é inútil encerrar esta minha primeira investigação espiritual apontando um efeito da civilização sem ordem moral: além do grande número de ateus, a América abriga cerca de um milhão de criminosos em grande estilo». Não será inútil lembrar que as apostilas de Momolina Marconi, *Guida alle storie delle religioni*, pesquisa universitária da Universidade dos Estudos de Milão, 1975, começam com estas palavras (p. 3): «Afirmo que o ateísmo é uma experiência individual, não de um grupo, isto é, da sociedade, pequena ou grande que seja. (Caso alguma vez uma imposição de ateísmo possa ter vindo de indivíduos.)». No mesmo texto, por outro lado, lemos sobre a religião romana, definida por alguns como ritualística e pobre de mitos: «Aqui fica a questão em aberto: se isso se deve *à raça, isto é, ao homem-tecido*, se isso se deve à contribuição grega etc.» (Ibid., grifo nosso).

Tudo o que o passado foi tornou-se uma massa que pode ser modelada e cozinhada como se deseja: a matéria, por excelência, dos mitos técnicos, o autêntico «eterno presente» cuja apologia Mircea Eliade escreveu, declarando-o aquilo que salvou os homens do suicídio ou da esterilidade «espiritual» por tanto sofrimento.[87] E, sem dúvida, como em toda manipulação de materiais mitológicos, teve um peso considerável o elemento religioso: antes de tudo, a vingança do catolicismo, que reafirmou quase triunfantemente seu vínculo com a sociedade burguesa, da qual emergem um Gotta ou um Brocchi, propondo, como «problema moral» por excelência, o pecado da carne, as «torturas vãs de alcova». O fetiche negativo do adultério, ou, pelo menos, de como Liala ensinou sua leitora a «resistir», é feito da mesma massa do fetiche «sociedade industrial»: em ambos os casos, são fetiches eficientes, mitos tecnicizados, que servem para desviar a atenção das reais responsabilidades, uma no âmbito social, portanto pública, outra no âmbito privado, ou seja, familiar. O ciúme mórbido do protagonista do romance de Gotta, que leva, explicitamente, os dois fetiches ao tema único da propriedade, já é, por si só, revelador. O adultério é o «problema moral» porque, no contexto da vida privada, é um problema emblemático de propriedade lesada. Mas também as fugas ou os propósitos de renovação da sociedade industrial, a mesma declaração extremamente fascista do industrial de Gotta, «construí meu melhor empreendimento industrial já sem acreditar na utilidade social do capitalismo», são um ato de devoção ao fetiche (e à realidade concreta) da propriedade, que passa a ser tão venerável que só pode ser espiritualizada

---

87 Ver pp. 37 ss.

sem ser, de jeito nenhum, afetada. «Espiritualizada» significa apenas: transfigurada em fetiche modelado com o mingau do passado e, portanto, conciliável com outros fetiches, como a colônia de «regimento quase comunista», que vive graças à velha «calma sabedoria» camponesa, ou como a sociedade de artesãos sem máquinas. As vidas dos protagonistas dos romances de Gotta e de Brocchi são vidas de santos, tentados como todos os santos, recém-chegados ao porto do luxo espiritual, para o qual o passado é um presente eterno e sagrado, mas certamente *exotérico*. Para Gotta, o *exoterismo* desse passado torna-se um privilégio racial:

> E então, Claudio, se você também pensa assim, se você também acredita na imutabilidade de certas leis eternas para a alma humana, se acredita no mistério que preencheu nossa terra de sol e beleza, nossa raça de genialidade e poesia, por que não se lembra do tempo que encontrou as instituições mais consoantes com a alma de nossa raça?[88]

Gotta é um católico não só seguidor de Fogazzaro,[89] mas também fascista católico:

---

88 Salvator Gotta, *Ombra la moglie bella*, op. cit., pp. 46-7.
89 Além da imitação de *Il Santo*, em *Ombra la moglie bella* (a conversa noturna que citamos, na qual a noite tem, não por acaso, a função «wagneriana», «tristânica», da noite no livro de Saint Loup, *I volontari europei delle Waffen-SS*, ver p. 67), leiam-se as declarações de Salvator Gotta sobre sua dívida com Fogazzaro, em *Ter maestri (Fogazzaro, Giacosa, Gozzano)*. Mondadori: Milão, 1975. Nesse livro da velhice, Salvator Gotta diz, com franqueza involuntária, que estudou as páginas de Fogazzaro «como eu teria esquadrinhado, se me fosse possível, o ventre de minha mãe», a fim de descobrir como produzir «os efeitos mais pessoais e mais eficazes para

Nós nos reconectamos com a concepção católica, que confere às sociedades, como frações da espécie, objetivos e vidas para além dos objetivos e das vidas dos indivíduos, incluindo, em vez disso, os da série indefinida de gerações projetadas no tempo.[90]

«Raça», «espécie»: declara mais tarde Farinacci: «Nós, católicos fascistas, [...] digamos para o conforto de nossas almas que, se como católicos tornamo-nos antissemitas, devemos isso aos ensinamentos que recebemos da Igreja durante vinte séculos».[91] Quanto ao mingau do passado e ao luxo espiritual, não ficam para trás os judeus fascistas cujos olhos foram abertos apenas no último dia, como Ettore Ovazza escreveu em *Diario per mio figlio* (1928):

Às vezes, na virada turbulenta dos séculos, nasce um homem que pode proclamar-se pastor dos povos, e esse homem é adorado e divinizado. Assim nasce Moisés, que dá ao mundo o conceito de um Deus único e as tábuas fundamentais da vida civil, assim nasce Jesus de Nazaré, que, em face dos desvios da doutrina e das iniquidades dos tempos, lança o grito de libertação e de redenção para todos os perseguidos e começa a maior Revolução da História. Assim nascem Maomé

---

superar a inconstância dos leitores», e especifica que, para ele, encontrar o modo de «superar a inconstância dos leitores», ou seja, vender milhares de exemplares de seus romances, significava «mergulhar na misteriosa consciência da arte».

90 Salvator Gotta, *Ombra la moglie bella*, op. cit., p. 49.
91 Roberto Farinacci, *La chiesa e gli ebrei*. Cremona: Cremona Nuova, 1938, p. 7.

e Gautama Buda. [...] Além dessas grandes figuras, que pertencem a todos os povos e à história dos seres humanos, existem grandes figuras na história das várias nações. [...] Aos profetas e aos autores de nosso *Risorgimento*, a guerra mundial trouxe à tona uma legião de heróis brilhantes, e especialmente exaltou dois grandes espíritos: Gabriele D'Annunzio e Benito Mussolini.[92]

Com Ettore Ovazza, voltamos tanto ao orador que comemorava Carducci[93] — a evocação de Jesus de Nazaré como portador de valores não diferentes dos valores de «grandes espíritos» do *Risorgimento* (muito provavelmente, Ovazza também era maçom, pelo menos no princípio de sua atividade) — como a Liala: o luxo espiritual, em suas páginas, não exclui o luxo material. São páginas de diário de um banqueiro, e, portanto, é quase óbvio encontrar ali memórias felizes de salões e de mansões; porém a coincidência com Liala é precisa (excluídas, entenda-se, em um diário para o filho as alusões a seduções) nos louvores ao estilo de vida dos ricos e nobres. Nesse caso, há um luxo espiritual adequadamente moderado pelo luxo material, que, de resto, é enobrecido pela aura da história, ou seja, pelo passado transformado em mingau. A visita do industrial de Gotta a Mussolini é uma criação da fantasia, ou seja, é imaginação de um pequeno-burguês que traduz suas ambições no encontro do luxo espiritual com o luxo material. Em Ovazza,

---

92   Ettore Ovazza, *Diario per mio figlio*. Turim: STEN, 1928, pp. 105-6. Ovazza, um dos principais promotores da corrente judaica fascista e do grupo em torno da revista *La Nostra Bandeira*, morreu com a família, assassinada pelos alemães.
93   Cuja família tinha, de fato, uma relação de amizade com a família Ovazza.

existe a alta burguesia, e os piemonteses, que, para conciliar o luxo material com o espiritual, deve, pelo menos, como *noblesse oblige*, torná-los um luxo material histórico-dinástico. Em 23 de março de 1926, o príncipe herdeiro recebe Ettore Ovazza em uma reunião privada:

> O comandante Sestini e o capitão de Santarosa, da Casa Militar de S.A.R., recebem-me em uma maravilhosa sala que antecede aquela na qual o Príncipe aguarda os convidados. O bom gosto artístico de S.A. pode ser visto na disposição dos vários preciosos móveis dourados embutidos e nas grandes tapeçarias que ornamentam a vasta sala. [...] Eis a sala das reuniões. O Rei Cavalheiro recebe os visitantes em pé, ao lado da primeira janela. Pode-se dizer que as antigas paredes desse palácio estremecem de história. [...] Os criados da Casa Savoia, em uniformes vermelhos, parecem idealmente ligar o passado a nossos tempos, trazendo, em suas memórias, uma nota vivaz colorida.[94]

«HONNÊTE HOMME», «HOMME DE BIEN», «GRAND HOMME»

A homogeneização do passado da qual deriva o luxo espiritual que vimos em ação e a que voltaremos é acompanhada, se não de suas origens, pelo menos de seu ponto de partida mais próximo de nós, isto é, do instante em que a cultura burguesa da segunda metade do século XVIII iniciou o processo de uma relação com o antigo que, aqui, examinaremos referindo-nos,

---

94 Ettore Ovazza, op. cit., pp. 157-8.

sobretudo, aos *não* especialistas no estudo da antiguidade: as *personnes de qualité* que prezavam os clássicos no círculo de Madame de Pompadour,[95] os amantes da sobriedade greco-romana das *consoles* na corte de Luís XVI, os *honnêtes hommes* burgueses que liam Horácio em latim, na época da Revolução de Julho. E, por fim, os *grands patrons* de nossos dias: uma pesquisa da revista *Connaissance des arts* (n. 180) sobre a decoração dos escritórios privados dos presidentes-diretores-gerais das grandes empresas francesas, em 1967, revela-nos que: «Na Société Générale, os escritórios dos três 'grandes' acabaram de ser reformados: o primeiro é Luís XVI com *boiseries* de época; o segundo, Luís XV; e o terceiro, no estilo oitocentista 'tabelião de província'». Tal como Margarida, o estudioso pode perceber, até mesmo pelo cheiro («Que mormaço aqui dentro, que fedor!»),[96] que Fausto pôs os pés, à noite, no «limpo quartinho», e que Mefistófeles ali guardou as joias. Basta visitar, com a atenção de arqueólogos e epigrafistas, os bairros antigos dos cemitérios e as igrejas que preservam lápides do século passado, e se descobrirá onde se refugiava, sob os semblantes de um luxo espiritual notável, a limpeza perdida.

No «limpo quartinho» do interior burguês, tudo era substituído. A cadeira estofada foi substituída pela poltrona de marroquim, a mesa, pela escrivaninha preciosa, a estante de livros, pelo armário embutido, dois moldes de gesso modernos, por uma Vênus: «a argila moderna, quebrada pelo bronze

---

95   Jeanne-Antoinette Poisson, Marquesa de Pompadour (1721-1764), cortesã francesa e amante do rei Luís XV, mais conhecida como Madame de Pompadour, ou como Reinette. [N. T.]
96   Johann Wolfgang von Goethe, *Faust*, I, v. 2753.

antigo».[97] Para retribuir um favor, Madame Geoffrin[98] renovou a decoração do estúdio de Diderot. Ele lamentou-se disso: o quarto edificante do filósofo transformou-se no escandaloso gabinete do cobrador de impostos. «Assim, eu insulto a miséria nacional.» Para evocar a imagem do *honnête homme*, é necessário compor a efígie de seu deus: seu *intérieur*, seu quarto, o coração de sua casa. Quem é o *honnête homme*? Não o «homem honesto», como seria fácil traduzir, nem mesmo «o homem de honra», nem o «homem de bem», se nos ativermos às definições de Tommasèo[99] acerca da tríade. O *honnête homme* também não é sinônimo de *personne de qualité*, que significa, precisamente, «nobre», *gentilhomme*. As antigas viagens à Grécia e ao Oriente, com suas preliminares e seus relatórios, são, desse ponto de vista, preciosas, porque o *honnête homme* é, antes, o tipo de homem mencionado por Chateaubriand na carta enviada, em 1803, a Guéneau de Mussy:[100] quando Chateaubriand visitou Atenas, o Monte Athos e Constantinopla — três anos antes de partir para o Oriente —,

---

97 Essa citação e todas as que se seguem foram tiradas de *Regrets sur ma vieille robe de chambre*, de Diderot (1772).
98 Marie-Thérèse Rodet Geoffrin (1699-1777), conhecida como Madame Geoffrin, foi a organizadora de um importante salão literário, em Paris, em meados do século XVIII. [N. T.]
99 Niccolò Tommasèo (1802-1874), poeta, linguista e patriota italiano. Coautor, com Bernardo Bellini, do *Dizionario della lingua italiana*, publicado em 1861, ou seja, no ano da unificação da Itália. [N. T.]
100 Noël-François-Odon Guéneau de Mussy (1813-1885), médico francês. [N. T.]

poderia ter dito que viu «aproximadamente tudo aquilo que um *honnête homme* deseja ver».[101]

É difícil dizer em que medida a expressão *honnête homme* soa ironicamente autorredutora na boca de quem estava convencido de ser muito mais um *grand homme* do que um *honnête homme*. No entanto, as duas qualificações não se excluem completamente: têm um ponto de encontro, embora precário, que é a cultura. Reconhecendo-se no *honnête homme*, o burguês sobe um degrau, sem chegar a pompas principescas, e o aristocrata *très grand seigneur* desce um degrau, sem que seu prestígio seja muito perturbado. O *honnête homme* era um comensal adequado à mesa posta da cultura. Existe a mesa dos aristocratas na qual Rousseau, sentado lá nos fundos, de repente adquire prestígio porque é o único que consegue filologicamente explicar o lema do brasão do anfitrião. E existe a mesa do enriquecido *honnête homme*, que convida os familiares da província, e todos eles têm pernas curtas e deixam continuamente o guardanapo cair no chão.

Na época de Chamfort,[102] *honnête homme* era a qualidade que unia o burguês, ou o militar cheio de virtudes, ao aristocrata; era a qualidade com a qual se uniam as virtudes morais e o *savoir-vivre*; mas não era suficiente, sozinha, para garantir um

---

101 Citado em Maurice Descotes, «L'Itinéraire grec de Chateaubriand», *Epistimoniki Epetiris tis philosophikis scholis tu Panepistimiu Athinon* [Anuário científico da Faculdade de Filosofia da Universidade de Atenas], série II, vol. VII, 1957-1958, p. 279; todo o artigo (pp. 289-306) é interessante para nosso tema.

102 Sébastien-Roch Nicolas (1740-1794), mais conhecido como Nicolas de Chamfort, ou apenas Chamfort, foi poeta, jornalista, humorista e moralista francês. [N. T.]

lugar de hóspede em uma carruagem armoriada, e não tinha nada a ver com a cultura.¹⁰³ O avanço da burguesia mudou o sentido da expressão. *Honnête homme* tornou-se, antes de tudo, uma fisionomia cultural: o burguês, o aristocrata, que a escolhiam por conta própria, conferiam, a si, virtudes julgadas como oriundas de uma alta esfera, diferente, entre as esferas superiores, da esfera do puro poder consagrado por aqueles que nada fizeram além de nascer aos solavancos, e também da esfera da pura e «religiosa» honestidade nos negócios. O *honnête homme*, de extração burguesa ou aristocrática, era um diletante da cultura: era o burguês que lhe dedicava as horas livres do trabalho e os espaços vazios de sua mente, mas que não consideraria sábio nem virtuoso dedicar-lhe todas as horas, todos os descansos, todos os espaços; ou era o aristocrata que, com todo seu gosto pela cultura, julgaria até mesmo degradante tornar-se um profissional da cultura. E o *honnête homme*, seja de extração burguesa ou aristocrática, mesmo satisfazendo-se com uma cultura que significava acima de tudo Classicismo, Grécia, Roma, Grécia disfarçada de Roma, não estava certamente disposto a tornar sua apreciação do Classicismo tão radical e tão instrumental para fins de modificação do presente, como foi o caso de Rousseau e, depois, de Robespierre — o primeiro, considerado profissional da cultura; o segundo, profissional

---

103 Ver em *Caractères et Anecdotes*, de Nicolas de Chamfort, a história do duque de A., que, sem ser reconhecido, pede uma carona na carruagem do arcebispo de Reims e, por fim, revela sua verdadeira identidade; assim o arcebispo pede-lhe desculpas: «Esse lacaio patife que não me diz nada... Ainda estou muito feliz por ter acreditado, em tua palavra, que eras um cavalheiro»; ao que o duque responde: «Supere, meu senhor. Perdoe seu lacaio, que se limitou a lhe dizer que eu era um *honnête homme*».

da renovação prática da sociedade em que, com a Revolução, traduzia-se o exercício profissional da cultura. O *honnête homme* estava satisfeito com o fato de a «argila moderna» ter sido «quebrada pelo bronze antigo», como se queixou Diderot; porém «o bronze antigo» não representava para ele, visto que era *honnête*, nem a erudição demasiadamente exigente, nem a imitação — essa também muito exigente — dos estoicos ou das antigas repúblicas, substituída pela *Imitação de Cristo*. Na biblioteca do *honnête homme* talvez houvesse menos poeira em Fénelon do que em Montesquieu, poeira nenhuma sobre a *Voyage de Polyclète*, do Barão de Théis,[104] que retomava Fontenelle («Na minha opinião, não há verdades que não devam tornar-se agradáveis»)[105] quando declarava, no Prefácio, os princípios de sua vulgarização do mundo clássico, com ambições ou escrúpulos, por assim dizer, fenomenológicos:

> O conhecimento das instituições, dos costumes e, igualmente, dos usos de um povo é indispensavelmente necessário a toda pessoa que deseja segui-lo nos vários rumos de seu destino e julgá-lo com justiça. No entanto, as memórias que se referem a esse conhecimento, e pelas quais o leitor está sempre avidíssimo, estão espalhadas nos trabalhos dos historiadores, nos quais ocupam ordinariamente um lugar muito pequeno. [...] Porém alguns eruditos pacientes tentaram suprir o defeito dos historiadores. [...] Mas não se pode negar, por outro lado,

---

104 Alexandre Étienne Guillaume (1765-1842), mais conhecido como Barão de Théis, escritor francês. [N. T.]
105 Bernard le Bovier de Fontenelle (1657-1757), advogado, escritor e aforista francês. Tornou-se célebre depois da publicação de *Conversações sobre a pluralidade dos mundos*, em 1686. A citação refere-se a esse livro. [N. T.]

que muitas dissertações, por vezes esquecidas e muitas vezes bastante áridas, que muitos artigos, independentes uns dos outros, já não formam uma espécie de arquivo a ser consultado conforme a necessidade, que obras interessantes podem ser lidas em sequência. Para dar uma ideia exata de uma máquina vasta e complicada, não acredito que seja suficiente explicar, peça por peça, todas as partes; mas acredito que também seja útil colocá-la em movimento, o que tentei realmente fazer. Portanto, forjei uma cena, simples em si mesma, mas capaz de cativar alguma atenção.[106]

O *honnête homme* não era, portanto, o *homme universelle* de La Bruyère, ou o *décisionnaire* de Montesquieu, o que «leu tudo, viu tudo [...], prefere mentir a ficar calado, ou causar a impressão de ignorar algo»;[107] realmente colocava sob seus dentes uma certa quantidade de pão da cultura clássica (mesmo que temperado com um pouco de *agrément*), e não se declarava erudito onisciente, pois tal onisciência provocaria muito fedor de profissão erudita; no máximo, nos momentos certos, na poltrona de marroquim, em frente à bela escrivaninha, ao móvel embutido, à Vênus de bronze, fazia como o famoso papagaio Vert-Vert, que:

> [...] falou como um livro
> sempre em tom confiante de civilidade.[108]

106 *Viaggio di Policleto o Lettere romane del Barone di Théis*. Sem nome do tradutor. Milão: P. E. Giusti Fonditore Tipografo, 1824, vol. I, p. 7.
107 *Lettres persanes*, 72 (com evidente referência ao Arrias, de La Bruyère, no cap. v, «De la Société et de la Conversation», dos *Caractères*).
108 Jean-Baptiste-Louis Gresset, *Vert-Vert* (1734), I, 2, vv. 44-5.

As virtudes do *honnête homme* eram as de quem procurava na cultura uma legitimação para sua própria autoridade, riqueza, poder e segurança social, os quais, se burguês, ele via aumentarem, mas que necessitavam de nobreza ideológica, e, se aristocrático, previa ou via ameaçados, como realmente estavam, portanto não menos necessitados de uma reabilitação de nobreza ideológica — sob a bandeira da cultura. Por outro lado, entende-se que também poderiam ser as virtudes de quem, em ambas as classes, buscava compensação não trivial para as piores derrotas sofridas na vida cotidiana. A cultura clássica do *honnête homme* oferecia nobreza, legitimação, compensação, justamente porque não era o repertório de duras virtudes que Rousseau via nas repúblicas antigas, mas uma coleção de perspectivas exclusivamente voltadas para o passado, como pressuposto das virtudes conservadoras do presente: uma janela não apenas no gabinete «escandaloso» de um riquíssimo *fermier général*, mas também no escritório do burguês abastado, do aristocrata preocupado tanto com sua própria consciência quanto com seu patrimônio, talvez em declínio, e até mesmo do burguês em dificuldade, do nobre sem um tostão: janela, para todos eles, com vista para o ouro já alquímico, agora histórico-antigo, de mármores e de gestos exemplares.

A expressão é francesa, mas certamente os *honnêtes hommes* dessa espécie não se encontravam apenas na França entre o fim do século XVIII e as primeiras décadas do século XIX. O *honnête homme* é, dentro de certos limites, europeu. Na França do século XVIII, é devedor da língua (latim e francês, deve sabê-los;

grego, nem sempre);[109] e a sociedade e a cultura francesa, do Iluminismo à Revolução, são, se não seu berço, pelo menos os semblantes mais visíveis das fadas que se curvavam sobre seu berço. Do Iluminismo, o *honnête homme* é partícipe na medida em que vive no reflexo do privilégio do intelectual. A vontade de crescimento social dos intelectuais iluministas não teve, mesmo no caso do enjeitado D'Alembert ou de Diderot, filho do cuteleiro, o objetivo de alcançar uma posição elevada *dentro* da sociedade de então. Em vez disso, visavam alcançar uma classificação elevada «fora» da sociedade, da qual pudessem não apenas manter distância do «escandaloso» gabinete do *fermier général*, mas também intervir com as armas intelectuais das quais eram os profissionais, como que por meio de um planeta estrangeiro e próximo, nos acontecimentos dos poderosos e dos povos do planeta Terra. A própria *Encyclopédie* pode ser definida como uma obra de furto e de projeção das atividades humanas da terra ao planeta dos intelectuais, do qual as normas de tudo isso teriam sido lançadas como armas contra o planeta Terra, e as noções de tudo isso, purificadas no ar rarefeito lá do alto, voltariam,

---

109 Maurice Descotes (op. cit., p. 301) lembra que, na França, ainda por volta de 1820, havia o costume de traduzir textos gregos para o latim, para aproximá-los do público. O pai de Sainte-Beuve, que anotava Homero no texto original, era obviamente uma exceção. O próprio Sainte-Beuve estudou grego antigo e moderno com uma paixão muito especial — mas Lamartine, por exemplo, «não conhecia grego; e os autores gregos que leu seriamente, em tradução, podem ser contados nos dedos de uma mão» (Marius-François Guyard, «Le rêve grec de Lamartine», *Epistimoniki Epetiris tis philosophikis scholis tu Panepistimiu Athinon*, série II, vol. VII, 1956-1957, p. 309; no mesmo volume de *Epetiris*, pp. 323-40, ler o ensaio de Francis Pruner, «Le philhellénisme de Sainte-Beuve»: especialmente sobre o estudo da língua grega, ver pp. 327-8, 336).

então, novamente para a terra, depois que as armas finalmente tivessem sido conquistadas. A literatura da segunda metade do século XVIII é rica de viagens falsas entre selvagens inexistentes. Realmente, a *Encyclopédie* retirava dos «selvagens» civilizados da Europa (todos os habitantes da Europa que não eram intelectuais e propriamente filósofos) suas boas, e mal-usadas, noções, com o intuito de serem decantadas no planeta dos intelectuais, oferecendo leis e formas de pensamentos capazes de civilizar os selvagens. Então, uma vez civilizados, tudo lhes era restituído. O *honnête homme* aceitou, de tudo isso, o aspecto que, isolado de seu contexto e escolhido por mãos *honnêtes*, revelou-se mais conservador e reacionário, tornando-se quase sempre caricaturado: a separação entre a terra e o planeta dos intelectuais, do qual adorou retirar-se nas horas em que subia ou descia um degrau (conforme fosse burguês ou aristocrata) em relação à sua condição na terra.

Da Revolução, o *honnête homme* aceitou, sob esse ponto de vista, muito pouco: com as vantagens concretas que lhe chegavam da ruptura da sociedade feudal, o *honnête homme* de extração burguesa aceitou, da cultura amadurecida na época da Revolução, a possibilidade de preservar seus gregos e seus romanos, que a Revolução havia recuperado como modelos — caso contrário, Luís XVI teria morrido exausto no Classicismo, *à la Chénier*.[110] Basta ler o retrato de Robespierre que Thiers traça

---

110 Sabe-se que um lugar-comum da história da literatura francesa, do qual é responsável, em primeiro lugar, Sainte-Beuve, ressalta a autenticidade e a vitalidade do helenismo de André Chénier, que «volta (aos antigos) como um jorro de água que sai da fonte».

na *História da Revolução Francesa*,[111] para capturar a passagem do *honnête homme* ao *homme de bien*, que corresponde à sobrevivência habilidosa e apropriada para os tempos do *honnête homme* burguês do século XVIII, disfarçado no século XIX. Um *honnête homme*, caso já tenha existido, como Thiers, acusa Robespierre dos vícios peculiares do *honnête homme* setecentista. Em primeiro lugar, atinge-o em sua condição burguesa profissional, extracultural em sentido restrito: «advogado medíocre de Arras»; depois, liga-se a um defeito que é profissional (para um advogado), mas já diretamente ligado às ambições culturais: «a pobreza de sua eloquência»; finalmente, denuncia «o pedantismo», «a pomposidade» de Robespierre, «medíocre» e «zeloso» por questionar sua erudição de *honnête homme*, amante dos gregos e dos romanos virtuosos, para imobilizar os adversários. Das páginas de Thiers, Robespierre aparece não com a máscara de monstro puro e simples que lhe atribuía a restauração dos Bourbon, no mesmo ano em que foi publicada a *História da Revolução* (livro que surgiu na época, por assim dizer, como livro «de esquerda»), mas com a máscara do *honnête homme*, de «razão estreita e comum», «cheio de reservas e de cuidados consigo», «retirado em um gabinete elegante, [...] em que se dedicava a um trabalho obstinado», amante de sua cultura clássica pedante, *petit homme* deslumbrado com os heróis de toga. Todas as características do *honnête homme*, é claro — à parte o fato de que, nesse caso, Thiers é um *honnête homme* —, são atribuídas a um Robespierre, para o qual a cultura devia ser ação de transformação da sociedade, sem resíduo, portanto o

---

111 Adolphe Thiers, *Histoire de la Révolution française*. Paris: Furne et Cie., 1847, vol. II, pp. 194-6.

exato oposto do tesouro cultural privado do *honnête homme*. O *honnête homme*, na pessoa de Thiers, logo após a Revolução, recusa sua própria fisionomia e escolhe, para si, a do *homme de bien*: uma expressão que, agora, pode ser traduzida muito corretamente por seu correspondente italiano mais imediato, «uomo dabbene». No entanto, mesmo nesse caso, não nos servem as definições, por assim dizer, ideais e moralistas de Tommasèo: «*Uomo dabbene*, o que cumpre todas as obrigações. [...] O homem de bem faz o bem para todos, ele quer o bem de todos [...]. O homem de bem trabalha até mesmo acima do dever».[112] O homem de bem, que corresponde ao *homme de bien*, como diz Policarpo Petrocchi, é um «homem honesto», isto é, um homem «que mantém seus compromissos e não falta à palavra»,[113] mas também algo a mais: o *homme de bien* é o equivalente burguês exato do *homme de qualité* (aristocrata), portanto o homem de bem é o burguês possivelmente culto e, em todo caso, não rude, rico, com títulos de mérito econômico, intelectual e moral bem reconhecidos pela sociedade. A expressão *homme de bien* aparece várias vezes no *Discurso de posse*, do próprio Thiers, proferido na Académie Française,[114] naturalmente referida pelo orador não a si mesmo, mas ao acadêmico falecido ao qual, de acordo com a regra, Thiers fez o elogio. Tratava-se, como se sabe, de François-Guillaume Andrieux, um comediógrafo agora

---

112 Niccolò Tommasèo, *Nuovo dizionario dei sinonimi della lingua italiana*. Milão: Rejna, 1854, p. 614 (especialmente p. 2915).
113 Policarpo Petrocchi, *Nòvo diziònario universale della lingua italiana*. Milão: Treves, 1909, s.v. «Dabbene» e «Galantomo» (vol. I, pp. 671, 1005).
114 *Discours prononcé à l'Académie Française par M. Thiers le jour de sa réception, 13 Décembre 1834*, reproduzido no começo de *Histoire de la Révolution française*, op. cit., vol. I; nossas citações provêm das páginas IV e XVI.

esquecido, mas que teve certa notoriedade como homem político. Thiers afirma, em seu discurso, que Andrieux tinha sido não apenas um *homme de bien*, mas que também havia morrido feliz por deixar suas duas filhas a dois *hommes de bien*. Em ambos os casos, seja a propósito de Andrieux, seja em relação a seus genros, Thiers não disse apenas *homme de bien*, mas também *homme d'esprit et de bien*: evidentemente, *homme de bien* não era uma qualificação que incluía, por si mesma, o *esprit*. O resultado da metamorfose do *honnête homme* em *homme de bien* precisava de adereços (a menção explícita ao *esprit*), para desfrutar plenamente de prestígio intelectual. Todo o discurso de Thiers mostra, aliás, que, por volta de 1834, o *honnête homme* do século XVIII, de que estávamos falando, foi enterrado pelos últimos expoentes burgueses dessa mesma espécie: o avanço da burguesia havia tornado menos necessárias as nobilitações culturais privadas, e, ao mesmo tempo, o risco de radicalizações subversivas da cultura clássica tornou-se, com a Revolução, tão concreto que passou a exigir outra forma de compromisso cultural. O *homme de bien* poderia muito bem cultivar, como o *honnête homme*, o «seu» latim, mas era apropriado que a margem de liberdade fantástica, implícita na separação entre o planeta dos intelectuais e a terra (no sentido dos *honnêtes hommes*, por assim dizer, iluministas), fosse corrigida por uma participação mais direta da cultura dos *honnêtes hommes* nas convenções e nas domesticações da ideologia política corrente (Thiers fez seu discurso depois da Revolução de Julho). Se o *honnête homme* burguês do século XVIII havia sido conservador, o *homme de bien* de 1834 teve que ser (ou deve ter sido, pois, de acordo com Thiers, a aplicação da qualificação é retroativa!) um conservador cego, isto é, absolutamente inconsciente das liberdades do pensamento a ser cultivado em privado, «em um gabinete elegante». Em suma, tinha que ser um virtuoso ciente e participante, também em sua cultura, de uma política conservadora, em vez de suscetível a aventuras de liberdade apolítica, de fugas fantásticas, nas pausas de sua atividade diária. Essas aventuras de liberdade *sui generis* são reservadas exclusivamente por Thiers em seu discurso aos Quarenta da Académie Française, raras, preciosas e admissíveis acepções de exercício profissional da cultura, que agora passa a ser um exercício profissional e *aristocrático*, estranho ao ambiente dos *honnêtes hommes*, quando muito seu farol.

Há, portanto, uma recuperação direta do *grand homme*, que também pode dar-se ao luxo de ser um intelectual; e a cadeia dos grandes homens que se sucederam ao longo dos séculos tornou-se a garantia por excelência da relação com o passado. A homogeneização do passado chega à fase mais característica, a fase específica da cultura de direita moderna, do fascismo e do neofascismo. As fisionomias dos grandes homens agrupam-se em categorias que se tornam as várias faces do passado, mas de um passado atemporal, de um «eterno presente». E, para conhecer essas categorias, não há necessidade de recorrer a Nietzsche. Aliás, é inoportuno dar muita atenção a Nietzsche, porque em Nietzsche são rostos claramente diferentes uns dos outros e capazes de exercer uma crítica violenta em relação ao presente. Melhor recorrer à passagem que já citamos, do banqueiro escritor diletante, que elenca todos os rostos e os seleciona como protetores do presente em seu carrossel histórico, rostos todos semelhantes, figuras caracterizadas apenas pela roupa que vestem: os santos, os heróis e os poetas. As prerrogativas, de resto, são recíprocas: o «santo» do romance de Brocchi também é um artista e um herói; herói, poeta e até mesmo quase santo (em nome de Cristo traído pela Igreja) é Carducci, como descrito nas comemorações mencionadas; isso para não falar dos dois «grandes espíritos» que a guerra mundial «exaltou»: «o conquistador de Fiume[115] e o fundador do Fascismo».[116] Esses dois últimos foram, evidentemente, pessoas reais, além de fetiches, e interessam-nos não só pela imagem que os outros tinham deles, mas também por suas contribuições diretas à cultura de direita. Quanto a Mussolini, no entanto, não há muito a ser dito. Além de um certo cinismo básico e de uma tendência a desprezar quem se curvasse diante dele (o que correspondia ao ódio por quem não o fizesse), não parece que tenha alimentado reservas substanciais em relação ao fetiche que o representava. Reconhecia-se muito bem nele. Sua cultura era precisamente aquela sobre a qual falamos até agora, sem que ele pessoalmente mostrasse por ela nenhuma originalidade especial. O luxo espiritual era sua atmosfera natural, e sua mitologia romano-imperial era feita do mesmo passado homogeneizado com o qual outros sujeitos modelaram os fetiches das comemorações do *Risorgimento*. O discurso, por outro lado, muda consideravelmente em relação a D'Annunzio: se é evidente que os «mussolinianos» foram principalmente intérpretes e apologistas ortodoxos do que passava

---

115 Jesi se refere, aqui, a Gabrielle D'Annunzio, que em 1919 organizou, com um grupo paramilitar, a ocupação da cidade de Fiume, que as potências aliadas não haviam cedido à Itália, forçando então a retirada das tropas aliadas americanas, britânicas e francesas que ocuparam a cidade. D'Annunzio, então, declarou Fiume um Estado independente, fato que construiu sua imagem de mito militar e político. [N. T.]
116 Ettore Ovazza, op. cit., p. 106.

pela cabeça de seu grande homem, então ficamos muito hesitantes em falar sobre semelhante ortodoxia dos dannunzianos diante do poeta, o qual, entre os inúmeros talentos que ele próprio se atribuiu e que lhe foram atribuídos, tinha, sem dúvida e brilhantemente, o da mistificação.

A BRUTALIDADE DO GESTO INÚTIL. D'ANNUNZIO, PIRANDELLO

Depois de todo nosso discurso acerca das relações entre rejeição da máquina e da sociedade industrial, e eleição das relações sexuais extraconjugais como «problema moral», por excelência, no luxo espiritual da cultura representada por um Brocchi ou por um Gotta, agora, já que invocamos D'Annunzio, poderíamos perguntar-nos se um fenômeno da amplitude do «dannunzianismo» não representa uma vertente completamente distinta da cultura de direita. Sobre esse fenômeno, presumivelmente, há de se concordar que tanto D'Annunzio como os dannunzianos mostraram que sentiam tudo, menos repugnância e senso de pecado, em relação à máquina;[117] e, quanto ao próprio D'Annunzio (duvidamos que possamos incluir os dannunzianos), é bastante improvável que ele julgasse que as relações sexuais extraconjugais são o «problema moral» por excelência. Não que queiramos aceitar, sem discutir, a efígie do

---

117 Ver Roberto Tessari, *Il mito della macchina. Letteratura e industria nel primo Novecento italiano*. Milão: Mursia, 1973, especialmente o cap. III. No mesmo livro (cap. IV), ver, além disso, as considerações sobre a apologia da máquina e sobre a recusa das «torturas vãs de alcova» nos futuristas. Ver, também, Id., «Le Futurisme et la machine: un mythe d'amour tristanique», *Europe*, n. 551 («Les futurismes»), 1975, pp. 48-53.

poeta amoral, difundida entre seus seguidores e seus detratores, com sua óbvia cumplicidade pessoal. Temos a impressão, aliás, de que D'Annunzio colocava-se uma quantidade enorme de problemas morais: não em torno de seus casos amorosos ou alheios, mas em torno de questões sobre a função, a natureza, ou, quase poderíamos dizer, sobre o valor ontológico da arte e do artista — questões que, afinal, ele jamais conseguiu responder, adotando, por isso mesmo, uma técnica de constante mistificação de si mesmo e dos outros e, continuamente, nutrindo de luxo material um luxo espiritual que não conseguia fundar. A impressão, enfim, é que D'Annunzio estava muito menos disposto do que seus seguidores (e outros participantes da cultura de direita que não eram seus seguidores) a se alimentar, com confiança e com grande satisfação, desse passado indiferenciado, homogeneizado, com o qual os outros fabricavam, para si mesmos, seus próprios fetiches de eterno presente. É presumível que não sentisse mais respeito do que seus seguidores pela concretude da história, mas era muito mais sensível do que eles às diferenças estilísticas nas culturas do passado e, mesmo sem historicizá-las, atribuía-lhes um valor ontológico com o qual não podia desistir de fazer um acerto de contas. Com sua tendência constante a criar hipóteses, era alguém que, provavelmente, acreditava nos mitos, e, por mais que a existência passasse a tecnicizar materiais mitológicos, tem-se a impressão de que estava convencido de uma permanência autônoma dos núcleos míticos desses materiais: núcleos que pareciam escapar de suas manipulações. Ou talvez não tivesse a clareza de que esses núcleos míticos *ainda* estavam vivos, e assim receava que fossem algo como as estrelas mortas, cuja luz continuava capturando sem ser capaz de, efetivamente, apropriar-se da fonte da luz, como um obstáculo no caminho, o qual traz a morte consigo. Para além do passado indiferenciado que manipulava continuamente, encontrou um passado composto de hipóstases nitidamente diferenciadas, e perdido. Seu luxo espiritual sempre estava ameaçado pela noção da perda irrecuperável de um passado certamente mítico, não histórico, do qual vieram culturas e estilemas que sentia como não homogêneos até o fim. O ar funerário do Vittoriale[118] deriva, talvez, da suspeita, também sentida pelo visitante, de que todo o monstruoso bricabraque tenha sido colocado sem muita convicção na propriedade, bem como na página escrita; uma montanha de coisas que deveria servir para algo, mas que se revelou totalmente inutilizável: inúteis são os objetos e as imagens, os efeitos e os estilemas, bem como um léxico precioso, todo o luxo material que alimenta o luxo espiritual, que, por sua vez, se alimenta apenas de mingau; e, nesse caso, todos os objetos do luxo material e todo o passado que se apresenta neles conservam fisionomia e dureza, não permitem ser homogeneizados e manipulados até o fim. A primeira a ser atingida por essa resistência do passado, que se torna totalmente manipulada, é a própria fisionomia do grande homem, a qual corre o risco de assumir implicitamente uma função crítica diante da sociedade que a cultiva. Portanto, é precisamente essa função

118 Conhecido como «Vittoriale dos italianos», trata-se de um exuberante complexo arquitetônico composto de edifícios, praças, jardins, teatro ao ar livre, construído entre 1921 e 1938 por D'Annunzio, quando se mudou para Gardone Riviera, situado na margem bresciana do Lago de Garda. O projeto do complexo foi feito pelo arquiteto Giancarlo Maroni. D'Annunzio está sepultado no Vittoriale, que se transformou em ponto turístico — segundo estimativas atuais, cerca de 210 mil pessoas visitam--no todo ano. [N. T.]

que lhe é negada *a priori*. D'Annunzio colocou em prática uma supermistificação maquínica, poderíamos dizer que por toda sua vida, para ficar bem protegido desse risco. A partir disso, podemos começar a verificar se sua atitude pública de protagonista e produtor de cultura e a de seus seguidores são substancialmente diferentes da ideologia e das provas de luxo espiritual de um Brocchi ou de um Gotta. Dissemos que D'Annunzio e os dannunzianos não sentiam, de forma alguma, repugnância pela máquina: das obras do poeta não é difícil extrair uma antologia de mitologias da máquina, louváveis e admiradas. Mas, observando bem, não há em D'Annunzio elogios substanciais à sociedade industrial, mas há, em vez disso, notoriamente, o elogio às atividades artesanais que encontramos em Gotta; do mesmo modo, mesmo nas tomadas de posição mais especificamente políticas de D'Annunzio, na *Constituzione della Reggenza Italiana del Carnaro*, há a hipótese de um «regimento quase comunista» semelhante ao da «Colônia Letizia» no romance de Brocchi.

Quanto ao «problema moral», se é verdade que o autêntico problema moral para D'Annunzio não era o das «torturas vãs de alcova» e que, nos enredos dos romances e das obras teatrais, as questões do amor «ilícito» mais explícitas — por exemplo, em *La Gioconda* — também não são simplesmente o ponto central em que a tensão dramática torna-se maior, é necessário lembrar, no entanto, que as motivações ideológicas reconhecidas por nós no luxo espiritual Gotta-Brocchi por trás dos dois temas salientes — fuga da sociedade industrial e redenção dos amores adúlteros — aparecem em toda a obra de D'Annunzio, mas reunidas em uma única tonalidade, e são geradoras de um grupo homogêneo de imagens e de um uso homogêneo da palavra, que nas «torturas vãs de alcova» têm apenas um de seus muitos significados. Para essa tonalidade, que nos parece a verdadeira dominante da mistificação dannunziana, não temos definição melhor do que esta: brutalidade gratuita. Com ela, aproximamo-nos muito daquilo que, no primeiro parágrafo, definimos como «tarefas inúteis» (impostas pelos professores do esoterismo neofascista aos seus seguidores). Na verdade, todo o luxo espiritual da cultura de direita corresponde a uma brutalidade de comportamento público e privado, social e familiar, que não é, de jeito nenhum, ideologicamente gratuita para seus apologistas, desde que estejam satisfeitos com o passado indiferenciado com o qual fabricam fetiches de virilidade, de força heroica, de sacrifício até a morte, de disciplina, de hierarquia, de pátria e família, para defendê-los como posse tradicional, e que acreditem que o mingau por eles manipulado é verdadeiramente o eterno presente da vida (o verdadeiro passado atemporal, *portanto* o presente real). A brutalidade, que em nível de cultura apresenta-se como luxo espiritual, nesses casos não é gratuita aos seus apologistas — e não é gratuita aos seguidores do neofascismo profano — porque é o estilo de comportamento garantido pelo passado, indispensável para adaptar-se ao presente, à «vida», e útil para fabricar o futuro. A maioria dos dannunzianos certamente pode ser incluída no grupo dessas pessoas convencidas da brutalidade útil. No entanto, D'Annunzio tende a permanecer fora desse grupo, dada a sua incerteza sobre a possibilidade de manipular profundamente os núcleos do passado, de recuperar o passado perdido, e dado o quadro fúnebre que, na realidade, ele traça do futuro: um futuro de morte (do qual a decrepitude pessoal é apenas um reflexo), que não é possível mudar, ao qual só é possível adaptar-se com atos de religião da morte: «Assim, o Antigo ensinou-me a comemoração da morte».[119]

Agora, sabe-se que, embora a morte seja quase uma constante nas incitações «heroicas» de D'Annunzio («e a morte igualmente»), o sentido aparente dessas provocações é a guerra vitoriosa, a conquista e o imperialismo. Mas, se compararmos a posição de D'Annunzio em relação ao passado com a dos ideólogos mais sagrados do esoterismo neofascista em relação à Tradição, perceberemos que, em ambos os casos, o vate ou o sábio estão convencidos de que têm um patrimônio perdido atrás deles e de que, diante deles, há um futuro de decadência e de morte que não pode mais ser impedido, não importando o que se faça. Em *La città morta*, há uma projeção singular do futuro no passado e uma coincidência entre a perda do passado, desvanecido «no silêncio», e a morte na qual o futuro desaparecerá. É a página em que Alessandro lembra a abertura das «tumbas dos Átridas»,[120] em Micenas, e o desaparecimento dos cadáveres em contato com o ar:

> O ouro, o ouro... os cadáveres... Uma quantidade imensa de ouro... os cadáveres todos cobertos de ouro... [...] Por um instante, a alma atravessou os séculos e os milênios, respirou na terrível lenda, palpitou no horror do antigo massacre. [...] Por um instante, a alma viveu uma vida muito antiga e violenta. Eles estavam ali, os mortos. [...] Como um vapor que é exalado, como uma espuma que se derrete, como uma poeira

---

119 Gabriele D'Annunzio, *Le vergini delle rocce*, in: *Prose di romanzi*. Milão: Mondadori, 1964, vol. II, p. 409.
120 Referente aos filhos de Atreu, ou seja, Agamemnon e Menelau. [N. T.]

que se espalha, como algo inexprimivelmente lábil e fugaz, todos desapareceram em seu silêncio. Parece-me que foram engolidos pelo mesmo silêncio fatal que havia ao redor de sua radiante imobilidade. Não sei dizer o que aconteceu. Uma pilha de coisas preciosas havia ali, um tesouro incomparável.[121]

Essa «pilha de coisas preciosas», pontualmente descrita logo em seguida com o exibicionismo erudito do diletante de arqueologia («Vasos maravilhosos, de quatro alças, decoradas com pequenas pombas, semelhantes aos cálices de Nestor, em Homero; grandes cabeças de boi, todas de prata maciça, com todos os chifres de ouro», por vinte linhas corridas, e assim por diante), faz-nos pensar não apenas no bricabraque do Vittoriale, mas também na substância dos inumeráveis escritos de um Guénon ou de um Evola sobre os símbolos da Tradição: Graal, flores simbólicas, zodíaco, suástica, caverna, labirinto, arco-íris etc. Todos os materiais de uma tradição que Evola, no fim de sua vida, irá declarar como perdida nesse período do mundo, seja qual for o esforço que se faça para acessá-los novamente. Porém tanto o vate como os sábios incitam os discípulos a agir, em vista de resultados para além do futuro, ou seja, que serão alcançados na época de um novo ciclo cósmico. Comparemos as exortações de Evola aos «homens da Tradição» com certas palavras de D'Annunzio:

---

[121] Gabriele D'Annunzio, *La città morta*. Milão: Treves, 1919, pp. 64-9 (ato I, cena V).

[O Antigo] ensinou-me a reconhecer, com intuição segura, as almas sobre as quais exercer o benefício e o predomínio e das quais obter alguma revelação extraordinária.[122]

E damo-nos conta de que não é totalmente arriscado fazer a seguinte suposição: como o neofascismo sagrado e esotérico parece propor a seus neófitos uma via de aperfeiçoamento marcada por tarefas inúteis e brutais, da mesma forma o heroísmo e as ações imperialistas que D'Annunzio propunha às «almas» de seus seguidores eram, provavelmente, tarefas inúteis na mente do vate. Inúteis em si e por si mesmas, mas úteis como ferramentas didáticas para a fabricação, naquele caso, de uma raça «da Tradição» e, nesse caso, de uma raça «sobre-humana». É quase óbvio acrescentar que, assim como as tarefas inúteis concebidas pelos sábios do neofascismo esotérico são realmente usadas por outros por razões muito menos metafísicas e tornam-se terrorismo autêntico para objetivos muito concretos, da mesma maneira D'Annunzio e o dannunzianismo foram usados concretamente, nos limites do possível, pelo fascismo profano (e não se pode excluir que, entre as muitas razões para a frieza entre D'Annunzio e Mussolini, também houve o desprezo do vate por quem era muito trivial e não entendia — aliás, contaminava o ritualismo hoje, em si, inútil —, mas que, amanhã, seria promotor de «alguma revelação extraordinária»). Se isso é verdade, podemos facilmente compreender por que D'Annunzio não privilegiava, particularmente, nenhum aspecto do programa «inutilmente» heroico e, portanto, não colocava, nem mesmo em primeiro plano, o tema das relações sexuais, que

---

122 Id., *Le vergini delle rocce*, op. cit., p. 410.

era um *topos* recorrente seu. Se um Gotta impunha castidade e censura para resolver o «problema moral», D'Annunzio não precisava senão purificar as relações sexuais, tornando-as uma oportunidade, mas não a única («cada cartucho italiano vale, hoje, um homem morto»)[123] de brutalidade inútil e heroica:

> Ele sentiu o gosto doce familiar em sua boca, e não de uma única gota; e depois sentiu a outra boca esmagá-la, mais pesada que o punho, e os golpes cessarem, e sentiu as mãos passarem à outra violência, e a carne penetrando na carne como o ferro que estripa. E na lividez do crepúsculo, nos fundos do aposento amoroso, entre as quatro paredes, que eram quatro testemunhas de silêncio e sombra, deu-se o corpo a corpo feroz de dois inimigos unidos por meio dos corpos, passou a existir a sensação crescente no pescoço inchado de artérias que se tornavam saturadas, deu-se a surra raivosa de quem se esforça para rasgar, desde as entranhas, as raízes mais vermelhas da vida e lançá-las para além do limite imposto à agonia dos homens.[124]

E, no D'Annunzio senil, o semidelírio das últimas «mensagens» resolve o tema heroico uniforme em uma alucinação cansativa, em associações vagas de imagens, cores, números, que se professam abissalmente profundas e «fatídicas» e que lembram, de perto, o pensamento analógico e as etimologias «sagradas» de Guénon ou de Evola. Coisas como:

---

123 Id., «Adua. A Benito Mussolini», in: *Teneo te Africa*, Il Vittoriale degli italiani 1939, p. 173.
124 Id., *Forse che sí forse che no*. Milão: Treves, 1910, pp. 438-9.

Quarenta e cinco foram os brescianos mortos entre os lutadores no ultramar. E, de repente, lembrou-me como Dante, no *Convívio*, afirma que a juventude realiza-se no quadragésimo quinto ano! [...] Eles também são alados. Para eles, as colunas de Brescia são asas emaranhadas, que estão prestes a abrir. Para os latinos, a asa é *aëria* como a coluna, *elata* é tanto uma como a outra.[125]

A pouca simpatia mútua entre D'Annunzio e Pirandello (o Pirandello que, no dia seguinte ao assassinato de Matteotti, solicitava a carteira do Partido Fascista a Mussolini, com a famosa carta: «Excelência, sinto que, para mim, este é o momento mais propício para declarar uma fé nutrida e servida sempre em silêncio. Se Vossa Excelência considerar-me digno de entrar no Partido Nacional Fascista, apreciarei como a maior honra assumir o lugar do seguidor mais humilde e obediente. Com toda devoção»)[126] provavelmente também provinha do fato de que ambos cultivavam a ideologia da «tarefa inútil» no centro de seu pensamento, mas, cada um deles, de uma forma diferente e competitiva. Não que faltasse a Pirandello o gosto pela brutalidade; bastaria citar sua carta a Telesio Interlandi, depois da entrevista publicada em *L'Impero*, em 23 de setembro de 1924:

---

125 Id., «Alla podestà di Fausto Lechi in Brescia per i bresciani morti nella conquista d'Africa e per i legionari della seconda divisione '28 ottobre' reduci», in: *Teneo te Africa*, op. cit., p. 199.
126 Publicada em *L'Impero*, 19 de setembro de 1924. E reproduzida em Gaspare Giudice, *Luigi Pirandello*. Turim: Utet, 1963, p. 425.

Caro Interlandi, com o intuito de esclarecer meu pensamento, permito-me apontar-lhe que eu não disse com tanta firmeza e tão cruamente, como transparece por sua entrevista, que teria desejado «a supressão da imprensa adversária». Disse que, tendo aplicado o decreto à imprensa, como medida excepcional para evitar uma macabra e obscena propaganda de ódio *partigiano*, muito pouco foi reprimido... [...] sempre se viu que um pouco de bem só houve quando, sem gritar e sem sequer levantar as mãos, simples mas decididamente, direcionamo-nos ao encontro dessas palavras, que imediatamente desapareceram, perdendo-se aqui e ali, com o rabo entre as pernas e machucadas pelo medo.[127]

E também não lhe faltou, com a eclosão da Primeira Guerra Mundial, o sabor da morte inútil e bela, tanto que celebrou e quase modelou a morte do velho garibaldino Lavezzari, voluntário apesar da idade:[128] o personagem sobre o qual Giulio Barni teria escrito a «Canzone», o porta-estandarte de Garibaldi em Bezzecca, que ataca o Monte Sabotino tirando o casaco cinza-esverdeado e mostrando a camisa vermelha que usava por baixo:

> Em 19 de julho
> chegou à trincheira,
> tirou o casaco esverdeado,
> mostrou sua bandeira.

127 Citação de Gaspare Giudice, op. cit., p. 430.
128 *Frammento di cronaca di Marco Leccio e della sua guerra sulla carta* (que seria comparado, aliás, ao suicídio inútil em um sentido bem diferente, que chama em causa a inutilidade da vida, na novela «Mentre il cuore soffriva», *Novelle per un anno*, vol. XIII, novela 13).

E disse aos voluntários
romanholos e triestinos:
«Avancem com as baionetas,
e matem os garibaldinos!».[129]

(«Canzone» que Umberto Saba declarou ser «uma das maravilhas» da obra de Barni: «Deveria ser citada, como exemplo daquela que se chama [particularmente ou não] poesia popular, nos livros de escola. 'Aos jovens agradaria muitíssimo'».)[130] No entanto, a «tarefa inútil» de Pirandello está muito longe do ritualismo esotérico da «tarefa inútil» de D'Annunzio: enquanto a «tarefa inútil» de Gabrielle D'Annunzio é uma mistificação didática, inclusive uma didática trágica, mas lançada na esperança de uma mais que futura (de outro ciclo cósmico) «revelação extraordinária», a de Pirandello é brutalidade inútil sem mistificação, visto que tornada inútil, niilista e *exotérica*, levada a cabo desde a perda de todo passado coletivo e, também por isso, de todo futuro e para além de todo futuro. Entenda-se: a esperança de D'Annunzio em uma mais que futura «revelação extraordinária» projetava-se unicamente sobre os destinos que, aos olhos profanos, teriam sido vistos (se o vate tivesse-os manifestado claramente, como às vezes manifestou) como destinos de morte, tal como Evola teria dito de Kali-Yuga; e essa esperança estava fundada unicamente — como a dos neofascistas sagrados — na eficiência

---

129 Giulio Barni (pseudônimo de Giulio Camber), «La canzone di Lavezzari», in: *La Buffa*. Milão: Mondadori, 1950, p. 171.
130 Umberto Saba, «Di questo libro e di un altro mondo», publicado como epígrafe de Giulio Barni, *La Buffa*, op. cit., p. 51.

dos atos rituais de religião da morte. Nesse caso, na verdade, o fascismo de Pirandello protestava: o passado, claro, era morte; a morte encerraria o futuro; mas a morte era a morte *real*: «Queimem-me. E que meu corpo, assim que for queimado, seja abandonado; porque não quero que nada, nem mesmo as cinzas, sobreviva».[131] Nesse sentido, o fascismo de Pirandello não podia reconciliar-se com a tarefa inútil e esotérica de D'Annunzio, nem mesmo com a tarefa útil do fascismo profano de Mussolini («um homem vulgar», ele dirá de Mussolini, e talvez pelo menos nisso tenha concordado com D'Annunzio, embora por razões diferentes). O luxo espiritual de Mussolini, e de todo o fascismo profano, além de ser impulsionado por intenções políticas concretas, era alimentado com o mingau do passado indiferenciado e sempre disponível — como o luxo espiritual do neofascismo profano: vivia da comida do *homme de bien*. O luxo espiritual de Pirandello era escasso, brutalidade e heroísmo não encontravam nele nenhum alimento (embora continuassem a viver com fome). O passado estava inteiramente perdido, «o Antigo» estava inacessível; quando muito, por desespero, podíamos deixar-nos envolver, como mortos, por sua concha vazia:

> [...] nada, nem mesmo as cinzas, sobreviva. Mas, se isso não for possível, então que a urna seja levada para a Sicília e murada em alguma pedra crua, nos campos de Girgenti, onde nasci.[132]

131 A partir do parágrafo IV do testamento de Pirandello («Mie ultime volontà da rispettare»), reproduzido por Gaspare Giudice, op. cit., p. 546.
132 Ibid.

Isso não teria sido desejado pelo *homme de bien* que adornava, com colunas dóricas e frontões neoclássicos, seu próprio túmulo. Além disso, a imagem precisa do que havia acontecido no passado, no «Antigo», Pirandello já havia esboçado em uma novela juvenil, *Il turno*. A cena se passa em Girgenti, no fim do século XIX: há um velho rico, que se casa com uma menina muito jovem e que se cerca de jovens amigos; velho, nobre, em sua época «cavaleiro talentosíssimo, espadachim e dançarino. Seus méritos não se encontravam apenas ali, no campo, como ele dizia, de Vênus e Marte: Don Diego falava latim fluentemente, sabia de cor Catulo e a maioria das odes de Horácio».[133]

O velho *homme de bien* e os jovens que o circundam decidem, um dia, fazer um passeio pelos templos de Agrigento (cai uma tempestade, e o *homme de bien*, vítima do aguaceiro, encontra-se à beira da morte). Chegam diante do Templo da Concórdia:

> Fifo Garofalo, ensopado de arqueologia, com a toalha de mesa sobre os ombros e um chapéu de farrapos invertido na cabeça: «Venham, ó profanos!», trovão, pula sobre uma rocha no meio do templo. «Corja irreverente, Venha! Não, esperem...» (desce da rocha). «Senhora Estelinha, finja ser um deus; levante os braços... assim. Adorem-na, ó profanos, a Deusa Concórdia! Eu, sacerdote celebrante, digo em voz alta: vamos fazer libações e orar... Mas não, esperem! esperem!» Todos, exceto Estelinha, posicionada como um deus, precipitam-se na cesta de comida trazida pela serva.

---

133 Luigi Pirandello, «Il turno», in: *Il turno; Lontano: Novelle*. Milão: Treves, 1915, p. 10.

«Você, Pepe», Fifo acrescenta, gritando. «Você, ministro subordinado, pergunte, em primeiro lugar, aos espectadores: 'Quem são vocês que compõem esta assembleia?'»

«Esfomeados!», todos respondem em coro, incluindo o deus, Estelinha.

«Não, não! Devem responder gritando: *Homens de bem!*»[134]

---

134 Ibid., pp. 85-6. Grifo do original.

APÊNDICES

Reproduzimos aqui os textos inéditos de duas comemorações dedicadas a Giosuè Carducci, cujo autor, Percy Chirone (1880-1953), foi aluno de A. Graf e de R. Renier. O interesse desses documentos não reside, evidentemente, em sua qualidade literária, mas no fato de que oferecem uma das raras oportunidades para comparar dois discursos de um mesmo autor e sobre um mesmo tema. O primeiro, proferido em público; o segundo, em uma Loja maçônica. As duas comemorações são, além disso, textos exemplares para nosso estudo, porque documentam uma situação geral, em vez de posicionamentos de uma personalidade particularmente original.

Os manuscritos originais autografados das duas comemorações estão em posse do autor do presente estudo; o primeiro tem quatorze folhas numeradas, escritas apenas na frente; o segundo, dez folhas (numeradas apenas nas oito primeiras), também escritas na frente. Entre colchetes, indicamos as páginas na transcrição do manuscrito autógrafo. Na transcrição, colocamos apenas o primeiro verso de cada uma das numerosas citações de poemas de Carducci, mencionadas pelo orador; às vezes, no manuscrito, essas citações são indicadas apenas pela referência ao número da página de uma seleção de obras de Carducci, a saber: *Poesie di G. Carducci (MDCCCL-MCM)*. Bolonha: Zanichelli, 1902.

Sobre o autor das comemorações, lembramos, no que diz respeito ao anticlericalismo violento de seu discurso na Loja, que ele escreveu também um *Saggio di ricerche sulla satira contro il clero nei «Fableaux»*. Porto Maurizio: Presso l'Autore, 1906, e uma monografia, *La letteratura goliardica. Studio di letteratura latina medievale*, ainda em manuscrito.

I. COMEMORAÇÃO A GIOSUÈ CARDUCCI: REALIZADA NO SALÃO DA SOCIETÀ FILODRAMMATICA SPORTIVA, EM 3 DE MARÇO DE 1907, EM PORTO MAURIZIO

Foi com verdadeira alegria que eu, assim que me foi proposto, aceitei a tarefa de festejar nosso grande falecido; mas, quando me vi perante a página em branco na qual queria imprimir meus pensamentos, senti a consternação de quem está prestes a realizar uma tarefa sem ter medido suas próprias forças. E apenas confiando que a benevolência dos ouvintes e sua indulgência, bem como as palavras de nosso poeta, às quais terei que recorrer muitas vezes, dar-me-iam força, decidi vir até aqui. E não unicamente para dizer algumas palavras sobre sua obra, senão também para propô-las, e seja-me permitido não só festejá-lo hoje, mas evocar, além disso, e em muitas ocasiões, sua memória com a leitura de suas odes, que poderão ser comentadas em momento mais oportuno.

Recorramos, por isso, a quem poderá ilustrar melhor do que eu os versos do professor. Assim, poderemos mostrar que os italianos não são tão acadêmicos e que nem sempre nossas comemorações são tagarelices perpetradas hoje, para serem colocadas, amanhã, na masmorra do esquecimento.

Um rosto masculino, uma testa alta e aberta, [2] coroada com cabelos espessos, olhos ousados e afiados, e, no geral, uma cabeça erguida com orgulho viril: eis o poeta republicano de 1857.

No mesmo rosto, uma moldura grosseira de cabelos grisalhos, olhar menos orgulhoso, porém mais penetrante, e, a partir do conjunto, algo de desdém pungente; uma cabeça menos solta, em suma, mas ainda livre e orgulhosa: eis o poeta que as duras batalhas amansaram, mas não esgotaram. Cinquenta anos de vida, e vida de trabalho, não enfraqueceram a energia indomável do grande que choramos não como crianças, mas cuja partida atingiu-nos.

O anúncio da morte correu rapidamente. Da sala de aula onde são traçados os destinos da Itália à humilde oficina do artesão, da igreja à taverna, em todos os lugares ecoa o pranto. E Santa Croce, por um desejo mesquinho dos concidadãos, não acrescenta às suas uma nova glória, mas não importa: o espírito alado voa sobre toda a Itá[3]lia.

Certamente correu pelas mãos de todos os que foram chamados para falar dele o maravilhoso volume em que é colhido o fruto de cinquenta anos de sua atividade poética. E nele está encerrado todo um florescimento de movimentos líricos perfeitos, uma coleção de versos desdenhosos e contundentes, de nítidas visões do presente e do passado.

Ele também foi tocado pelo amor, encheu sua mente e o coração dos pais de nossas letras, é poeta delas e, com a forma polida que conhece seu soneto, abre-nos seu ânimo e narra-nos as esperanças e os desconfortos, as alegrias e suas dores. E revive, por meio de suas rimas, em toda a pureza da língua, em toda a ingenuidade e castidade dos conceitos, o nosso áureo *Trecento*. Muito pouco conhecidos são esses sonetos (e como!) que, entre a difusão do poético vanilóquio das novas arcadas, tinham que refrescar a alma e acariciar o ouvido daqueles que, em primeiro lugar, ouviram e apreciaram os botões de flor da poesia de Carducci:

> Ecco risorta la donna gentile...
> [Eis renascida a mulher gentil...]

[4] No entanto, Carducci é poucas vezes, e raramente, um poeta autobiográfico. Salvo poucas vezes, sua personalidade é transformada em objeto de poesia; e com que escárnio lançou seus versos contra os poetas:

> ... gente finita
> Dal *pathos* ideal...
> [... gente morta
> Pelo *pathos* ideal...]

Ouçam, paira ao redor a musa de Parini:[1]

---

1 Giuseppe Parini (1729-1799), poeta e abade italiano, foi uma das figuras mais importantes do Iluminismo e do Neoclassicismo na Itália. [N. T.]

S'alza il poeta a mezzodi, sbadiglia...
[O poeta se levanta ao meio-dia, boceja...]

Próximo dos clássicos latinos e gregos, ocupada a mente com a civilização e a cultura deles, o poeta também canta seus deuses, próximo da mitologia que, para muitos de seus contemporâneos, adornada com babados arcádicos, era objeto para si mesma; ele busca trazer imagens novas e mais eficazes para seus versos.
E eis o canto a Febo, e eis o canto a Diana Trívia.

Mas, sem abandoná-la totalmente [5], ele deixa de lado a mitologia e outros ideais, como deuses pátrios, torna-se poeta moderno:

Lunge canti d'amore: altro richiede...
[Longas canções de amor: outra coisa requer...]

E, relendo as obras de Alfieri,[2] eis seus pensamentos voltados para aquela que pairava sobre ele: a liberdade. E ainda:

Te giova il grido che le turbe assorda...
[Te apraz o grito que ensurdece as multidões...]

E ainda:

Torna e ti splenda in man l'acciar tremendo...
[Volta e resplandeça em tuas mãos o aço tremendo...]

2 Vittorio Alfieri (1749-1803), conde, dramaturgo, poeta e escritor italiano. [N. T.]

Depois, com evocação rápida, começam a desfilar diante de nossos olhos as figuras de Parini, de Alfieri, de Metastasio e de Monti.³ Todos voltarão, e aumentará a plêiade dos grandes que elevaram o nome da Itália.

Resumidamente, dizia, Carducci é um poeta do amor: grande demais é a missão [6] que compete à poesia em certos momentos históricos. Em seus ouvidos, tocavam as canções patrióticas que fervilhavam no fértil solo italiano poético.

Ele nasceu quando, após as tentativas infelizes de 1820--1821 e as violentas repressões que se seguiram, os italianos resignaram-se, em parte, à servidão, e apenas algumas pessoas generosas, com um espírito forte e constante, prepararam-se para as novas revoltas, para que as sementes de progresso civil, que a Revolução Francesa trouxe, não fossem totalmente perdidas.

Porém, em 26 de maio de 1831, o corpo de Ciro Menotti⁴ pendia da forca, e as mentes assustadas recuaram com medo. Em 1º de fevereiro de 1834, Giuseppe Mazzini⁵ tentava, às escondidas, realizar uma ação militar contra Savoia, chorando em seu coração por Giuseppe Tamburelli e Efisio Tola, por Andrea

---

3   Pietro Metastasio (1698-1782), poeta, libretista, dramaturgo, considerado um dos reformadores do melodrama italiano. Vincenzo Monti (1754-1828), poeta, escritor, tradutor e dramaturgo italiano, foi um grande expoente do Neoclassicismo na Itália, muito reconhecido por sua tradução da *Ilíada*. [N. T.]
4   Ciro Menotti (1798-1831), patriota e democrata italiano, foi condenado à forca por ter promovido rebeliões, em Módena, com o objetivo de libertar a cidade do poder austríaco. [N. T.]
5   Giuseppe Mazzini (1805-1872), político, patriota, filósofo, jornalista, maçom e revolucionário, foi figura importante durante o *Risorgimento*. [N. T.]

Vochieri e Jacopo Ruffini,[6] que pagaram com a vida o crime de terem desejado a liberdade.

Falhou a tentativa, como faliu a conspiração genovesa, por isso Giuseppe Garibaldi foi forçado a pedir asilo político em Marselha.

E o povo italiano ficou hesitante por causa dos insucessos, apavorado com as condenações, reprimindo no coração os nobres impulsos.

No entanto, a jovem Itália não se amedrontava e amadurecia novas vítimas heroicas diante da raiva alemã, e o nome dos Bandiera [7] ecoou dolorosamente na Itália. Carducci nasceu justamente no seio desses acontecimentos, e quando a poesia italiana, ao lado do arcadismo vazio, punha em voo o conhecido hino de guerra de Berchet:[7]

> Su fratelli d'Italia, su in armi, coraggio...
> [Força, irmãos da Itália, armem-se, coragem...]

Bem como o hino glorioso de Goffredo Mameli.[8]

Nascia, então, como pai inscrito na Carbonária[9] e na Jovem Itália. Tudo ao seu redor, na casa e na vida, falava-lhe de

6 Membros da «Giovine Italia» [Jovem Itália], associação política fundada em Marselha, em 1831, que tinha como objetivo transformar a Itália em uma república democrática. [N. T.]
7 Ambrogio Berchet (1784-1864), patriota italiano. [N. T.]
8 Goffredo Mameli (1827-1849), patriota, poeta e escritor italiano, figura importante no *Risorgimento*, por sua bravura nas batalhas. Morreu com apenas 21 anos, em Roma. É autor do hino nacional da República Italiana. [N. T.]
9 Sociedade secreta revolucionária italiana, fundada no Reino de Nápoles, nos primeiros anos do século XIX. Defendia valores patrióticos e liberais.

liberdade e independência. E seu coração não se mostrou relutante. Contudo, ainda jovem, só sonhava com repúblicas, quando parecia que o sol da liberdade italiana atingia seu meio-dia, quando, depois de cinco dias heroicos em Milão, Carlo Alberto, que esperava por sua estrela, rompeu com a Áustria, depois que o primeiro som da vitória italiana o alcançou, e sobre os nomes gloriosos de Pastrengo e Peschiera[10] a Novara brumal lançou sua sombra negra sobre a Itália, e Veneza, que, abalado o jugo austríaco, havia restaurado a república à sombra do leão, teve que se render, e a empreitada de Garibaldi em defesa da república romana, que havia expulsado Pio IX e encontrava-se lutando contra Oudinot, fracassou, apesar [8] do sucesso de Velletri[11] contra Ferdinando II e dos sacrifícios de Luciano Manara, e Goffredo Mameli, o poeta que havia despertado tantos entusiasmos populares, em face da apatia italiana, profere seu verso e grita lá de Santa Croce, de onde os sepultos ilustres falavam-lhe, inspirando sua musa em versos heroicos:

> In questi avelli or vive...
> [Nestes túmulos agora vive...]

Influenciou grupos revolucionários na Grécia, em Portugal, na Espanha, na França, no Brasil e no Uruguai. [N. T.]

10 Pastrengo, comuna italiana da região do Vêneto, província de Verona; Peschiera del Garda, comuna italiana da região do Vêneto, província de Verona. [N. T.]

11 Velletri, comuna italiana da região do Lácio, província de Roma. Em 1848, Giuseppe Garibaldi, durante a República Romana, enfrentou Ferdinando II em uma batalha em Velletri, da qual saiu vitorioso. [N. T.]

Mas ele poderia fazer algo bem diferente de desprezar! Invocador das pátrias gloriosas, incitador das mais nobres ousadias, impaciente em desejos como em palavras, sabia gritar forte o nome da Itália e suscitar dores e esperanças, novo Tirteu, fogo ardente no jovem povo italiano, que não morrerá enquanto o ideal, há muito acalentado, não for realizado.

Último na plêiade dos grandes cantores da liberdade italiana, que começa com Pier della Caravana, que em meados do século XIII encorajava os lombardos à resistência contra Frederico II, ele surge quando o poeta deve surgir. Diz:

> [9] Itala gente da le molte vite...
> [Gente italiana dá muitas vidas...]

E ele surge justamente quando e onde amanhece, depois da noite, para a gente da Itália:

> Pietà de la gran donna o cavaliere
> O rege, o figlio!
> [Piedade da grande mulher ou cavaleiro,
> Ó rei, ó filho!]

Grita com Vittorio Emanuele,[12] e vem à sua mente o velho leão de São Marcos,[13] que ainda treme cruelmente sob o senho-

---

12 Vittorio Emanuele (1820-1878), chamado pelos italianos de «Pai da Pátria», por ter realizado a Unificação da Itália. [N. T.]
13 Representação simbólica do evangelista São Marcos, que é retratado como um leão alado do tetramorfo. Famoso elemento da iconografia cristã, símbolo da cidade de Veneza. A figura está presente na bandeira da República de Veneza. [N. T.]

rio estrangeiro, incitando-o a derramar o respeitável voto sobre o busto de Júlio e de Trajano, para dar à Itália sua capital natural. Oh! Não desprezem mais, portanto, e não amaldiçoem os pobres viventes. Nas feridas itálicas, derrama-se o bálsamo de novas vitórias.

Porém sua palavra ardente não dá trégua à dor. Em vez disso, azeda-a de modo que, com a cessação da dor, não cesse o desejo de cumprir o trabalho.

E, como nos sonetos aos nossos grandes poetas e homens de armas temos retratos eloquentes, aos quais faltam apenas as feições, tal como aos grandes retratos de nossos pintores ilustres falta apenas a palavra, também em outros sonetos são revividos os momentos históricos fatídicos do *Risorgimento* italiano. E eis a palavra raivosa e zombeteira voltada para os bárbaros em «Montebello», e eis o canto [10] encorajador e persuasivo em «Palestro», e o grito de vitória em «Magenta», e o desafio ao estrangeiro, a palavra de fé e segurança aos famosos ninhos de mártires e heróis: Módena e Bolonha. E quão alta está a vitória do sangue gentio latino, quando São Martinho ouve-o clamar:

... o chi mi noma...
[... ó quem me nomeia...]

E o seu espírito voando sobre a sangrenta Perugia lança o anátema:

Fulmina Dio la micidial masnada...
[Deus fulmina a multidão mortal...]

Ó homenzinhos, que acusam de ateísmo um ser tão grande, sabem em que Deus ele crê? Para os crentes em um Deus dos malvados, sedento de sangue, protetor de matanças, assobia seu chicote; não para os que acreditam e derramam sangue tendo em seus corações e nos lábios o Deus da Itália, o Deus da boa lei, o protetor dos oprimidos, o que diz aos homens: unam-se e amem-se!

À Cruz de Savoia, testemunha e ajudante dos prodígios de um povo, ergue-se o verso [11] alado:

> Ma la luce che a te intorno...
> [Mas a luz em torno de ti...]

Ó homenzinhos, que o reprovam por voltar-se para novos ideais políticos, aqui está o poeta monarquista! E o que importa se a Itália é governada como uma república por um rei? No topo de seus pensamentos, estão os destinos da Itália e, antes e acima de tudo, a liberdade da Itália! Estes os cantos que:

> ... di poveri fior ghirlanda sono
> E Enotrio a le dee appese in dono.
> [... de pobres flores guirlandas são
> E Enotrio às deusas suspensas em dom.][14]

---

14 Enotrio, nome de uma tradição literária muito pouco conhecida. Foi retomado como pseudônimo, «Enotrio Romano», por Giosuè Carducci em suas primeiras obras. O poeta o retomou de uma antiga região do sul da Itália, conhecida como Enótria. [N. T.]

Essa é a década vitoriosa que despertou o povo italiano do sono letárgico, do qual a voz de alguns poetas e tantas mil espadas conflitantes o despertaram. Quando a Itália está quase redimida, parece diminuir o entusiasmo do verso juvenil, o qual agora também despreza seu canto. [12] A expedição de Garibaldi teve êxito feliz e a revolução siciliana derrubou a dinastia dos Bourbon; Vittorio Emanuele foi saudado como rei da Itália, mas Veneza ainda estava dolorida e Roma ainda não havia tomado posse do bastão do povo italiano.

E então por que tudo acaba?

> Perdesi l'inno mio nel vuoto quale...
> [Perde-se meu hino no vazio como...]

Canta premente o nosso poeta. Mas não!

> Ma no: dovunque suona...
> [Mas não: toca em todos os lugares...]

E, então, uma vez que derramou seu sangue pela pátria, é castigado; e Garibaldi encontra-se amarrado no tronco; pois

> Sempre schiavi gemere...
> [Escravos sempre gemem...]

Seu canto é uma arma de ódio e prepara a rebelião. A rebelião que estourou, fulgurou humana, no hino a Satanás.

E aqui está a lenta preparação.

O poeta forte, que jamais dobrou sua alma ou baixou o olhar desdenhoso, visa as misérias humanas. Que estranhas palavras na boca do poeta de ousadia e ira:

> Deh quanta pietà! E pure...
> [Ó quanta piedade! E mesmo assim...]

O poeta jamais havia narrado a miséria humana com tais ênfases. E [13] «de onde» as tirou?

Acima da piedade humana, encontra-se, para ele, a piedade nacional. É a condição da Itália miserável e negligenciada que chora nesses versos. E, nos filhos famintos em vão procurando a popa exausta de que se saciam, vê os italianos exilados da grande mãe moribunda.

Só por pouco a indignação é atenuada no canto pela proclamação do reino da Itália. Contudo, também aqui, o verso informador é o que incita a coroação do trabalho:

> Italia ascendi il Campidoglio.
> [A Itália sobe o Capitólio.]

E, uma vez que o impulso é lento, ao entusiasmo sucede a rebelião contra os sentidos que não permitem que se chegue a Roma; a rebelião eleva-se da motivação política até a motivação universal, e o verso sibila contra o sentimento eclesiástico que se opõe à conclusão dos desejos itálicos.

Eis Satanás:

> Un bello ed orribile mostro...
> La forza vindice della ragione.

[Um lindo e horrível monstro...
A força vingadora da razão.]

O pensamento alado sonha com a queda dos altares e das faixas sacerdotais. Como o poeta rebelde teve que derrubar a coroa leonina, ele que conhecia a fúria da tempestade e sabia como se alegrar ao perceber a guerra que as palavras audazes despertaram.

[14] Agora jaz; mas não sem conforto, porque, diante de seu poder, todos se curvaram.

E, já que ele mesmo diz nas notas ao *Giambi ed Epodi*: «Em um jornaleco clerical, daqueles que razoável e canonicamente me assustaram e assustam pelas costas por amor do hino a Satanás, li a história de que eu estava morto», eis o prólogo à obra de seu meio-dia:

No, non son morto. Dietro me cadavere...
[Não, não morri. Atrás de mim, cadáver...]

Ocorreu conforme sua promessa, e a poesia que havia narrado os feitos épicos dos heróis itálicos tomará o chicote com o qual irá chicotear os italianos indignos da obra concluída.

Depois, irá irradiar seu calor; com o passar dos anos, o homem encanecido elevar-se-á aos problemas filosóficos da história e concentrará, em seus versos, sínteses maravilhosas dos grandes acontecimentos.

À espera de alguém que fale sobre essas sínteses, e muito melhor do que eu, que não soube como colocar o poeta combativo diante de vossos olhos, o poeta da Itália nascente e ressuscitada, permitam-me que lhes conte este maravilhoso canto de amor até a exclamação poderosa que é a coroação filosófica de toda a sua obra.[15]

---

[15] Nesse ponto, evidentemente, o orador terá recitado «A canção do amor»; porém não toda, mas sim «até a poderosa exclamação que é o coroamento filosófico de toda a sua obra», que provavelmente terá sido: «Ela é outra Madona, ela é uma ideia / resplandecente de justiça e piedade: / Abençoo quem se apaixonar por ela / Abençoo quem por ela viver». Claro, tudo sugere que nessa comemoração ele não recitou as três últimas estrofes e a famosa «Cidadão Mastai, beba um copo!», na qual se deteve na comemoração seguinte.

II. COMEMORAÇÃO A GIOSUÈ CARDUCCI: REALIZADA NA LOJA MAÇÔNICA, EM PORTO MAURIZIO, EM MARÇO DE 1907

Irmãos,

estou triste porque a breve hora que me foi concedida não me permitiu preparar, para nosso grande irmão, uma rememoração como merece. Valha-me isso como desculpas, se minhas palavras forem díspares em relação às intenções. O amor que une nossos espíritos à sua memória será a melhor comemoração e, certamente, muito mais lhe agradaria.

Em outro lugar, e com outras intenções,[1] falei de nosso irmão que, mesmo sem a bênção do padre, será imortal. No entanto, como a ocasião solicitava, procurei, então, não sei se minhas forças concordam comigo, procurei, digo, apresentar o poeta combativo, o poeta da Itália nascente e ressuscitada.

Aqui, no seio da família, que entra em sintonia com nossa honra por ter convivido com ele, falarei novamente sobre o poeta ousado, mas não mais do que aquele que almejava a liberdade, a independência da Itália, em suma, do poeta italiano.

---

1 Ou seja, na I Comemoração, que reproduzimos nas páginas precedentes.

Vou lhes falar do poeta civil, do poeta de toda a humanidade, cujo objetivo era a luz, cujos inimigos, as trevas.

A palavra é uma arma terrível nas mãos do poeta; sobretudo quando a palavra dá-se à zombaria; ainda mais [2] terrível torna-se quando veste a injúria. Nosso irmão teve o desprezo e a injúria entre seus meios, usados em parte para açoitar a preguiça dos homens tímidos e amedrontados, em parte para manchar de vergonha o corvo negro que, de Roma, corvejava e que tanto sangue italiano derramou antes que os italianos pudessem chegar a Roma. Como um italiano, especialmente contra a Roma temporal, ele vocifera, porque os votos de todos os italianos estão voltados para o Capitólio, pois, de lá, um sacerdote, o maior dos sacerdotes, o senhor espiritual do mundo, arqueja-se e apressa-se para proteger a última aba de terra que lhe permite ser não apenas papa, mas também rei. Como homem, vocifera contra Roma porque alimenta em seu seio a Igreja, esse templo de apatia, esse covil de fraudes, esse ninho de infâmias.

Ó senhores, quão longe está, para nosso poeta, e como desaparece a visão da Roma republicana, mãe de leis e da liberdade! Agora, tantos mil lacaios lá de Roma partem e continuam a colocar a mordaça nas bo[3]cas, para cortar as asas do pensamento humano. Contra a primeira, ele dirige-se especialmente no momento fatídico do *Risorgimento* italiano; contra a segunda, lutará por toda sua vida: ele, o último vingador da liberdade humana; ele, o maior cantor da liberdade de espírito.

Um dia, escutei, em uma academia, um discurso cujas palavras não poderiam dizer-se mais doutas, sãs e cristãs sobre a educação das crianças. E, como ele sempre gostou dos costumes dos gregos muito sábios, os quais colocavam em versos os mandamentos da religião, as leis civis e os preceitos da filosofia moral e os cantavam durante os jantares ou os esculpiam pelas ruas principais para que, dessa forma, permanecessem mais bem impressos nas mentes de seus moradores, assim também ele quis fazer o quanto pôde em relação àquele discurso, que toma por algo santíssimo e avassalador que toca, do começo ao fim, a religião, a civilização e a moral. E reclama em versos:

> Udite, udite il molto reverendo...
> [Ouçam, ouçam o muito reverendo...]

O bom Parini, tão agudo e fino em sua sátira, não encontraria nada para rir dela. Além disso, o grande amor que nosso irmão transmitia-lhe não devia afetar, em nada, sua inspiração. [4] No entanto, isso é apenas uma leve zombaria contra os métodos padrescos maravilhosos de educação e contra os princípios sãos e livres da razão que são infundidos nos alunos com tais métodos.

Isso interessa muito mais aos professores, se souberem valorizar e seguir os ensinamentos úteis.

Para uma sátira mais pungente, mais acre, mais geral, volta-se quando elogia o beato Giovanni della Pace, que a bodega Católica Apostólica Romana colocou em circulação. Até mesmo um outro escritorzinho italiano, sem dúvida o Sr. Giovanni Boccaccio, já havia brincado com os santos e suas relativas relíquias. Porém a Igreja Mãe condenou esse livro horrendo ao *Index*. É verdade que os seminaristas e as beatas devoraram-no e devoram-no em segredo; o que quereis? É necessário, de fato, conhecer o pecado para evitá-lo, e é realmente um narrador endemoniado o Sr. Giovanni, que lida com argumentos muito picantes!

É este o primeiro que satiriza o clero sem intenções de reforma, que zomba dele em seus [5] vícios, que coloca a nu suas pragas. Nosso irmão encerra, por agora, a plêiade e perpetua a nobre missão confiada à pena e absorve a herança do espírito crítico latino, que se dizia pai da sátira. Entretanto, essas são piadas, e os tempos de nosso irmão não permitem o riso. São tempos de lágrimas e de lágrimas de sangue. A raça suja não se contenta em enterrar-se, e à sua própria bolsa com dinheiro arrancado de ladrões e assassinos, em busca de um perdão público, ó profundo senhor da confissão! Aos penitentes à procura de um porteiro bondoso diante das portas do paraíso, aos pobres de espírito em busca de paz, de quietude para as almas perturbadas de seus mortos, que sonham serem presas das penas do purgatório. Não se satisfaz. Nem mesmo a senhora espiritual, a Roma adúltera, e seu pecador alimentam unicamente com fraudes a raiva covarde, mas soltam os lobos católicos sobre os povos e mancham a areia de lascívia e matança.

O Perugia, disgraziata Perugia!
[Ó Perugia, desgraçada Perugia!]

E, então, por aquele Cristo que fez Pedro depor a espada [6], por aquele Cristo que não mata, mas perdoa, por aquele Cristo professor da liberdade, eis o anátema na cara do nefasto:

Fulmina Dio la micidial masnada...
[Deus fulmina a multidão mortal...]

Juvenal, um poeta cujos versos serviam de chicote, dizia: «facit indignatio versus» [a indignação faz os versos], e parece dizê-lo ao nosso poeta. E essa é a indignação amarga do homem impotente em face das monstruosas duplicidades e ferocidades de uma igreja e seus seguidores.

Mas para que servem as palavras?

Roma transforma irmãos em inimigos de irmãos, e pais em inimigos de filhos, e declara guerra, e ouve, entre as orgias dormentes, crepitar a fé entre membros vivos, e já vê espadas avermelhadas de sangue e Cristo sequestrado por garras raivosas que cometem crimes, entre estupros e ultrajes, com muito sangue e presas; já o padre superior, em estolas brancas, levanta a mão e dá a bênção à multidão enfurecida e massacrada.

[7] Nefandi! Oh! Venga dí che sangue v'empia...
[7] Nefandos! Oh! Chegue o dia em que com sangue se encharcarão...

Isso já não é escárnio; e a alma angustiada do poeta que transpira nesses versos é a ira em todo calor humano; o grito do que há de mais vivo, de mais tenaz à natureza do homem, soa-lhe como uma ferida. É seu coração mutilado que, em palavras em brasa, chega a seus lábios. Não, o homem solitário está ferido.

Antes o homem, depois o italiano, porque o intérprete de Deus ficou no templo, escola de covardia e enganos, negando o próprio Deus, a pátria e os irmãos, ficou com os tiranos e louvou-se como exemplo das dores itálicas no céu, e abençoou a espada dos opressores e consagrou à morte aqueles que, levantando-se, sacudiam de suas cabeças os danos da servidão.

Ahi! giorno sovra gli altri infame e tristo...
[Ai! Um dia após o outro, infame e triste...]

Papa Mastai,[2] é um amargo cálice aquele que, em seu lábio, perjurou rapidamente o nosso ir[8]mão. Magnânimo, depois lhe oferecerá o braço, ou seu próprio prisioneiro, pensando em ti ao vê-lo como escravo de uma gentalha vil, mas, agora, como tece seus louvores!

A terra l'infule
Via l'aspersorio, prete, e il tuo metro.
[Ao chão a ínfula
Liberte-se do aspersório, padre, e de seu modo de falar.]

São esses os gritos exaltados ao longo de sua obra poética, do poeta que sempre lutou absorto na visão maravilhosa e com esperança de um dia ver, sobre o mundo livre, voar sozinha e dona de si a razão, o pensamento livre.

Pobre morto! Mesmo hoje, esse é um pensamento positivo; o grito que tantas vezes proferiste, a destruição com a qual sonhaste tantas vezes não se realizará tão cedo. Mas a semente da liberdade que plantaste florescerá e dará frutos.

A irmã latina já expulsou de seu solo a raça nefasta e deve ter alegrado teu coração; mas, ao lado da alegria, por essa primeira grande vitória, que dor terá assombrado teu coração vendo a erva venenosa ser replanta[9]da bem em nosso solo italiano, nesta pátria de liberdade antiga. No entanto, conforta-te: pegam muito facilmente em um solo muito árido; aos ouvidos

---

2   Pio IX, batizado com o nome Giovannni Maria-Mastai-Ferretti (1792-1878). Foi papa por um longo período, de 1846 a 1878; foi beatificado, em 2000, pelo papa João Paulo II. [N. T.]

dissuadidos e aos corações cessantes, cantaremos tuas palavras; nós vamos perpetuar tua guerra.

Oh! como o coração de cada um de teus irmãos te segue quando lhes apontas o caminho e dizes:

> Ma io per man tôrrommi questa madre...
> [Mas eu estou a ajudar esta mãe...]

Tu os excomungas, tu, sacerdote da verdade augusta, poeta do futuro; nós, teus discípulos, teus filhos mais que irmãos, se o nosso não for orgulho, nós os aniquilaremos. Desencorajado, gritas:

> Non piú perfusi del tuo fiume sacro...
> [Não mais perfundido que teu rio sagrado...]

E faremos o livre espírito latino florescer novamente, removeremos os véus fúnebres da razão, vamos rasgar o velame, e, em breve, tuas palavras de desânimo soarão estranhas e vão refugiar-se entre as memórias históricas, e apenas a tua saudação à alma humana e à nossa Itália levantar-se-á do coração do homem envolto na luz [10] do Oriente, ou morto muito cedo! O canto da vitória virá até ti para te despertar do sono eterno.

TRÊS INÉDITOS
E UMA ENTREVISTA

As páginas de *Cultura de direita* não são as únicas que Jesi dedicou à figura de Ettore Ovazza, o judeu turinense, membro do assimilacionismo fascista e fundador do periódico *La Nostra bandiera*. Ovazza foi assassinado com sua família pela SS, em 1943. Entre os papéis conservados por Marta Rossi Jesi, encontramos o texto datilografado (talvez de meados dos anos 1960) intitulado *A religião dos judeus diante do fascismo*, com o qual abrimos esta seção de materiais inéditos. Como no caso do avô materno Percy Chiron (autor das comemorações de Carducci, publicadas e comentadas em *Cultura de direita*), pode-se dizer que Jesi escava, aqui, em certo sentido, sua história familiar. Muito próximo do ambiente de Ovazza, e da Casa Savoia, era seu pai Bruno: voluntário e herói da guerra colonial, foi posteriormente atingido pelas discriminações raciais. Ele morreu em Turim, no início de 1943, com apenas 27 anos, na mais amarga desilusão.

A RELIGIÃO DOS JUDEUS DIANTE DO FASCISMO

A presença de uma tirania muitas vezes também pode agir negativamente nas estruturas de uma comunidade religiosa, se não na parte mais íntima da experiência religiosa de cada fiel. A hora da violência é, necessariamente, aquela na qual as vítimas revelam toda sua fragilidade, e não se mostram pouco nobres na busca por acordos e na esperança de salvar o que pode ser salvo. Entende-se que cada grupo de vítimas tem seus próprios heróis e mártires: mas é uma minoria, e é humanamente óbvio que seja dessa maneira.

A atitude dos líderes religiosos e laicos das comunidades judaicas italianas diante do fascismo não ensina nada de novo sobre isso. O documentado livro de Renzo De Felice sobre os judeus italianos durante os anos 1920 contém, nos capítulos dedicados ao período de perseguições, inúmeras provas de fraqueza forçada — principalmente de boa-fé —, chegando até mesmo ao servilismo mais contraproducente, bem como um certo número de exemplos de heroísmo, ou apenas de maior coragem ou de melhor política. Acrescentar testemunhos aos já apresentados por De Felice pode ter certa utilidade historiográfica, mas não vale, de jeito nenhum, para esclarecer um problema de fundo: o da crise de consciência religiosa dos judeus italianos perante a iminência de uma tirania que ignorava o próprio conceito de religião e que dirigia, às suas vítimas, intimidações brutais, além de grotescas, impondo-lhes, como condição de uma sobrevivência precária (viu-se mais tarde quão precária), sacrifícios morais tão imensos que minavam a dignidade de qualquer comunidade religiosa.

Ao fenômeno da crise, então em ato nos maiores responsáveis pela vida religiosa judaica na Itália, acrescenta-se a ação igualmente grave das experiências religiosas dos indivíduos, dos leigos, em todas as classes sociais; fenômeno, este último, do qual também resulta, à primeira vista, a gravidade da desordem espiritual que a violência fascista levou a um ápice doloroso e esquálido. «A vergonha das vítimas recai sobre os opressores»: as nobres palavras que eram válidas para Silvio Pellico são particularmente apropriadas a nosso discurso, que não pretende, de jeito nenhum, julgar as fraquezas e os compromissos de quem, em última análise, passou sozinho por múltiplos sofrimentos por causa de seus erros; erros, de fato, de vítimas incapazes de lucidez e heroísmo. Nosso estudo diz respeito unicamente à fenomenologia religiosa e não quer transmitir julgamentos, muito menos, a partir destes, condenações.

Certamente, a complexidade e a singularidade do comportamento judaico na Itália em face do fascismo poderiam já ser exemplificadas pelo fato de que, enquanto os judeus alemães ou poloneses reconheceram imediatamente, no nazista, o exterminador, um grande número de judeus italianos continuou a nutrir, até quase o último segundo, sentimentos de respeito e às vezes até mesmo de entusiasmo pelo fascismo, permanecendo, depois, quase maravilhados com o desejo de massacre que havia contra eles, totalmente indiferente à sua atitude amigável e, aliás, «enojado» pelo que foi interpretado como uma desprezível vontade de contaminação da mística e das estruturas do regime.

Referimo-nos, especialmente, ao movimento ideológico judaico de *La Nostra bandiera*, que teve seu centro em Turim — especialmente em Ettore Ovazza e Guido Liuzzi — e que declarou, programaticamente, a «italianidade» dos judeus italianos, recebendo um número impressionante de adesões e chegando a mostrar o sionismo como um verdadeiro ataque desleal e ingrato contra o regime que «renovava as glórias italianas».

Do ponto de vista religioso, os promotores de *La Nostra bandiera* e, especialmente, seu porta-voz «literário», Ettore Ovazza, propunham, como dado adquirido, um *pastiche* precário entre o judaísmo e o cristianismo — «religiões irmãs» —, o que deveria ter confirmado também, na esfera religiosa, a «italianidade» dos judeus, apoiadores — em vez de estranhos — da religião católica nacional e, sobretudo, «fascistas como qualquer outro verdadeiro italiano».

Sem dúvida, o fato é que os seguidores rigorosos do teórico Ovazza não podiam dizer-se genuinamente nem judeus, nem católicos: sua religião — se essa palavra não estiver muito degradada — consistia na adesão a um fideísmo superficial no qual convergiam, estéreis e distorcidas, as sobrevivências da religião antiga, agora entendidas muito mais como «heranças sentimentais», herdadas dos pais e conservadas como «memórias de família», aptas a despertar certas emoções metafísicas. Os apoiadores mais diretos de Ovazza pertenciam à alta burguesia judaica, conservadora por tradição, bem como por conveniência, e assimiladora de uma moralidade semelhante àquela que Max Weber indicou na cultura da alta burguesia calvinista. Claro, o judeu rico podia alimentar sonos religiosos menos tranquilos do que os de Jean Buddenbrook, visto que, no fundo — embora negligenciado — da devoção ancestral, permaneceu uma «religião dos pobres e dos despossuídos», que tornava muito pouco conciliáveis as instâncias de iluminação metafísica com o bem-estar obtido pelo «trabalho honesto» dos ricos. No entanto, as memórias da história também tornavam possível o equívoco da identificação dos pobres com os perseguidos, do qual os ricos tiveram que dar justificativas em uma época inicialmente desprovida de perseguições. E, assim, precisamente o desconforto parcial, mas latente, induziu as consciências menos genuinamente religiosas a encontrar paz e refúgio em uma mística diferente — e muito mais profanada: a mística do combatente. *La Nostra bandiera* conferiu valor supremo às experiências bélicas da «última guerra do *Risorgimento*», ocorrida entre 1915-1918 — portanto do patriota, por meio do qual o eterno complexo de inferioridade da minoria judaica era redimido, por serem todos «soldados da Itália». Muito mais plano, então, era o caminho, se na «nova Itália» os combatentes da Primeira Guerra Mundial — judeus e não judeus — viam que havia para eles um lugar de eleição reservado. E renunciava-se com prazer ao igualmente eterno complexo de superioridade judaico, organizado no sionismo: a peste negra dos ex-combatentes judeus, «antes de tudo, italianos».

Religião superficial, é claro. Entretanto, religião cuja bondade era garantida pelos mais velhos de algumas das principais comunidades judaicas, arrastando consigo o «povo simples», cujo complexo de inferioridade era mais doloroso e cuja consciência estava, portanto, mais indefesa perante a demagogia dos guardiões correligionários da ordem, que representavam, aparentemente, o caminho para uma relação finalmente de igualdade com a maioria étnica e religiosa, por meio do parentesco ideológico com o regime dominante. O pequeno judeu, talvez mais religioso que seu confrade da alta burguesia, era levado a sacrificar a herança genuína de seus pais diante da perspectiva de um planejamento mais entusiasmante do que a perspectiva defendida por Massimo d'Azeglio, uma vez que negadora do próprio conceito de minoria étnica e religiosa. «Somos todos italianos e fascistas»: a mensagem de Ovazza tinha uma carga demagógica que pode ser bem compreendida se percebemos a situação psicológica do judeu italiano, especialmente integrado nas estruturas de sua pátria geográfica, e patriota, ou realmente chauvinista *pro domo sua*:[1] para vencer a angústia de ser o eterno sem pátria.

Sem dúvida, essa situação não se verificaria, e os membros de *La Nostra bandiera* não teriam tido tantos seguidores se a consciência religiosa da maioria dos judeus italianos não tivesse sido — já nas décadas anteriores ao fascismo — alterada pelas modalidades de integração da minoria judaica na Itália unificada. E aqui se poderia observar que, paradoxalmente, os aspectos positivos econômicos e sociais dessa integração exerceram uma função negativa, quando deveria ter sido reconhecido o inimigo latente — e não muito mascarado — com o qual, infelizmente, o Estado italiano identificava-se. As garantias positivas de vida livre, em igualdade com a maioria étnica nacional, e o bem-estar econômico que dela derivava foram as causas determinantes do conservadorismo e da «ingenuidade» do comportamento judaico em face do advento da tirania. Essas causas também coincidiram com uma adesão relaxada da

---

[1] Expressão latina, «em causa própria». [N. T.]

maioria dos judeus italianos no centro de sua tradição cultural e religiosa, devido a um conjunto de fatores históricos que examinaremos particularmente mais adiante e que, já nos séculos imediatamente anteriores à integração oitocentista, tendiam a transformar os moradores dos guetos da península em grupos de italianos forçadamente isolados do resto da população. No entanto, por mais que a língua hebraica fosse pouco e superficialmente conhecida pela maioria dos judeus italianos, por mais que a grande tradição cultural judaica fosse geralmente negligenciada ou desconhecida, com todas as consequências religiosas implícitas nesse estado de coisas, permanece não muito crível que os judeus — e especialmente aqueles das classes sociais menos elevadas, menos expostos à absorção da cultura italiana e católica — pudessem realmente se apropriar do comportamento de um Ovazza, que proclamava o parentesco restrito das religiões e dos cultos, em nome de um teísmo autodeclarado e superficial, muito distante de experiências religiosas genuínas. É inverossímil que os judeus mais humildes, por mais moderadamente religiosos que se queira representá-los, aceitassem facilmente a identidade judaísmo-cristianismo proposta por Ovazza; e é muito mais provável que, para essas pessoas, o banqueiro e «comendador» Ovazza se tornasse um guia graças à sua autoridade econômica e social, e não por suas exortações enfáticas à religião universal.

Nota do organizador da edição italiana

Em junho de 1973, Jesi entregou à Paravia[1] uma antologia de literatura grega voltada para as escolas secundárias, intitulada *La vera terra*. Ela começava com um ensaio introdutório entusiástico de Georges Dumézil. Assim que recebeu o envelope, o editor solicitou-lhe outro livro, de caráter didático e destinado a uma coleção de textos interdisciplinares para as escolas de ensino médio. Jesi, que estava reconstruindo, em *L'accusa del sangue* (agora publicado pela Bollati Boringhieri, Turim, 2007), as dinâmicas do racismo antissemita, idealizou *Il cattivo selvaggio. Teoria e pratica della persecuzione dell'uomo «diverso»*: em 11 de agosto, enviou o esboço de um capítulo («Il selvaggio, cattivo soldato») e, logo em seguida, no dia 23, um «esquema geral», que considerou «aproximativo o quanto se queira», mas substancialmente correto. O trabalho continuou até o ano posterior, mas nunca foi concluído. Não poucas ideias e não poucos entre os materiais coletados (sobre Adriano Romualdi, por exemplo), no entanto, foram retomados mais tarde, na nova perspectiva de *Cultura de direita*. Portanto, pareceu-nos útil apresentar, aqui, pelo menos o projeto inicial (sem título nos papéis de Jesi) e uma elaboração do primeiro capítulo («Lo sporco selvaggio») do livro jamais concluído, oferecendo-os como testemunho do extenso canteiro de obras sobre a ideologia de direita aberto por Jesi.

[1] Editora fundada em 1802, em Turim, por Giovan Battista Paravia. Ficou muito conhecida e respeitada por suas edições no campo da Pedagogia. [N. T.]

O MAU SELVAGEM.
TEORIA E PRÁTICA DA PERSEGUIÇÃO
DO HOMEM «DIFERENTE».
ESQUEMA GERAL

1. Os iguais e os diferentes

Exemplos de «diferentes», escolhidos entre aqueles rapidamente reconhecidos pelo leitor: na Itália, o proletariado do sul (visto pelo norte); na América, os negros. As *diferenças* mais ou menos denunciadas (alguns casos exemplares, tirados da imprensa etc.). Paralelos nos primeiros regimes coloniais (América na época da Conquista etc.): as diferenças entre o civilizado e o selvagem no período das primeiras relações entre europeus e diferentes. Uma menção ao etnocentrismo.

2. O selvagem, mau soldado

Os vícios que impedem o selvagem, o diferente, de ser um bom soldado. Começamos a ver, para além da superstição simples contra o diferente, a rede de motivações tanto racionais como irracionais que levam a separar os diferentes dos iguais. Precisamente, começa-se a perceber isso por meio do modelo transparente do «bom soldado», já que esse modelo está organicamente ligado às estruturas sociais e ideológicas da «internacional racista»: da «internacional», nos capítulos subsequentes, são indicadas — por meio de escavação — as estruturas reais de apoio.

3. O selvagem, mau trabalhador
O diferente explorado nas sociedades dos iguais. O diferente deve deixar de ser tal (para seu próprio bem), de modo que possa ser totalmente explorado e da forma menos arriscada. A cultura de quem explora e suas conexões com desvalorização/exploração, em termos racistas, dos diferentes, das raças inferiores etc. Aristocracia cultural, racismo, colonialismo real, «colonialismo» em pátria.

4. O selvagem menor de idade
Dada sua inferioridade, o diferente está necessariamente sob a condição de menor de idade, que não possui personalidade jurídica. O selvagem não pode autogovernar-se: poderá apenas quando deixar de ser verdadeiramente selvagem. O civil como bom pai, ou mau pai, do menor. Os movimentos políticos que miram no autogoverno dos selvagens e na abolição da exploração dos diferentes: são movimentos que sustentam a barbárie contra a civilização (assim, também a luta de classes contra a colaboração com o explorador).

5. Perigo: diferentes!
O título do capítulo é, obviamente, a paráfrase do alemão «Achtung Banditen!», ou «Banditen Gefahr». Isso significa que, nesse último capítulo, apresentamos exemplos das superestruturas mais aberrantes criadas — ou às vezes criadas para si — em torno das estruturas de apoio do racismo e das «discriminações

por exploração». E, em suma, um diorama em que todos os temas já tocados encontram-se; estupidez, covardia, preguiça, agressão, vício, sexomania, paganismo etc., do selvagem/diferente foram os pretextos ou os pontos de contato: agora que já foram vistas as razões pelas quais esses pretextos e tais ocasiões são usadas, é possível descobrir que esse tipo de superstições ou preconceitos (às vezes, talvez, mesmo aparentemente inofensivos) são tudo menos estranhos, injustificados ou casuais. Esse capítulo é a segunda parte do primeiro capítulo. Não se trata de tirar conclusões (que devem ser tiradas de cada página, na medida do possível e do útil, graças ao tom do discurso, aos dados, às solicitações e «aberturas»), mas de ilustrar uma quantidade de materiais de convicção e «informação» que, no primeiro capítulo, ainda não puderam ser totalmente investigados a fundo por falta de perspectiva.

O MAU SELVAGEM.
TEORIA E PRÁTICA DE PERSEGUIÇÃO
DO HOMEM «DIFERENTE»

1. O SUJO SELVAGEM

O primeiro documento é uma carta que, em 1973, uma turinense escreveu ao jornal *La Stampa* (editado em Turim), esperando que fosse publicada na rubrica «Espelho dos tempos» e que, portanto, caísse sob os olhos de milhares de pessoas. A carta foi realmente escolhida entre as muitas que chegavam todos os dias ao jornal e publicada. A redação acrescentou, como título (e como comentário), as palavras: «Uma casa velha pode ser decente».

Refiro-me a alguns artigos publicados em *La Stampa* sobre os «baixos de Turim», para lembrar aos não muito jovens a relação «casa velha-limpeza» que regulava a vida da Turim-turinense. Turinense puro sangue (e, portanto, já não jovem), nasci e vivi por anos em uma velha casa na via Po (infelizmente destruída pela guerra), sem banheiro e com serviços higiênicos compartilhados. Para a limpeza pessoal recorríamos aos «banheiros públicos», acompanhados de nossas mães, ou, de acordo com o orçamento, ao inconveniente balde, primeiro de madeira e depois de zinco, o qual substituía muito bem a banheira.

Não havia ladrilhos de mármore, na época, nem aspiradores de pó, mas uma forte dose de «graxa de cotovelo» e um forte senso de decoro, que mantinham, em nossas velhas habitações, a dignidade e a limpeza que, hoje, se buscam, em vão, nas casas de quem quer dignidade e limpeza em casas com «confortos», que criamos para nós mesmos *depois* de décadas de sacrifícios e renúncias.[1]

A autora da carta, conforme especifica na primeira frase, foi convocada a expor publicamente suas considerações a partir da leitura de alguns artigos que descreviam as condições atuais das casas turinenses, nos bairros mais velhos e mais pobres: muita sujeira, montes de lixo por todos os lugares; extrema deterioração de todas as partes das habitações, desde as instalações sanitárias às varandas, escadas, pátios, do gesso das paredes até os ferros das grades; quartos reduzidos à condição de estábulos abandonados etc.

A autora da carta compara a situação atual com aquela que, de acordo com suas memórias pessoais, era a situação do passado na «Turim-turinense» (ou seja: antes que se estabelecesse, na cidade, um grande número de «não turinenses», principalmente imigrantes da Itália meridional). Ela realiza, portanto, uma *análise*: analisa a situação passada e presente, descobre algumas causas da mudança e atribui a alguém a responsabilidade.

---

[1] Carta publicada em *La Stampa*, Turim, 20 de setembro de 1973, p. 4 (a carta é assinada por Teresa Frola).

Os resultados de sua análise (que transparece na carta) podem ser resumidos da seguinte maneira:

Houve um tempo que, agora, só os velhos lembram, em que uma grande cidade no norte da Itália, Turim, era habitada por uma população indígena «puro sangue», isto é, toda composta de pessoas nascidas em Turim, de famílias turinenses desde tempos imemoriais. Esses turinenses de «puro sangue» tinham as seguintes qualidades: «um forte senso de decoro», uma grande vontade de trabalhar, de suportar o cansaço, de sacrifício; além disso, tinham o sentido de economia («de acordo com o orçamento»), o senso de limpeza, nenhuma pretensão de luxo e a convicção de que algum luxo, eventualmente, só é permitido se conquistado ao custo de «décadas de sacrifícios e renúncias».

Essas qualidades serviam para viver com «dignidade», mesmo quando se era pobre. Os turinenses «puro sangue», que não dispunham de banheiro em casa, usavam «o inconveniente balde» e, assim, conseguiam ficar limpíssimos. Tinham moradias miseráveis? Mesmo sem aspirador de pó, pela força dos braços (com «uma forte dose de 'graxa de cotovelo'»), tinham dignidade. E essas qualidades foram corretamente premiadas, porque, depois de «décadas de sacrifícios e renúncias», o sentido de economia e a laboriosidade permitiram que tivessem casas confortáveis.

Em tempos mais recentes, a cidade do norte foi invadida por uma população de outro «sangue», proveniente do sul da Itália. Essa população de «sangue» não turinense é exatamente o oposto dos turinenses «puro sangue». A cada qualidade inata nos turinenses «puro sangue», correspondem defeitos ou vícios inatos nas pessoas de outro «sangue». Pessoas de «sangue» meridional não têm «senso de decoro», não têm vontade de trabalhar, não querem sacrificar-se e suportar o cansaço (querem todos os confortos sem obtê-los), não têm o senso de limpeza. Essas pessoas vindas do sul estragaram a cidade, transformaram-na numa cidade semelhante às do sul, suja e indecorosa. Dizer, agora, «turinense puro sangue» significa pessoa «já não jovem»: obviamente, isso significa que muitas pessoas de «sangue» meridional tiveram relações com turinenses «puro sangue», nascendo, assim, inúmeros mestiços, e os jovens de hoje, quase sempre, são filhos dessas uniões entre pessoas limpas e trabalhadoras e pessoas sujas e preguiçosas. Vê-se que o «sangue» ruim é mais forte do que o «sangue» bom: os mestiços herdaram todos os vícios dos pais de «sangue» sulista, e não as virtudes dos pais turinenses «puro sangue».

Na minha opinião, a análise que levou a traçar esse quadro é, antes de tudo, uma análise *agressiva*: percebe-se, em quem a fez, um desejo de agressão contra o povo do sul da Itália que se mudou para Turim. A autora da carta atribui a responsabilidade pela sujeira atual das antigas casas de Turim aos defeitos ou vícios inatos dos imigrantes meridionais. Não leva em consideração o fato de que, na «Turim-turinense» de cinquenta anos atrás, a população era muito menos numerosa do que a atual; os turinenses «puro sangue», inclusive os pobres, geralmente não eram forçados a viver em cinco ou seis (ou até mesmo em maior número) em um único cômodo. Enquanto isso, a população cresceu enormemente, porque não foram criadas, no sul, oportunidades de trabalho para a população dessas regiões, a qual foi forçada, portanto, a emigrar para o norte, onde se encontram as grandes indústrias; porém não houve planejamento para dar aos novos habitantes o espaço e os serviços para habitá-lo de modo confortável.

Na velha casa em que, outrora, viviam vinte famílias turinenses «puro sangue», hoje são obrigadas a ficar amontoadas cem famílias de «sangue» meridional ou setentrional, que não ganham o suficiente para pagar outro tipo de habitação. E é impossível que centenas de pessoas forçadas a viver em condições miseráveis, a usar um único vaso sanitário ou uma única pia — e tudo isso em casas em que o dono, para não gastar nada, não faz reformas há décadas, em que não há um sistema eficiente para eliminar o lixo etc. — estejam em condições de manter «dignos» e limpos seus parentes e os locais em que vivem. Uma imundície semelhante à que reina hoje nas velhas casas de Turim reinava, ontem, nos cômodos das casas (por exemplo, nos sótãos) da mesma cidade, na qual alguns turinenses «puro sangue» foram forçados a viver em condições análogas às dos imigrantes do sul. Um poeta dialetal piemontês assim descrevia, em 1922, o último andar de uma habitação da «Turim-turinense»:

> *Ma môntand su për la scala*
> *che a rivè va sôta ai côp,*
> *n'ôdôr gram as sent ch'a esala*
> *d'lavandin e 'd ces stôp.*
> [Mas, subindo pela escada
> que leva até o terraço,
> sente-se o péssimo odor que exala
> de pias e latrinas entupidas.]

Não levar em consideração esses fatos, quando analisamos a situação de ontem e a de hoje, e atribuir responsabilidade de mudança aos defeitos ou vícios inerentes nas pessoas de «sangue» meridional que migraram para Turim significa querer *agredir* essas pessoas.

Por que a autora da carta nutre essa vontade agressiva? Presumivelmente, não porque as pessoas de «sangue» meridional tenham-lhe causado um dano pessoal (ela conseguiu, «com décadas de sacrifício e renúncia», ter uma casa confortável). Minha hipótese é, em vez disso, que a autora da carta alimenta essa vontade agressiva contra os imigrantes do sul sobretudo porque reconhece que são pessoas *diferentes*: diferentes nos hábitos, na língua e na origem, em relação às pessoas do grupo ao qual ela pertence (os turinenses «puro sangue»).

Essa hostilidade em relação a quem é *diferente* não é uma característica inerente à autora da carta. É uma característica que deriva de seu meio social e cultural, no qual viveu até então. Em primeiro lugar, posso prová-lo analisando o comportamento de um escritor que representa esse ambiente social e cultural: Edmondo De Amicis. De Amicis não foi um turinense «puro sangue», embora fosse, pelo menos, um nortista (lígure, de Oneglia); porém viveu por muito tempo na antiga «Turim-turinense» e ali foi muito amado: expressou todos seus sentimentos, que a autora da carta considera excelentes, louvou as virtudes que ela também louva.

De Amicis também tinha horror pelos *diferentes*. Para ele, no entanto, os *diferentes* não eram os italianos das regiões do sul; ele jamais se gabou das qualidades do turinense (ou, em todo caso, da Itália setentrional) «puro sangue», contrastando-as com as qualidades das pessoas de «sangue» meridional. Para ele, que tinha no coração o ideal do *Risorgimento* durante a unificação da Itália, todos os italianos eram irmãos, e era — pelo contrário — muito reprovável o nortista que desprezasse como *diferente* um italiano do sul. Aqui está uma demonstração:

> Ontem à tarde [...], o diretor entrou com um novo aluno, um jovem de rosto moreno, cabelos pretos, sobrancelhas espessas e próximas; vestindo roupas escuras, usando cinto de couro preto. [...] Aí o professor pegou-o pela mão e disse à turma: «Vocês podem ficar contentes. Hoje, entra nesta escola um italianinho nascido em Reggio di Calabria, a mais de oitocentos quilômetros daqui. Recebam bem este irmão vindo de longe. Ele nasceu numa terra gloriosa, que deu à Itália homens ilustres, e lhe dá trabalhadores fortes e soldados corajosos; ele chega de uma das mais lindas regiões de nossa pátria, onde existem grandes florestas e grandes montanhas, habitadas por um povo cheio de engenho e coragem. Aprendam a gostar dele, de modo que não se sinta longe da cidade onde nasceu; mostrem a ele que um jovem italiano, em qualquer escola italiana onde entre, encontra irmãos». [...] O professor lhe indicou onde sentar e o acompanhou até a carteira. E disse ainda: «Lembrem-se bem disso que lhes digo. Para que isso pudesse acontecer, que um jovem calabrês se sentisse em casa aqui em Turim e que um jovem de Turim se sentisse em casa lá em Reggio di Calabria, nosso país lutou durante cinquenta anos e trinta mil italianos morreram. Vocês têm de se respeitar, devem amar uns aos outros; mas, se algum de vocês ofendesse este companheiro por não ter nascido em nossa província, se

tornaria indigno de erguer os olhos quando passa uma bandeira tricolor».²

Para De Amicis, todos os italianos são *iguais*. Sob a bandeira tricolor, não há ninguém *diferente*. Para De Amicis, porém, há pessoas *diferentes*. O escritor visita o bairro judeu de Amsterdã e assim o descreve:

> É um labirinto de ruas estreitas, lamacentas e sombrias, ladeadas por casas muito antigas, que podem desabar com um único chute na parede. Das cordas esticadas de uma janela à outra, dos peitoris, dos pregos enfiados nas portas, balançam e esvoaçam, contra as paredes, camisas úmidas esfarrapadas, saias remendadas, roupas engorduradas, lençóis manchados e calças miseráveis. Na frente das portas e nos degraus quebrados, no meio dos portões tortos, são expostas mercadorias velhas. Sucatas de móveis, fragmentos de armas, objetos de devoção, pedaços de uniformes, sobras de ferramentas, restos de brinquedos, ferragens, cacos, franjas, trapos, todas as coisas que já não têm nome em nenhuma língua humana, tudo o que a ferrugem desgastou e quebrou, o caruncho, o fogo, a ruína, a desordem, a dissipação, as doenças, a miséria, a morte; tudo o que os servos varrem, o que os sucateiros jogam de volta no lixo, que os mendigos espezinham, que os animais abandonam; tudo o que congestiona, que suja, que fede, que faz vomitar, que contamina; tudo é encontrado aos montes e em camadas, destinado a um misterioso comércio,

---

2 Edmondo De Amicis, *Coração: Um livro para jovens*. Tradução de Nilson Moulin. São Paulo: Cosac Naify, 2013, pp. 13-4. [N. T.]

a junções imprevisíveis, a transformações incríveis. No meio desse cemitério de coisas, dessa babilônia de lixo, fervilha um povo pálido, miserável, cheio de piolhos, ao lado do qual os ciganos de Albaicín, de Granada, são um povo limpo e perfumado. Como em todos os países, também pegaram emprestado do povo com o qual vivem a cor do cabelo e do rosto; mas mantiveram seus narizes em forma de gancho, queixos pontudos, cabelos crespos, todos os traços da raça semita. O dicionário não tem palavras que possam dar uma imagem dessas pessoas. Cabelos nos quais jamais se passou um pente, olhos que causam horror, magrezas de cadáveres consumados, feiura que desperta pena, velhos que mal conservam uma figura humana, envoltos em todos os tipos de roupas, das quais já não se reconhecem nem cor, nem forma, nem a que sexo pertencem, das quais saem e estendem-se, tremendo, mãos esqueléticas, com articulações que mais parecem gafanhotos e aranhas. Tudo é feito no meio da rua. Mulheres fritam peixes em pequenos fogões, meninas embalam as crianças, homens remexem suas velharias, meninos seminus rolam pelo chão, cobertos com vegetais encharcados e restos de peixes; as velhas decrépitas, sentadas no chão, lutam com suas unhas selvagens contra as coceiras do corpo imundo, descobrindo, com inconsciência bestial, trapos colocados sobre membros dos quais o olhar se afasta. Andando por longos trechos na ponta dos pés, apertando, por vezes, o nariz, tomando cuidado para evitar, com os olhos, as coisas que eu não podia suportar ver, andei por quase todas as ruas e, quando cheguei à margem de um grande canal, em local aberto e limpo, tive a sensação de encontrar-me no paraíso terrestre e aspirei, com volúpia, o ar impregnado de alcatrão.³

Portanto, para De Amicis, há pessoas *diferentes*. O bairro habitado por judeus pobres em Amsterdã é, para ele, o mundo dos *diferentes*, os quais compara com desprezo às bestas: as velhas descobrem, «com *inconsciência bestial*, trapos colocados sobre membros dos quais o olhar se afasta». São, de fato, a seus olhos, ainda piores que os animais, porque lidam com coisas que até mesmo «os animais abandonam». Para De Amicis, que está sempre prestes a comover-se diante da pobreza dolorosa do italiano (setentrional ou meridional, não importa) e diante de outras populações europeias nas quais reconhece certos «irmãos», as velhas judias pobres de Amsterdã são uma espécie nojenta de animais («bestas»), que não têm senso de limpeza e de pudor.

Em todas as outras páginas de seu diário de viagem na Holanda, De Amicis preocupa-se em dar explicações detalhadas de por que e do porquê os estrangeiros por ele visitados (e considerados respeitáveis) adotem certos usos e costumes particulares: em uma determinada região, as jovens concordam em ser cortejadas de uma determinada maneira por um motivo e outro; uma cidade é construída de um modo especial por um motivo e outro etc. No entanto, quando De Amicis cruza o bairro dos judeus pobres, a única coisa que se vê obrigado a relatar ao leitor é a repulsa despertada nele perante pessoas diferentes e repulsivas. Nem por um segundo vem à sua mente perguntar *por que* essas pessoas vivem em condições tão miseráveis.

---

3   Edmondo De Amicis, *Olanda*.

Por que não se pergunta? E por que não se pergunta, visto que justamente ele era considerado alguém — e provavelmente pensava que fosse — «ardente de afeto fraterno por todas as nações, por todos os povos»?

A única explicação, em minha opinião, é a seguinte: De Amicis tinha que estar, no fundo, convencido de que essas pessoas — os judeus — eram assim *por sua própria natureza*, exatamente como as pessoas de «sangue» meridional para a autora da carta que citamos. Tinha que estar convencido de que eram assim por natureza, por vício inerente, uma vez que, desprovidos de senso de limpeza e de pudor, e portanto profundamente *diferentes*, mais semelhante aos animais do que aos homens «civilizados» (ou seja, pudicos e limpos), os quais ele reconhecia como sendo os únicos homens verdadeiros. Os velhos judeus, ele diz, «mal conservam uma figura humana». Note-se que De Amicis fala expressamente de «*raça* semítica», e *raça* significa um grupo de pessoas que transmitem, de pai para filho, características físicas e intelectuais hereditárias. Haveria, portanto, uma pessoa que nasce em uma raça limpa (por exemplo, os holandeses «puro sangue») e outra que nasce em uma raça suja (os judeus); quem, por natureza, por raça, tende a envolver-se com atividades nobres, e quem, por raça, tende a ocupar-se do comércio de «tudo [...] que suja, que cheira mal» (portanto, de tudo que lhe é semelhante). Perguntar-se por que essas pessoas são forçadas a viver dessa maneira em uma cidade rica e «civilizada» como Amsterdã, por que essas pessoas são sujas e comercializam coisas sujas, seria, para De Amicis, como perguntar-se por que essas pessoas têm «narizes em forma de gancho, os queixos pontudos, os cabelos crespos, todos os traços da raça semítica». E seria uma pergunta fútil: nasceram dessa forma, são assim por natureza, por raça.

A descrição de Edmondo De Amicis do bairro judeu pobre em Amsterdã é uma descrição *agressiva*, assim como a análise da situação atual das antigas casas turinenses feita pela autora da carta citada é uma análise *agressiva*. O objeto da agressão são dois grupos humanos (para De Amicis, os judeus pobres de Amsterdã; para a autora da carta, os imigrantes pobres do sul em Turim), considerados privados, por natureza, por «raça», por «sangue», do senso de limpeza, e, portanto, *diferentes* dos homens «civilizados» que têm tal senso por natureza, por «raça» e por «sangue».

Quais são as razões para essas agressões? Uma razão é, sem dúvida, o racismo de De Amicis e da autora da carta, ambos convencidos de que existem raças humanas, isto é, de que existem grupos de homens por meio dos quais são transmitidas, de pai para filho, características físicas e intelectuais, não apenas o formato do nariz e o tipo de cabelo, mas também qualidades intelectuais, vícios e virtudes (ou, pelo menos, predisposições para certas qualidades, vícios e virtudes). Essa crença, que faz parte da cultura deles, que aprenderam no ambiente em que viveram, é *uma* das razões. Não a única, entretanto. Ou melhor: eles e seu ambiente aceitaram, alimentaram ou criaram convicções racistas por uma série de razões simultâneas, para motivar sua agressão contra os *diferentes*.

Pode-se supor que, nessa hostilidade contra os diferentes, sobrevive algo de um medo antigo, do homem primordial, pré-histórico, em face do que é diferente e pode ser perigoso. Porém, como não sabemos nada sobre os sentimentos e maneiras de pensar do homem primordial, é melhor, em vez de formular hipóteses que não poderíamos confirmar, examinar as reações do homem moderno. Por que, então, para o homem moderno, a presença de *diferentes* pode despertar hostilidade e vontade de agressão, ou seja, sentimentos que lhe permitem aceitar crenças racistas?

Não pode haver uma única resposta. Para essa pergunta, temos que tentar dar respostas correspondentes aos tempos, aos lugares, às condições políticas, econômicas, sociais e culturais dos indivíduos racistas. Assim, vejamos, em primeiro lugar, o que pode ser obtido dos dois documentos que estamos examinando: a carta enviada à *La Stampa* e o texto escrito por De Amicis. As razões de uma hostilidade contra os diferentes podem ser reveladas pelas supostas características dos diferentes, contra as quais, principalmente, estão voltadas as acusações. No caso de nossos dois documentos, não há dúvida: os dois grupos de diferentes sob acusação (os judeus pobres de Amsterdã, os imigrantes pobres do sul em Turim) são atacados, em primeiro lugar, por sua *sujeira*. Há, no entanto, algumas páginas de Edmondo De Amicis, no livro *Coração*, em que o escritor parece *nem sempre* ser hostil à sujeira: às vezes, não considera que um homem sujo deva ser mantido longe das pessoas limpas e, em alguns casos, até declara a imundície como uma coisa honrosa. Um garoto, filho de burgueses ricos, lamenta que, após o término do ensino fundamental, não verá «nunca mais» os colegas, filhos de trabalhadores. O pai o tranquiliza:

> Por que, Enrico, nunca mais? Vai depender de você. Ao terminar a quarta série, você vai para o ginásio, e eles serão operários; mas vocês permanecem na mesma cidade, quem sabe por muitos anos. E por que, então, não se veriam de

novo? Quando você estiver na universidade ou no liceu, pode procurar por eles em suas oficinas ou lojas, e será um prazer reencontrar os companheiros de infância — adultos — no trabalho. [...] Jure que, se dentro de quarenta anos, passando numa estação de trens, reconhecer no uniforme de um maquinista seu velho Garrone, de cara preta... ah, nem precisa jurar, tenho certeza de que você vai pular na máquina e irá abraçá-lo calorosamente. Mesmo se você for um senador deste Reino.[4]

Nessa passagem, o pobre aparece, de fato, sujo («um maquinista [...] de cara preta»), mas sua sujeira não deve frear os sentimentos amigáveis do amigo rico. Trata-se, na verdade, de uma sujeira que deriva do trabalho e que, por isso, aos olhos de De Amicis — e provavelmente até mesmo para a autora da carta —, é respeitável.

Sobre essa sujeira respeitável, é ainda mais explícita a seguinte passagem:

> Tijolinho veio hoje, vestido de caçador, usando roupas velhas do pai, ainda brancas de cal e gesso. [...] Às quatro horas, tomamos lanche juntos, pão e uva-passa, sentados no sofá e, quando nos levantamos, não sei por quê, meu pai não quis que eu limpasse o encosto da cadeira, que Tijolinho havia manchado de branco com sua jaqueta; segurou minha mão e limpou ele próprio depois, escondido. [...]

---

4 Edmondo De Amicis, *Coração: Um livro para jovens*, op. cit., pp. 200-1. [N. T.]

Sabe, meu filho, por que não quis que você limpasse o sofá? Porque limpá-lo, enquanto seu colega podia ver, era quase uma crítica. E isso não teria sido legal. Primeiro, porque não o fez de propósito e, depois, porque o fez com a roupa do pai, cheia de gesso por causa do trabalho. E o que se faz trabalhando não é sujeira: é poeira, é cal, é tinta, é tudo aquilo que você quiser, menos sujeira. O trabalho não suja. Nunca diga de um operário que volta do trabalho: «Está sujo». Você deve dizer: «Traz nas roupas os sinais, as marcas do trabalho». Lembre-se disso. E continue gostando de Tijolinho, primeiro porque é seu colega e, depois, por ser filho de um operário. Seu pai.[5]

O rico não deve sentir nojo da sujeira que o trabalho impõe ao pobre: rico e pobre, ambos, trabalham para sua terra natal:

Observe, os homens das classes superiores são os oficiais, e os operários são os soldados do trabalho. Porém, tanto na sociedade como no exército, o soldado não é menos nobre que o oficial, porque a nobreza está no trabalho e não no ganho; no valor e não na hierarquia. Contudo, se existe uma superioridade de mérito, ela está na parte do soldado, do operário, que extraem da própria obra menor proveito. Portanto, trate de amar, respeitar sobretudo, entre seus colegas, os filhos dos soldados do trabalho: trate de honrar neles as canseiras e os sacrifícios dos pais. Ignore as diferenças de fortuna e de classe, sobre as quais os oportunistas regulam sentimentos e cortesias. Considere que saiu das veias dos trabalhadores das

[5] Ibid., pp. 64-5.

oficinas e dos campos quase todo aquele sangue bendito que redimiu nossa pátria.⁶

O trabalho serve à pátria, e, portanto, a sujeira que ele impõe aos trabalhadores pobres é uma sujeira nobre: não é nem mesmo chamada de «sujeira» («o trabalho não suja. Nunca diga de um operário que volta do trabalho: 'Está sujo'. Você deve dizer: 'Traz nas roupas os sinais, as marcas do trabalho'»). A sujeira dos judeus pobres de Amsterdã é repulsiva a De Amicis porque não é derivada do trabalho. Podemos dizer a mesma coisa da autora da carta à *La Stampa*: a sujeira dos imigrantes pobres do sul e de suas casas não são devidas ao trabalho. Em ambos os casos, a sujeira deve-se à miséria que o tipo de sociedade impõe aos pobres. Contudo, tanto De Amicis como a autora da carta recusam-se a investigar as verdadeiras causas dessa imundície e, assim, demonstram que não querem fazer acusações contra as regras da sociedade que, evidentemente, são justas e bem-vindas para ambos.

A única maneira de evitar acusar a ordem social e reconhecer a responsabilidade da sujeira consiste em adotar convicções racistas e declarar: essas pessoas, judeus pobres de Amsterdã e os imigrantes meridionais e pobres em Turim, são sujas porque, por «raça», por «sangue», não têm senso de limpeza; e são miseráveis porque, por «raça», por «sangue», não querem dedicar-se ao trabalho — ao trabalho nobre, não ao comércio de «tudo aquilo [...] que suja, que fede» — que lhes permitiria melhorar suas condições de vida. Dos dois documentos que estamos examinando, resulta, portanto, que o *diferente* é a

---

6   Ibid., p. 200.

pessoa que, com sua sujeira devida à ordem social a que está sujeito, representa um obstáculo para quem considera justa e bem-vinda essa regra.

Nota do organizador da edição italiana

No verão de 1979, o semanal *L'Espresso* (n. 25, de 24 de junho) dedicou um amplo espaço à questão: «Existe uma cultura reacionária? E a inteligência de esquerda pode prescindir dela?». Além das avaliações dos principais intelectuais convidados por Rita Tripodi, a revista publicou (p. 71) uma breve entrevista com Augusto Del Noce e outra com Furio Jesi. Deste, havia sido recém-publicado, pela editora Garzanti, *Cultura de direita*. A oportunidade para reiterar e esclarecer as ideias do livro era oferecida a Jesi também pelo ensaio de Franco Fortini «Vicini e distanti. A proposito del *Doppio diario* di Giaime Pintor» (*Quaderni Piacentini*, n. 70-71, maio 1979; depois, em Franco Fortini, *Insistenze. Cinquanta scritti*, 1976-1984. Milão: Garzanti, 1985, pp. 162-71). Como se sabe, a postura de Fortini, que via no jovem intelectual morto pela Resistência um «verdadeiro adversário» político, despertou polêmicas ásperas. No entanto, precisamente no Pintor de Fortini — «jovem da alta burguesia», vivido no seio das «virtudes elitistas», de uma «*endurance* senhoril, de herança feudal" —, no Pintor «fantasioso», em pleno fascismo, «de poderes culturais concretos», Jesi podia reconhecer um exemplo, raro na Itália, da grande ideologia de direita.

RECEITA: COLOCAR O PASSADO NO RECIPIENTE, COM MUITAS MAIÚSCULAS. ENTREVISTA COM FURIO JESI

O que significa cultura de direita?

A cultura na qual o passado é uma espécie de mingau homogêneo que pode ser preparado e conservado de maneira muito útil. Cultura em que prevalece uma religião da morte ou uma religião dos mortos exemplares. A cultura em que se declara que existem valores não questionáveis, indicados por palavras iniciadas por letra maiúscula, especialmente Tradição e Cultura, mas também Justiça, Liberdade e Revolução. Em suma, uma cultura feita de autoridade, de segurança mitológica em relação às regras do conhecimento, do ensino, do comando e da obediência. A maior parte do patrimônio cultural, mesmo das pessoas que não querem, hoje, de forma alguma, ser de direita, é um resíduo cultural de direita. Nos últimos séculos, a cultura protegida e ensinada foi, sobretudo, a cultura de quem era mais poderoso e mais rico, ou, mais exatamente, não foi, a não ser minimamente, a cultura das pessoas mais fracas e mais pobres. É inútil e irracional ficar escandalizado com a presença desses resíduos, no entanto é necessário tentar saber de onde eles vêm.

Há uma tradição cultural de direita na Itália?

Elementos de cultura de direita, no sentido indicado por mim, encontram-se em toda a cultura, desde o Iluminismo até hoje, não apenas no contexto de orientações ou regimes politicos claramente conservadores. Na Itália, talvez em correspondência com um escasso desenvolvimento da chamada grande cultura burguesa, esses elementos adquiriram, muitas vezes, um tom banal e uma menor evidência. Porém, entre o *Risorgimento* e o ano de 1979, certamente não faltaram, na Itália, exemplos de grande direita. Parecem-me fundadas e iluminadas a partir desse ponto as considerações recentes de Franco Fortini a respeito de Giaime Pintor, publicadas nos números 70-71 dos *Quaderni piacentini* e desenvolvidas em *L'Espresso*, n. 23.

Hoje, na Itália, é possível distinguir uma cultura de direita de uma cultura de esquerda?

Tenho algumas dúvidas sobre a possibilidade de estabelecer, hoje, na Itália, a distinção entre direita e esquerda, não porque, em termos abstratos, eu a considere sem fundamento, mas porque não saberia muito bem quais exemplos de esquerda citar (se a direita for aquela que eu dizia).

TROTZDEM

١   *Estrangeiros residentes* Donatella Di Cesare
٢   *Contra o mundo moderno* Mark Sedgwick
٣   *As novas faces do fascismo* Enzo Traverso
٤   *Cultura de direita* Furio Jesi
٥   *Punir* Didier Fassin

Composto em Lyon Text e Placard
Belo Horizonte, 2022